中国天然气行业 与 碳中和

China's Natural Gas Industry
and
Carbon Neutrality

张 超◎著

化学工业出版社

·北京·

内容简介

本书在介绍中国碳中和背景和天然气产业发展现状及趋势的基础上，深入探讨了天然气行业碳资产管理的相关策略与方法，对不同行业中天然气与替代能源的竞争力进行了分析，阐述了与天然气相关的碳中和新技术与新业态，最后总结了油气企业的碳中和之路，并对当前与"双碳"相关的热点问题进行了分析。

本书适用于从事天然气行业的相关管理人员与技术人员阅读，也可供从事碳交易、碳核查、碳资产管理的相关技术人员参考。

图书在版编目（CIP）数据

中国天然气行业与碳中和 / 张超著 . —北京：化学工业出版社，2023.11

ISBN 978-7-122-44468-4

Ⅰ . ①中… Ⅱ . ①张… Ⅲ . ①天然气工业 - 低碳经济 - 可持续发展战略 - 研究 - 中国 Ⅳ . ① F426.22

中国国家版本馆 CIP 数据核字（2023）第 208522 号

责任编辑：高　宁　仇志刚　　　　　　　　文字编辑：刘　璐
责任校对：王鹏飞　　　　　　　　　　　　装帧设计：王晓宇

出版发行：化学工业出版社（北京市东城区青年湖南街 13 号　邮政编码 100011）
印　　装：北京建宏印刷有限公司
710mm×1000mm　1/16　印张 16　字数 299 千字
2024 年 8 月北京第 1 版第 1 次印刷

购书咨询：010-64518888　　　　　　　售后服务：010-64518899
网　　址：http://www.cip.com.cn
凡购买本书，如有缺损质量问题，本社销售中心负责调换。

定　　价：128.00 元

CO₂

碳中和

2020年9月，中国国家主席习近平向世界做出了庄严的承诺：中国将秉持人类命运共同体理念，继续作出艰苦卓绝努力，提高国家自主贡献力度，采取更加有力的政策和措施，二氧化碳排放力争于2030年前达到峰值，努力争取2060年前实现碳中和，为实现应对气候变化《巴黎协定》确定的目标作出更大努力和贡献。习近平总书记强调："绿色低碳发展，这是潮流趋势，顺之者昌。"

察势者智，驭势者赢。从国际形势看，当今世界正经历百年未有之大变局，国际能源市场波动加大，全球能源治理体系深度调整。同时，全球科技创新进入空前密集活跃的时期，新一轮科技革命和产业变革正在重构全球创新版图、重塑全球经济结构，以清洁、高效、可持续为目标的能源技术加速发展将引发全球能源变革，能源发展呈现低碳化、电力化、智能化趋势，现代能源科技正在深刻影响国家发展和国际竞争。

随着绿色发展步伐的不断加快，发展清洁能源、降低碳排放已经成为国际社会的普遍共识。实施"双碳"目标是一场广泛而深刻的经济社会变革，我国承诺实现从碳达峰到碳中和的时间，远远短于发达国家所用时间，这需要牢牢抓住能源结构调整这个"牛鼻子"，出台发布重点领域和行业碳达峰实施方案和一系列支撑保障措施，构建起碳达峰、碳中和"1+N"政策体系，为支撑我国能源转型及"双碳"目标的实现提供指导意见及行动方案，推动国家能源转型及碳减排工作的有效、高效迈进，切实以较低的能源消耗和碳排放有效支撑高质量发展，以能源行业深刻变革支撑经济社会系统性变革，助力经济社会发展全面绿色转型。

在我国当前的能源消费结构下，推动能源系统低碳转型、提高能源利用率，是能源从业者共同的目标，需要持续坚韧的努力。能源细分领域将在实施"双碳"目标的不同阶段呈现不同的产业发展格局，能源企业需要未雨绸缪，围绕技术创新、战略管理、前瞻研究、组织变革等方面提前布局，顺应能源转型趋势，打造行业可持续发展的竞争力。目前应清晰地认识到，我国碳资产管理相关业务尚处于初期阶段，能源产业各环节的碳排放核算、与国际碳市场接轨问题、碳价对能源企业的影响、清洁发展路径等尚未明晰，均还在摸索中积累经验。

作为一种安全环保、清洁低碳的化石能源，天然气可广泛应用于城市燃气、工业、发电、交通和化工等领域。尤其天然气发电启停快、调峰性能优的特点，决定了其在新型能源系统建设过程中不可取代的作用和地位，天然气将作为可再生能源发展过程中重要的伙伴能源，在"双碳"目标实现过程中持续发挥作用。随着天然气消费需求的大幅度增长，天然气领域内的投资、储运、生产和贸易量也呈快速增长态势，天然气将在我国能源结构的调整中发挥越来越重要的作用。

本书正是基于这样的宏观背景，立足国内，聚焦于天然气领域，分天然气行业和碳排放两条线进行介绍，开篇从国家"双碳"目标出发，讲述我国应对气候变化中采取的种种能源对策，探究国际国内碳市场发展历程，论述天然气产业发展的现状和趋势，并通过碳核算和经济性分析将两条线归为一条，结合勘探开发、液化、储运和利用等天然气上、中、下游发展现状，从碳排放核算、碳资产管理和碳核查等全新的碳资产角度，进行分析和论述，为天然气行业企业摸清碳排放家底提供了计算方法，为行业企业如何进行碳资产管理提供了参考案例；继而分析碳价格与天然气及其替代能源竞争关系的影响，从液化天然气冷能梯级利用、掺氢发电、二氧化碳捕集、利用与封存（CCUS）和生物质能开发、碳捕集与封存（BECCS）等方面分析和指导新技术发展方向；最后在总结借鉴国际先进能源企业低碳发展经验的基础上，分析中国天然气行业的减排路径和措施，为行业企业实现绿色低碳发展目标汇总不同的技术方向、给出一定的规划指导建议。篇章末尾还重点跟踪分析了欧盟碳关税及其对中国能源行业的影响、全国碳配额相关规则、海洋碳汇研究三方面内容。

群智用，则庶绩不足康也。感谢陈峰、张丹、秦锋、隋朝霞、孙楠、王建萍、曹惟、杨璐铭、张兴达、付亚轩、谢旭光、邱灶杨、姚辉超、明红芳、胡苏阳、胡俊梅、赵赫、艾莺为本书提供的帮助。

随着中国"双碳"目标的不断推进和碳排放权交易市场的不断发展壮大，天然气行业碳排放统计核算体系及相关技术发展会愈加完善。本书在学术性、规范性和系统性等方面还有待进一步提高，敬请行业专家学者、决策者和科研人员等批评指正。

著者

目录　·············　Contents

第 **1** 章　中国碳中和背景　001

1.1　中国"双碳"政策　002

　1.1.1　政策框架　002

　1.1.2　主要政策举措　002

　1.1.3　政策目标　003

1.2　能源转型　005

　1.2.1　中国能源结构演变概述　005

　1.2.2　煤炭、煤电去产能以及清洁化利用　008

　1.2.3　煤改气、煤改电　010

　1.2.4　可再生能源发展　015

　1.2.5　中国"双碳"目标下的能源发展方向　016

第 **2** 章　碳市场概述　019

2.1　碳税与碳交易的碳减排机理　020

　2.1.1　碳定价问题的经济学分析　020

　2.1.2　碳税减排机理　021

　2.1.3　碳交易减排机理　022

　2.1.4　碳税与碳交易减排机理比较　022

2.2　国际碳市场发展历程及现状　023

　2.2.1　全球碳市场概况　024

2.2.2　欧盟碳市场发展历程及现状　　　　　　025

2.2.3　国际碳市场发展对中国的启示　　　　　028

2.3　中国碳市场发展现状及发展趋势　　　　　029

2.3.1　中国碳市场建立历程　　　　　　　　030

2.3.2　地区碳市场试点现状　　　　　　　　033

2.3.3　中国碳市场发展现状　　　　　　　　037

2.3.4　中国碳市场发展趋势　　　　　　　　039

2.4　中国碳市场与国际碳市场的协同发展　　　040

第 **3** 章　中国天然气产业发展现状及趋势　　　043

3.1　发展现状　　　　　　　　　　　　　　044

3.1.1　上游供应情况现状　　　　　　　　　044

3.1.2　中游基础设施发展现状　　　　　　　050

3.1.3　下游消费情况现状　　　　　　　　　055

3.1.4　国家管网成立后油气体制改革发展新方向　058

3.2　发展趋势预测　　　　　　　　　　　　060

3.2.1　中长期预测　　　　　　　　　　　　060

3.2.2　中短期预测　　　　　　　　　　　　064

第 **4** 章　天然气行业碳资产管理　　　　　　067

4.1　碳资产管理现状　　　　　　　　　　　068

4.1.1　碳资产解读　　　　　　　　　　　　068

4.1.2　典型碳资产管理企业简介　　　　　　069

4.2 碳排放核算方法 071

    4.2.1 微观碳排放核算方法 071

    4.2.2 宏观碳排放核算方法 072

4.3 天然气产业链碳排放核算 075

    4.3.1 天然气行业碳排放核算方法 076

    4.3.2 液态天然气产业链碳排放情况分析 079

    4.3.3 气态天然气产业链碳排放情况分析 088

    4.3.4 液态天然气产业链与气态天然气产业链对比分析 090

4.4 天然气行业碳资产管理策略 091

    4.4.1 基于碳资产管理的新建基础设施经济评价 091

    4.4.2 碳汇策略 098

    4.4.3 碳履约与碳交易策略 101

4.5 碳核查趋势及应对 108

    4.5.1 碳核查行业发展现状及趋势 108

    4.5.2 天然气行业碳核查发展趋势及应对策略 110

第5章 碳成本下天然气与替代能源竞争力分析 113

5.1 城市燃气竞争力分析 114

    5.1.1 城市燃气领域用气现状及特征 114

    5.1.2 考虑碳成本的城市燃气天然气竞争力分析 115

    5.1.3 城市燃气领域天然气消费的变化趋势 118

5.2 工业竞争力分析 118

    5.2.1 工业领域用气现状及特征 118

5.2.2　考虑碳成本的工业天然气竞争力分析　　119

5.2.3　工业领域天然气消费的变化趋势　　122

5.3　发电竞争力分析　　122

5.3.1　发电领域用气现状及特征　　122

5.3.2　考虑碳成本的发电天然气竞争力分析　　124

5.3.3　发电领域天然气消费的变化趋势　　125

5.4　交通竞争力分析　　126

5.4.1　交通领域用气现状及特征　　126

5.4.2　考虑碳成本的交通天然气竞争力分析　　127

5.4.3　交通领域天然气消费的变化趋势　　131

第 **6** 章　天然气碳中和新技术新业态　　133

6.1　液化天然气冷能梯级利用　　134

6.1.1　利用概念　　134

6.1.2　利用技术现状　　135

6.1.3　利用方案实例　　142

6.2　掺氢燃气发电　　143

6.2.1　"双碳"背景下掺氢发电的意义　　143

6.2.2　燃机掺氢发电现状及趋势研究　　144

6.3　二氧化碳捕集、利用与封存　　148

6.3.1　天然气行业相关碳捕集项目实例　　149

6.3.2　碳捕集技术　　152

6.3.3　二氧化碳利用技术　　166

6.3.4　二氧化碳封存技术　　167

6.3.5　二氧化碳储运技术　　183

6.4　生物质能开发、碳捕集与封存（BECCS）　　184

6.4.1　全球 BECCS 发展历程及预测　　186

6.4.2　中国 BECCS 技术发展现状　　187

6.5　天然气分布式与新能源耦合技术　　189

6.5.1　天然气分布式能源与新能源耦合系统　　189

6.5.2　天然气分布式发电与新能源耦合案例　　192

第 7 章　油气企业碳中和之路　　195

7.1　石油公司低碳发展行动方案　　196

7.1.1　国外典型石油公司　　196

7.1.2　国内典型石油公司　　201

7.2　天然气企业碳减排措施　　207

7.2.1　上游减排措施　　207

7.2.2　中游减排措施　　210

7.2.3　下游减排措施　　212

第 8 章　跟踪点分析　　223

8.1　跟踪点一：欧盟碳关税及其对我国的影响　　224

8.1.1　欧盟碳市场　　224

8.1.2　欧盟碳关税　　224

8.1.3　碳关税征收范围与核算　　225

　　　8.1.4　碳关税影响分析和发展趋势　　225

8.2　跟踪点二：中国碳配额发放办法及核查、惩罚规则　227

　　　8.2.1　中国碳配额分配机制　　227
　　　8.2.2　中国发电行业配额分配及管理　　228
　　　8.2.3　配额管理机制发展趋势分析及企业应对建议　　230

8.3　跟踪点三：中国海洋碳汇现状　232

　　　8.3.1　海洋碳汇分类　　232
　　　8.3.2　海洋碳汇相关政策　　237
　　　8.3.3　碳汇交易与绿色金融　　238

参考文献　　239

CO₂

碳中和

第 **1** 章

中国碳中和背景

1.1 中国"双碳"政策

1.2 能源转型

稳字当头、先立后破，安全有效地推进能源转型，构建清洁低碳安全高效的能源系统是实现碳达峰、碳中和目标的重要内容。本章在分析我国能源结构演变、碳排放演变的基础上，解读气候政策及我国"双碳"目标，最终落实到能源政策演变对我国能源体系构建的现实影响，并展望我国能源发展路径。

1.1 中国"双碳"政策

1.1.1 政策框架

我国应对气候变化的政策是延续的，并逐步形成了广义的气候政策框架和体系，支持减缓气候变化的行动和举措。从"十二五"起，我国以单位GDP（国内生产总值）碳排放强度下降这一系统性、约束性目标为抓手，促进低碳发展，采取了调整产业结构、节约能源和资源、优化能源结构等多个方面的政策措施，推动应对气候变化各项工作，推动全社会加速绿色低碳转型。根据《中国应对气候变化的政策与行动年度报告》，广义的应对气候变化行动及政策框架主要包括：

① 调整产业结构：包括化解过剩产能，重点是钢铁、煤炭、煤电过剩产能；发展服务业，扶持战略性新兴产业发展等。

② 促进节能提高能效：包括建筑领域节能、交通领域节能、公共机构领域节能；实施重点节能改造工程，实施煤电超低排放和节能改造；发展循环经济等。

③ 优化能源结构：包括控制煤炭消费总量，推动化石能源清洁化利用，有效推进北方地区清洁取暖，大力发展非化石能源等。

④ 控制非二氧化碳温室气体排放。

⑤ 巩固提升生态系统碳汇能力：包括增加森林、草原、湿地碳汇等。

⑥ 低碳试点与地方行动：包括加大CCUS技术的支持力度等。

⑦ 推动碳排放权交易市场建设：包括全国碳市场建设，深化试点市场建设，促进温室气体中国核证自愿减排量（CCER）交易机制改革等。

1.1.2 主要政策举措

（1）2013年9月国务院印发《大气污染防治行动计划》

《大气污染防治行动计划》又称为"大气十条"，从产业结构调整、淘汰落后产能等10个方面详细阐述了实现大气污染防治目标的具体措施，要求淘汰钢铁、水泥、电解铝、平板玻璃等21个重点行业的落后产能。目标到2017年煤炭消费比重降至65%以下，京津冀、长三角、珠三角等区域力争实现煤炭消费总量负增长。

积极有序发展水电，开发利用地热能、风能、太阳能、生物质能，安全高效发展核电。到2017年，运行核电机组装机容量达到5000万kW，非化石能源消费比重提高到13%。到2017年，京津冀区域城市建成区、长三角城市群、珠三角区域基本完成燃煤锅炉、工业窑炉、自备燃煤电站的天然气替代改造任务。这一政策开始了大气污染防治的新阶段。

（2）2018年7月国务院印发《打赢蓝天保卫战三年行动计划》

《打赢蓝天保卫战三年行动计划》提出六方面任务措施，并明确量化指标和完成时限。调整优化产业结构，推进产业绿色发展。优化产业布局，严控"两高"行业产能，强化"散乱污"企业综合整治，深化工业污染治理，大力培育绿色环保产业。加快调整能源结构，构建清洁低碳高效能源体系。有效推进北方地区清洁取暖，重点区域继续实施煤炭消费总量控制，开展燃煤锅炉综合整治，提高能源利用效率，加快发展清洁能源和新能源。以及积极调整运输结构，发展绿色交通体系；实施重大专项行动，大幅降低污染物排放，开展工业炉窑治理专项行动，实施挥发性有机物专项整治等重点任务。到2020年，全国煤炭占能源消费比重下降到58%以下。在技术路线上，提出坚持从实际出发，宜电则电、宜气则气、宜煤则煤、宜热则热，各地因地制宜采取多样化清洁取暖方式。

（3）2017年12月国家发展改革委、国家能源局、财政部等部委联合印发《北方地区冬季清洁取暖规划（2017—2021年）》

《北方地区冬季清洁取暖规划（2017—2021年）》提出到2019年北方地区清洁取暖率达到50%，替代散烧煤（含低效小锅炉用煤）7400万t，到2021年北方地区清洁取暖率达到70%，替代散烧煤（含低效小锅炉用煤）1.5亿t。坚持"宜电则电、宜气则气、宜煤则煤、宜热则热"，因地制宜及时采取有效措施，确保群众温暖过冬，积极推广使用清洁煤供暖，使用清洁煤替代劣质散煤。

2017～2018年、2018～2019年两个采暖季，北方地区累计新增清洁取暖面积约36亿m^2，清洁取暖率达到约50.7%，替代散烧煤约1亿t。

1.1.3 政策目标

2009年哥本哈根会议上，我国提出到2020年单位国内生产总值（GDP）排放强度比2005年下降40%～45%、森林蓄积量比2005年增加13亿m^3、非化石能源占一次能源的比重达到15%的目标。2015年《巴黎协定》框架下，我国提出到2030年左右CO_2排放将达到峰值，并争取尽早达峰，2030年单位GDP二氧化碳排放要比2005年下降60%～65%，非化石能源占一次能源消费的比例提升到20%左右，森林蓄积量比2005年增加45亿 m³左右。2020年10月，我国宣布最新气候行动目标，到2030年单位国内生产总值二氧化碳排放将比2005年下降65%以上，非化石能源占一次能源消费比重将达到25%左右，森林蓄积量将比2005年增加60亿 m³，风电、太阳能发电总装机容量将达到12亿 kW以上。

气候政策推动应对气候变化行动持续推进，中国碳排放的总体形势持续转变。2018年我国单位GDP二氧化碳排放（以下简称碳强度）下降4.0%，比2005年累计下降45.8%，相当于减排52.6亿 t二氧化碳，提前三年完成2020年减排目标。2019年单位国内生产总值二氧化碳排放同比下降4.1%，2020年同比下降1.0%。

2021年3月，"十四五"规划和2035年远景目标纲要进一步提出，合理控制煤电建设规模和发展节奏，推进以电代煤；加快发展东中部分布式能源；加快深海、深层和非常规油气资源利用，推动油气增储上产，加快建设天然气主干管道，完善油气互联互通网络。2021年4月22日晚国家主席习近平在北京以视频方式出席领导人气候峰会并发表重要讲话，提出中国将严控煤电项目，"十四五"时期严控煤炭消费增长、"十五五"时期逐步减少。5月，生态环境部发布《关于加强高耗能、高排放建设项目生态环境源头防控的指导意见》，坚决遏制高耗能、高排放（以下简称"两高"）项目盲目发展，推进"两高"行业减污降碳协同控制。7月，国家发展改革委印发《国家发展改革委　国家能源局关于加快推动新型储能发展的指导意见》，提出以实现碳达峰、碳中和为目标，推动新型储能快速发展。

2021年9月，《中共中央　国务院关于完整准确全面贯彻新发展理念做好碳达峰碳中和工作的意见》发布，指出要加快构建清洁低碳安全高效能源体系，统筹煤电发展和保供调峰，严控煤电装机规模，加快现役煤电机组节能升级和灵活性改造。加快推进页岩气、煤层气、致密油气等非常规油气资源规模化开发。10月，国务院印发《2030年前碳达峰行动方案的通知》，明确推进煤炭消费替代和转型升级，大力发展新能源，因地制宜开发水电，积极安全有序发展核电，合理调控油气消费，加快建设新型电力系统。到2025年GDP能耗比2020年下降13.5%，非化石能源消费占比达20%，到2060年非化石能源消费比重达到80%以上，碳中和目标顺利实现。

对比各阶段我国陆续提出的碳减排目标（表1-1），我国碳减排路径逐渐明晰，减排行动将逐步落实到未来的30年中。

表1-1　我国碳减排政策对比

指标	2005年	2020年9/12月	2021年10月
	中国国家自主贡献	"双碳"目标	《2030年前碳达峰行动方案的通知》
碳达峰、碳中和时间	2030年、未提出	2030年、2060年	2030年、2060年
到2030年中国单位国内生产总值二氧化碳排放较2005年下降幅度	60%～65%	>65%	>65%

续表

指标	2005年	2020年9/12月	2021年10月
	中国国家自主贡献	"双碳"目标	《2030年前碳达峰行动方案的通知》
到2030年非化石能源占一次能源消费比重	20%左右	25%左右	25%左右
到2030年森林蓄积量将比2005年增加量	45亿m^3左右	60亿m^3	60亿m^3
到2030年风电、太阳能发电总装机容量	未提及	总量12亿kW以上	总量12亿kW以上
到2060年非化石能源消费比重	未提及	未提及	80%以上

资料来源：相关政策文件。

1.2 能源转型

1.2.1 中国能源结构演变概述

纵观我国自2005年至2020年能源消费总量和结构（图1-1），以2013年中国严重的雾霾为诱因，可将我国能源消费大致划分为两个阶段：第一阶段（2005～2013年）为粗放式发展阶段，我国能源消费总量快速提升，煤炭作为能源消费主力持续增加，但增速放缓，其他能源尽管发展速度较快，但因基础较差而实际增量有限，截至2013年底，我国能源消费总量达到41.7亿tce（吨标准煤，1tce=$7×10^6$kcal≈$2.93×10^7$kJ），年均增速达6.0%，主要一次能源占比分别为煤炭67.4%、石油17.1%、天然气5.3%、一次电力10.2%，煤炭消费增量占总增量的60%，占总消费量的比例从2005年的72.4%下降到67.4%，同年我国煤炭消费达到一个峰值（28.1亿tce）；第二阶段（2013年至今）为高质量可持续发展阶段，这一阶段我国能源消费总量增速放缓，2013～2020年年均增速下降到2.6%，其中以减煤控煤、"煤改气"与"煤改电"、发展新能源以及能源"双控"重要举措为抓手，推动我国能源清洁化发展，2013年以来，我国持续控制煤炭消费，努力提升天然气、一次电力等清洁能源，优化能源结构，到2020年底，我国能源消费总量达到49.8亿tce，煤炭消费占比从2013年的67.4%下降到56.8%，天然气消费占比增至8.7%，一次电力及其他能源占比增至16.6%，我国能源清洁化程度显著提高。从实际消费量来看，能源消费总量缓速上升，尽管清洁能源消费量持续上升，但煤炭消费在2018～2020年出现持续反弹，并在2020年重回峰值。

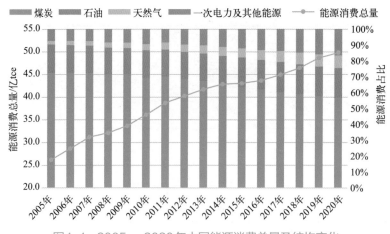

图1-1　2005～2020年中国能源消费总量及结构变化

数据来源：国家统计局

基于上述对能源总量及结构变化的总结，进一步分析能源行业的碳排放控制成效（图1-2）。清华大学气候变化与可持续发展研究院编制的《中国长期低碳发展战略与转型路径研究综合报告》[1]显示，2020年我国是世界碳排放第一大国，能源消费碳排放约占总排放的四分之三，约100.3亿t CO$_2$当量，占世界碳排放总量超过30%，是碳排放第二大国（美国）碳排放总量的2.23倍。对比分析2005年以来我国能源消费及能源行业碳排放变化情况，伴随2013年我国能源消费增速降低及能源结构调整，我国碳排放同样可划分为2005～2013年与2013至今两个阶段。第二阶段较第一阶段有两个明显特征：一是第二阶段碳排放增速显著低于第一阶段，2005、2013、2020年二氧化碳排放量分别为61亿t CO$_2$、92.4亿t CO$_2$、

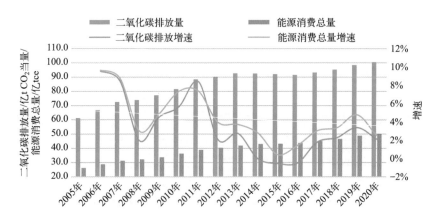

图1-2　2005～2020年我国能源消费增长和二氧化碳排放关系

数据来源：国家统计局、英国石油公司（bp）、清华大学《中国长期低碳发展战略与转型路径研究综合报告》

100.3亿t CO$_2$，增速由第一阶段年平均增速5.3%降到第二阶段的1.2%；二是第一阶段碳排放增速和能源消费总量增速紧密相关，但第二阶段碳排放量年增速均低于能源消费总量增速，能源结构优化带动二氧化碳减排成效显著。

分化石能源品种碳排放（图1-3）中，2019年我国能源消费48.6亿tce，其中58%为煤炭消费，煤炭碳排放量约72.36亿t，占比71.12%；石油碳排放约15.18亿t，占比14.92%；天然气碳排放约5.94亿t，占比5.83%。

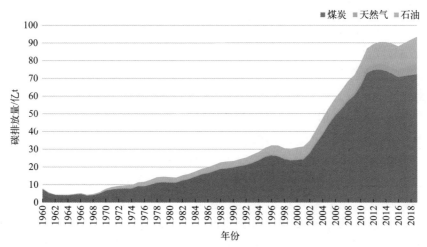

图1-3 中国分化石能源品种碳排放总量

数据来源：全球碳图集（Global Carbon Atlas）

分部门碳排放分析，发电、工业和交通是碳排放最为集中的部门（图1-4）。发电碳排放占比高达40%，是占比最重的行业。

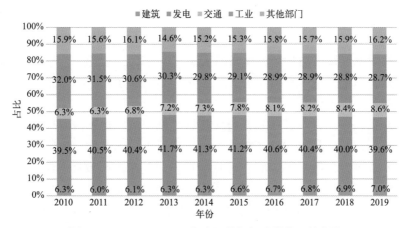

图1-4 2010～2019年中国分部门碳排放贡献占比

数据来源：全球大气研究排放数据库（Emissions Database for Global Atmospheric Research, EDGAR）

据统计，能源消费产生的碳排放约占我国整体碳排放的四分之三。在政策推动下，我国能源消费总量增速趋缓、能源结构清洁低碳转型持续推进，碳排放量增速放缓。

高能源需求，特别是煤炭消费占比高的能源结构是我国能源消费碳排放居高不下的主要原因。能源消费增速得到有效控制、能源结构清洁转型推进合力推动了我国碳排放增速下降，对比 2005～2013 年、2013～2020 年两个阶段，能源消费年均增速从 6.0% 降至 2.6%，煤炭在一次能源结构中的占比从 2005 年的 72.4% 下降至 2013 年的 67.4% 和 2020 年的 56.8%，能源消费产生的碳排放年均增速从第一阶段的 5.3% 降至第二阶段的 1.2%。

能源消费增速下降、能源结构清洁低碳转型与我国推行的一系列气候政策和能源政策密不可分。减煤控煤、"煤改气"与"煤改电"、发展新能源以及能效"双控"等能源政策举措取得了较好的成效。

2014 年国家"四个革命一个合作"能源新战略首次提出推进能源国产和消费革命，构建清洁低碳、安全高效的现代能源体系。2017 年《能源生产和消费革命战略（2016—2030）》提出 2030 年能源消费总量控制在 60 亿 tce 以下，天然气消费占比达 15% 左右，非化石能源消费占比达到 20% 左右，明确了我国到 2030 年前能源消费总量和结构发展总基调。能源政策作为推动我国能源清洁低碳转型的重要手段，在过去的几年里发挥了重要作用，成效显著。在未来，合适的能源政策将进一步推动我国能源清洁化、低碳化、市场化改革的发展进程。

1.2.2　煤炭、煤电去产能以及清洁化利用

（1）政策分析

能源消费结构中煤炭占比高是我国碳排放高、能源转型难度大的主要原因，减煤、控煤以及煤炭清洁化利用是我国围绕气候政策和能源低碳转型的重要举措。近年，特别是"十三五"以来，我国出台相关政策推动煤炭去产能和清洁化利用、煤电去产能和清洁化利用。

2016 年国务院印发《关于煤炭行业化解过剩产能实现脱困发展的意见》要求严格控制新增产能，加快淘汰落后产能，有序退出过剩产能，鼓励发展煤电一体化。2017 年国家发展改革委等 12 部委联合印发《关于进一步推进煤炭企业兼并重组转型升级的意见》，支持发展煤电联营，推动大型煤炭企业强强联合，支持大型发电企业对煤炭企业实施重组，支持煤炭与煤化工企业、钢铁企业等兼并重组。2018 年国家发展改革委印发《关于深入推进煤电联营促进产业升级的补充通知》，鼓励煤炭和发电企业投资建设煤电一体化项目。2018～2019 年国家发展改革委

等部委联合印发煤炭化解过剩产能年度工作要点，由总量性去产能为主转向系统性去产能、结构性优化产能为主，深入推进煤炭清洁开发、清洁生产、清洁运输、清洁利用，推动煤电联营和兼并重组。

2017年国家发展改革委等16部委联合印发《关于推进供给侧结构性改革　防范化解煤电产能过剩风险的意见》，国家发展改革委等3部委联合印发《关于印发2017年分省煤电停建和缓建项目名单的通知》，目标到2020年全国煤电装机规模控制在11亿kW，实施煤电超低排放改造4.2亿kW、节能改造3.4亿kW、灵活性改造2.2亿kW，煤电平均供电煤耗降至310g/（kW·h）。国家能源局发布实施年度煤电规划建设风险预警，2018～2020年度连续发布2021～2023年煤电规划建设风险预警的通知，设置年度经济性预警、年度装机充裕度、年度资源约束情况，按照适度有序的原则，分类指导各地省内自用煤电项目（含燃煤自备机）的核准、建设工作。

2014年国家发展改革委、环境保护部、国家能源局联合印发《煤电节能减排升级与改造行动计划（2014—2020年）》，2015年国家能源局印发《煤炭清洁高效利用行动计划（2015—2020年）》，要求提高煤炭清洁高效利用水平，煤电机组平均供电煤耗低于310g/（kW·h），电煤占煤炭消费比重提高到60%以上。《电力发展"十三五"规划》提出"十三五"期间全国煤电灵活性改造规模目标2.2亿kW，是"十三五"期间增加电力系统调节能力、促进新能源消纳的主要措施。

（2）煤炭及煤电发展现状

根据2020年煤炭行业发展年度报告，2016～2020年间，中国累计退出煤炭落后产能10亿t/年以上，超额完成"十三五"化解过剩产能的目标任务。2017～2020年原煤产量恢复增长，2017～2019三年煤炭产量增速保持在3%以上，2020年全国原煤产量39亿t，同比增长1.4%。同时，煤炭消费在2017年开始恢复增长，2020年煤炭消费约28.3亿tce，同比增长0.6%。2011年以来煤炭在一次能源消费结构中的占比逐年下降，2020年煤炭在一次能源消费中的占比为56.8%，较2019年下降0.9个百分点（图1-5）。

从主要耗煤行业看，根据中国煤炭工业协会测算，2020年电力行业全年耗煤23.1亿t左右，同比增长0.8%；钢铁行业全年耗煤6.8亿t，同比增长3.3%；化工行业耗煤3.0亿t，同比增长1.3%；建材行业全年耗煤3.8亿t，同比增长0.2%。

散煤治理，煤炭、钢铁行业超低排放改造与现代煤化工等煤炭清洁化利用取得进展，其中，北方清洁取暖累计替代散烧煤约1亿t。

我国煤电装机持续增长，2020年煤电装机达到11亿kW，占电力总装机（22亿kW）的50%。根据生态环境部公布信息，截止到2020年末我国实现超低排放的煤电机组累计约9.5亿kW，占煤电总装机容量的76%（在2021年全国生态环

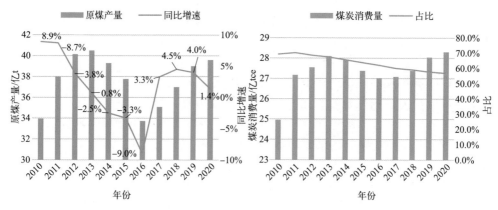

图1-5　2010～2020年全国煤炭产量、消费量变化

数据来源：国家统计局

境保护工作会议上的报告）。煤电灵活性改造方面，"十三五"期间我国三北地区（东北、华北北部和西北地区）煤电灵活性改造完成率不足27%，远未完成"十三五"2.2亿kW的改造目标。

煤炭、煤电产业链供应链不断变化，截至2020年煤炭企业参股控股电厂装机容量3.3亿kW，占煤电装机的26.5%。

1.2.3　煤改气、煤改电

（1）政策分析

为改善空气质量，减少重污染天气，2013年9月印发的《大气污染防治行动计划》中明确提出控制煤炭消费总量，加快清洁能源替代利用，提高京津冀、长三角和珠三角等区域的空气质量水平，从那时起"煤改气""煤改电"工程在国内正式铺开，同时该文件确定了2017年为大气治理的考核年。

在三大区域的大气治理中，以京津冀地区的最为典型。2017年3月，原环保部印发《京津冀及周边地区2017年大气污染防治工作方案》，将京津冀大气污染传输通道包括北京，天津，河北省石家庄、唐山等，山西省太原、阳泉等，山东省济南、淄博等，河南省郑州、开封等28个城市（即"2+26"城）列为北方地区冬季清洁取暖规划的首批实施范围。清洁取暖的推进自此从京津冀核心区转变为"2+26"城市，全面加强城中村、城乡接合部和农村地区散煤治理。同年7月，国家发展改革委等13部委联合印发《加快推进天然气利用的意见》，明确"全面推进，重点突出"原则，重点推进北方地区冬季清洁取暖、工业和民用"煤改气"等，不断从用能方面推动提升环保效果。但实施过程中因众多不确定风险因素的集聚，2017年发生了"气荒"，后来政府调整推进节奏，国家发展改革委等十部门发布《北方地区冬季清洁取暖规划（2017—2021年)》，开始强调因地制宜选择供暖热源，并在2018年7月国务院印发的《打赢蓝天保卫战行动三年行动计划》中，明确提出"煤改气"坚持"以气定改"，并提出加快农村"煤改电"电网升级改造，既明确坚定"煤改气""煤改电"态度，又明确了推进的节奏。2019年7月，国家发展改革委发布征求《关于解决"煤改气""煤改电"等清洁供暖推进过程中有关问题的通知》意见的函，进一步考虑经济条件、供应能力、资源情况等，细分提出城镇地区重点发展清洁燃煤集中供暖，农村地区推进生物质供暖，而在具备条件的地区则继续推进"煤改电""煤改气"，原则是以供定改，这标志着已经在全国大范围开展的"煤改气"工程开始实质性地、因地制宜地有序推进。2020年5月生态环境部召开例行新闻发布会上明确"煤改气""煤改电"补贴政策不会轻易退坡，坚定不移推进该项工程，北方居民"煤改气""煤改电"将持续有序地推进、巩固。以上可见，2013年以来，我国坚定清洁用能态度，持续推进"煤改气""煤改电"行动，在过程中出现"气荒"问题后，调整清洁用能推进节奏，进一步明确以供定改，多元化因地制宜推进清洁用能。

此外，在上述《打赢蓝天保卫战行动三年行动计划》《京津冀及周边地区2018—2019年秋冬季大气污染综合治理攻坚行动方案》《汾渭平原2018—2019年秋冬季大气污染综合治理攻坚行动方案》《长三角地区2018—2019秋冬季大气污染综合治理攻坚行动方案》《京津冀及周边地区2019—2020年秋冬季大气污染综合治理攻坚行动方案》《汾渭平原2019—2020年秋冬季大气污染综合治理攻坚行动方案》《长三角地区2019—2020年秋冬季大气污染综合治理攻坚行动方案》等政策中，工业小锅炉治理、窑炉治理在重点区域内逐年深入，不断加快"煤改气""煤改电"等清洁化改造应用，"十三五"期间，重点区域、重点行业"煤改气""煤改电"空间逐渐压缩，"十三五"末期重点区域工业散煤治理空间和潜力开始转向非重点区域。

（2）"煤改气""煤改电"现状

自2013年陆续实施"煤改气""煤改电"，2017年大力度推进，以及在2018年调整以来，我国天然气、电力在少部分行业变化较为显著（图1-6、图1-7）。2016年以后制造业天然气消费量有较大幅度提升，电力、热力、燃气及水生产和供应业天然气消费量同样较之前增速加大。再者是居民电力消费量的增速明显大于其他行业用电消费增速，2020年12月低温天气拉动采暖负荷及电量快速增长，使全年城乡居民生活用电再次实现快速增长，这和近年来"煤改电"的持续推进息息相关。

从重点区域的实施效果来看（图1-8），居民"煤改气"效果最为显著，工业小锅炉和工业小窑炉清洁能源替代（以"煤改气"为主）效果有限，以下分居民、

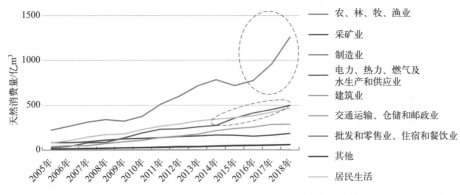

图1-6　2005～2018年我国天然气分行业消费量变化情况

数据来源：国家统计局

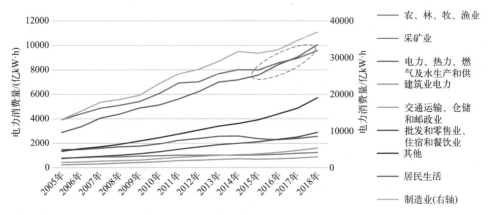

图1-7　2005～2018年我国电力分行业消费变化情况

数据来源：国家统计局

工业小锅炉、工业小窑炉分别阐述：

① 居民"煤改气"　"十三五"期间，北方清洁取暖破题，试点先行及财政支持政策之下，北方清洁取暖稳步推进。截至2020年4月，中央财政支持的43个清洁取暖试点城市合计完成清洁取暖改造面积29.77亿m²、改造户数2677万户。其中，城区完成清洁取暖改造7.75亿m²、706万户，城乡接合部、所辖县及农村地区完成清洁取暖改造22.01亿m²、1971万户。43个清洁取暖试点的改造以城乡接合部、所辖县及农村地区为主，其占比74%。

② 工业小锅炉　通过小容量清洁燃料替代、小容量锅炉集中治理、小容量淘汰、集中供热等4类主要途径推进，全国范围内20t/h以下特别是10t/h以下的小容量燃煤锅炉数量正逐年大幅度下降，燃煤工业锅炉正向着大容量、高效能、低排放的方向发展。

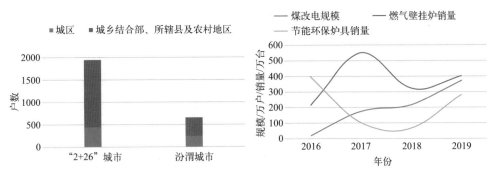

(a) "2+26" 通道城市和汾渭城市的改造户数构成　　(b) 2016~2019年清洁取暖主要技术路线的发展趋势

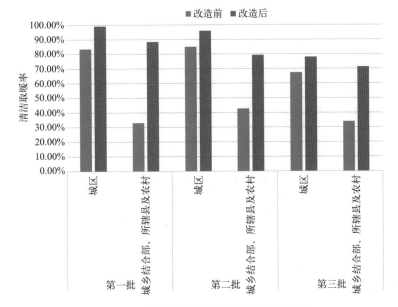

(c) 试点城市改造前后清洁取暖率比较

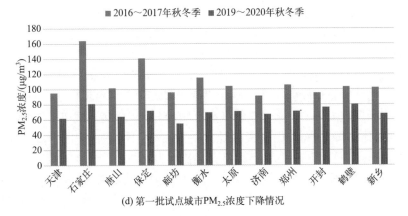

(d) 第一批试点城市PM$_{2.5}$浓度下降情况

图1-8

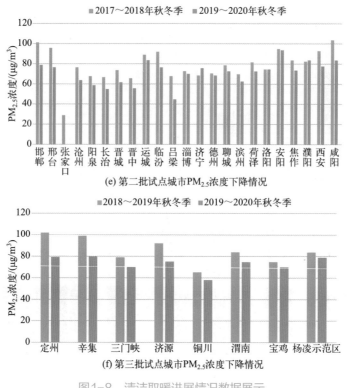

(e) 第二批试点城市PM₂.₅浓度下降情况

(f) 第三批试点城市PM₂.₅浓度下降情况

图1-8　清洁取暖进展情况数据展示

数据来源：中国散煤综合治理研究报告2020[2]

③ 工业小窑炉　"十三五"期间，工业小窑炉的散煤治理措施主要包括四方面：淘汰落后产能、清洁能源替代（主要是"煤改气"）、错峰生产、升级改造。从结果来看，主要以淘汰和改造提升为主。在清洁能源替代方面，2016～2019年，全国建筑陶瓷企业"煤改气"由15%增长到50%。2018年以来，京津冀及"2+26"城市、长三角地区、汾渭平原三大区域大气污染综合治理中陶瓷"煤改气"企业126家，总产能1.89亿m²，占目前总产能的31.6%；砖瓦"煤改气"企业14家，产能14亿块标砖，占目前总产能的1.2%。其中，陶瓷"煤改气"以广东为代表。广东作为中国最发达的地区之一，全面改用天然气以来，清远、肇庆已发生多起停气时间，价格涨价也是轮番上演，稳定供气仍是难题。

从空气治理效果来看，经过3年试点，2019年，"2+26"城市全年PM₂.₅浓度为57μg/m³，同比下降1.7%，优良天数比例为53.1%；汾渭平原11个城市全年PM₂.₅浓度为55μg/m³，同比上升1.9%，优良天数比例为61.7%。

从目前取得的成绩和发展趋势来看，北方地区清洁取暖改造将在"十四五"期间持续全面推进"扶偏修正"，重点地区"查缺补漏"。据"中国煤炭消费总量控制方案和政策研究"项目组计算，预计"十四五"期间，重点区域"扶偏修正"任务量为

531万户，"查缺补漏"的任务量预计为943.58万户。同时从南方供暖需求来看，居民清洁取暖将逐渐向非重点区域拓展。此外，随着锅炉大气污染物排放标准的不断加严及污染控制措施的升级改造，燃煤工业锅炉生产工艺已经逐步由低端向中高端迈进，结构调整、转型升级，未来各省市燃煤工业锅炉大气污染物的减排空间将不断减少，"十四五"期间各省市将进一步对小锅炉、小窑炉加大排查力度。据估计，陶瓷行业"煤改气"比例将由50%提升到75%；砖瓦行业"煤改气"增加150条生产线，涉及150亿标砖产能；石灰行业"煤改气"增加50条生产线，涉及400万t产能。总之，重点区域将进一步提高、落实"煤改气"任务，非重点地区将进一步拓展"煤改气"减排路径，推进全国工业、采暖等领域的清洁化进程，全面提升空气质量。

1.2.4　可再生能源发展

（1）政策分析

在应对气候变化的背景下，大力发展可再生能源成为我国能源政策的重要内容。以《中华人民共和国可再生能源法》（以下简称《可再生能源法》）为基础的可再生能源法律政策体系，为我国可再生能源的快速发展提供了有力的支撑。

2005年我国颁布《可再生能源法》，指导风能、水能、生物质能、地热能、海洋能等非化石能源的发展，促进可再生能源的开发利用。其已成为可再生能源政策体系基础，并逐步发展成较为系统的可再生能源政策体系，包括总量目标，即提出：可再生能源在整个能源结构中的比例；全额保障性收购政策；电价政策，即统筹不同技术水平不同发展阶段的上网电价；专项基金政策，即对可再生能源电力进行电价、开发利用等财政补贴等。

2007年原国家电监委印发《电网企业全额收购可再生能源电量监管办法》。2012年财政部、国家发展改革委、能源局联合印发《可再生能源电价附加补助资金管理暂行办法》。2016年国家发展改革委印发《可再生能源发电全额保障性收购管理办法》《关于做好风电、光伏发电全额保障性收购管理工作的通知》《可再生能源调峰机组优先发电试行办法》。2017年国家发展改革委印发《解决弃水弃风弃光问题实施方案》。2018年国家发展改革委、国家能源局联合印发《清洁能源消纳行动计划（2018—2020年）》。2019年国家发展改革委印发《关于积极推进风电、光伏发电无补贴平价上网有关工作的通知》，国家发展改革委、国家能源局联合印发《关于建立健全可再生能源电力消纳保障机制的通知》，下达2018～2020年各地区可再生能源电力消纳责任权重指标，2020年起进行纳入正式考核。同年，国家发展改革委、国家能源局联合印发《关于公布2019年第一批风电、光伏发电平价上网项目的通知》。2020年财政部、国家发展改革委、国家能源局印发《关于促进非水可再生能源发电健康发展的若干意见》及其补充通知，国家能源局印发《关于2020年风电、光伏发电项目建设有关事项的通知》。

（2）可再生能源产业发展现状

我国可再生能源实现规模化发展，得益于积极有力的政策支持，特别是保障性可再生电力消纳政策和财政补贴的支持。规模化发展进一步促进了技术的突破以及成本的降低。"十三五"以来我国可再生能源装机年均增长率约12%，总装机占比稳步提升（图1-9）。2022年，我国可再生能源发电总装机12.1亿kW，占电力总装机的47.4%。其中，新能源装机7.99亿kW，水电（含抽水蓄能）总装机4.13亿kW（图1-10）。

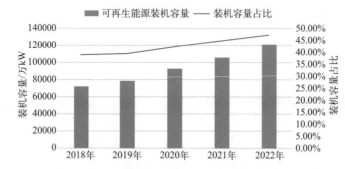

图1-9　2018～2022年我国可再生能源发电总装机及新增装机变化

数据来源：中国电力企业联合会、国家统计局

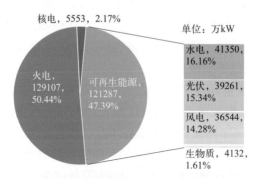

图1-10　2022年我国可再生能源在电源装机容量中的占比

数据来源：中国电力企业联合会、国家统计局

1.2.5　中国"双碳"目标下的能源发展方向

基于上述能源政策演变及政策带来的影响，可结合双碳背景推算我国未来能源消费总量。推算结果如图1-11所示，2020年我国GDP总量突破101万亿元，按

照6.5汇率折算，约15.54万亿美元。我国在2050年全面建成社会主义现代化强国，实现第二个百年奋斗目标后，GDP将继续保持增长，预计在2060年人均GDP约5.5万美元，GDP总量约60.5万亿美元，约为目前总量的四倍。2020年我国单位GDP能耗为3.18tce/万美元，预计在2060年该数值将降为0.9tce/万美元，不足目前数值的三分之一。2020年我国能源消费总量约49.7亿tce。2020年至2060年，我国能源消费总量先增后减，在2040年达到峰值，约60亿tce，随后逐年下降，在2060年降至54亿tce，略小于目前消费水平。

图1-11　"双碳"目标下我国能源消费总量走势预测

数据来源：中海石油气电集团技术研发中心

按照到2030年我国非化石能源占一次能源消费比重将达到25%左右，风电、太阳能发电总装机容量将达到12亿kW以上，到2060年非化石能源消费比重达到80%以上等政策目标的要求，参考社会各专业机构的预测结果，预期我国煤炭消费量将持续下降，石油消费量将在2025～2028年期间达峰后下降，天然气消费量将在2040年左右达峰后缓慢下降，中短期内仍将发挥重要作用，非化石能源占比将快速增长（图1-12）。

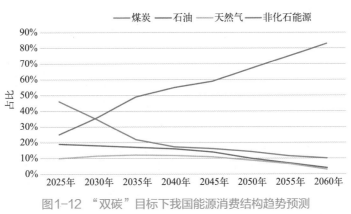

图1-12　"双碳"目标下我国能源消费结构趋势预测

数据来源：中海石油气电集团技术研发中心

CO₂

碳中和

第 **2** 章

碳市场概述

2.1 碳税与碳交易的碳减排机理

2.2 国际碳市场发展历程及现状

2.3 中国碳市场发展现状及发展
趋势

2.4 中国碳市场与国际碳市场的
协同发展

　　碳定价是市场化减排政策的核心，旨在使排放温室气体的行为变得昂贵，以确保市场参与者在作出决策时考虑到排放成本。作为碳定价手段之一的碳排放权交易（以下简称为"碳交易"或"碳排放交易"），发轫于经济学的产权理论，通过设定排放总量、发放排放配额、允许碳排放权在市场上自由交易等措施，形成以排放权为商品的碳市场。21世纪初至今，国内外碳市场快速发展，碳交易已成为各国节能减排的有效政策工具。目前世界共有28个正在运营的碳排放权交易体系，碳交易价格已成为减排技术、新能源等投资项目的风向标。本章将从碳减排机理、国内外碳市场发展现状及未来趋势方面对碳市场进行介绍。

2.1　碳税与碳交易的碳减排机理

　　碳税与碳交易同为碳定价手段，其目标都是将碳排放带来的外部性内化，以较低的社会成本实现减排，但理论起源以及作用机理不同。其中，碳税政策通过政府制定碳价，不限制排放总量，而碳交易政策约束排放总量，由市场决定碳价，二者适用于不同的场景。本节将从碳定价的经济学分析出发，分别介绍碳税与碳交易的减排机理并对二者的作用场景进行比较。

2.1.1　碳定价问题的经济学分析

　　从经济学的角度来看，碳排放是一个典型的外部性问题和市场失灵问题。经济学中的"外部性"，指的是特定主体（如个人、企业、国家等）的行为对其他主体产生了正面或负面的影响，却没有承担相应的义务或获得回报。碳排放正是如此，企业和个人排放温室气体引发气候变化，给整个人类的生态、健康和经济增长带来损害并产生治理成本，但却没有因此支付任何成本，存在负外部性。所谓"市场失灵"指的是市场不能实现资源最优配置的局面，在碳排放问题中，如果碳排放本身没有价格，它就势必会引发市场失灵，因为市场配置资源主要靠价格机制。因此，想要解决碳排放问题必须由政府来纠正市场失灵。纠正市场失灵主要靠两大类政策：一是行政命令，二是市场化价格政策。实现"双碳"目标也是如此。

　　行政命令，是指由政府部门直接限制高污染的产品生产来进行减排，例如淘汰高污染产业、限制既有产业产能、对企业进行能耗考核等。行政手段可以快速减排，但其缺点也同样明显，如难以准确计算排放主体的减排量，直接影响企业的生产经营，造成过度干预市场等。

　　市场化价格政策，或者说以碳定价为核心的市场化价格政策，原则是坚持边际减排成本最小。边际减排成本低的企业主体更多地减排，边际减排成本大的企业更少地减排，市场不断运作，直到所有企业的边际减排成本相等为止。这样一来，边际减排成本相等的资源配置状态就能在整个社会范围内实现减排成本最小化。所以，减排的市场化价格政策的实质是为碳排放定价，把无偿使用变成有价值利用。有了确定的价格，企业才能按照碳价选择节能减排产品、降低生产消耗、减少产能以及判断是否关停、退出。这类措施的优势是有助于企业建立低碳减排的长效机制，一个企业最优减排的策略就是边际减排成本等于碳价。而如果每个企业都在相同碳价的基础上来做决策，就可以从理论上做到每个企业的边际减排成本相同，进而最小化整个社会的碳减排成本。此外，碳价政策为减排活动赋予了价值，可以为清洁能源替代和低碳技术研发创新提供市场激励。

相比于行政命令来说，基于市场机制的减排措施减排效率更高，现已被更多的政府部门所选择，成为主流政策。

2.1.2　碳税减排机理

给碳排放定价主要有碳税和碳排放权交易两种方式。其中碳税指的是按照二氧化碳排放缴税，它可以仅针对煤、油、气等化石燃料，按照其含碳量或碳排放量进行缴税，也可以在广义上包括对除化石燃料燃烧以外的造成碳排放的商品或服务进行缴税。

碳税是庇古税的一个经典应用，即政府部门对破坏自然环境者所征收的税，能够提高其私人部门边际生产成本，使私人部门的外部成本内部化，使得私人成本和经济成本平等。按照庇古的学说，市场经济活动主体的私人生产成本和社会成本不平等是造成市场配置资源不合理的主要因素。因此政府部门必须采取税收的手段或通过补贴使得私人成本与社会成本趋于一致，达到较理想的市场。庇古税通过采用直接对环境污染商品实行征收税款的方法，将污染环境的外在成本尽量地直接转变成为个人制造环境污染商品的内部纳税成本，能够使排污主体的边际净收益得以合理减少，从而限制了生产环境污染商品的总量。

理论上，碳税减排机理如图2-1所示。以横坐标系代表碳排放量，纵坐标系代表生产成本，曲线MC代表碳减排的边际生产成本，曲线MD则代表碳排放量的边际社会损失。两条曲线的交点所对应的T^*即为最佳碳税标准，相应的E^*为最佳碳排放量。在碳税的价格信号作用下，每个碳排放者将根据自己的碳减排成本函数自行选择适当的排放量。国家可以通过调节最高碳税T^*来调节总的污染物排放量。

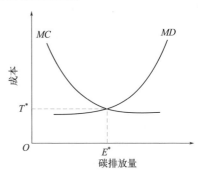

图2-1　碳税减排机理示意

2.1.3　碳交易减排机理

碳交易是先由政府定碳排放总量，再由市场决定碳价。碳市场是碳排放权交易市场的简称，指建立在温室气体减排量基础上，将排放权作为商品流通的交易市场，采用总量管制与排放交易（cap and trade）的运作方式，即设定排放目标，参与者之间按照不同边际减排成本开展交易，以最小化的成本达到减排目标。

碳交易的核心思想是科斯定理，科斯指出当所有权的划分明确之后，市场参与者能够合理选用最有效的应对方式，使交易成本最小化，利用交易方式处理好各种问题。将排放二氧化碳等温室气体的权利定义为一个归属明确的权利，通过在自由市场上对这一权利进行交换，进而使全球的污染成本减至最小，碳交易的思路正是基于此。

碳排放权交易的减排机理如图2-2所示，在获得初始排放权配额的情况下，排放者B由于采用节能减排新技术，导致其实际排放量低于配额分配量，其可以拿出富余部分销售。同理，对于排放者A来说，由于其实际排放量大于配额分配量，其必须从市场购买不足部分的排放权。在同一个碳市场中，由于存在不同主体，所以减排成本不同，通过交易可以使得减排成本低的主体实施更多减排量，从而出售排放权而获利。同样对于减排成本高的主体，其通过购买排放权，替代实施减排行为，从而节省成本。碳市场交易不但对交易双方都有利，同时也使得整个社会的减排成本降低。

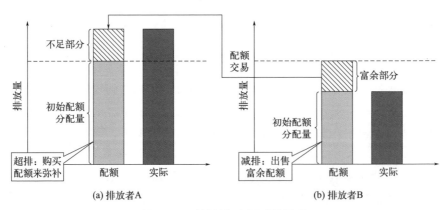

图2-2　碳排放权交易减排机理

2.1.4　碳税与碳交易减排机理比较

碳税和碳交易，是目前世界上最为普遍的两个碳减排政策，两类政策的原理以及适用场景均不同。从经济学理论上看，两者都是为了解决公共产品的外部性而采取的政策手段，但从原理上来看却有着一定的不同。碳税是以价格为导向的政策工具，先由政府部门确定碳价格，后由企业确定碳总量。与之相对的，碳交易作为数量导向的政策工具，由政府定碳排放总量，再由市场决定碳价。

两类政策锚定的重点不同，适用场景也不同。碳税适合参与者多、边际节能减排成本接近、交易成本较高的行业，如建筑行业、交通运输业；缺点是实际排放量难以预测、减排企业税负增加且难以定义合理的税率。碳交易适用于参与方无须较多、边际减排成本具有一定差异、交易成本相对较低的领域，如电力、工业等；缺点是需要不断健全配额分配、监测、查核模式，且价格波动较大，易影响企业经营发展与决策。综合来看，中国的"双碳"目标旨在控制总量，跟碳交易更为契合，但碳交易容易引发数据造假、交易成本高、市场垄断、地方政府缺乏激励等问题。而在操作上，碳税的征收成本更低，但如何确定合适的税率以及税收费用的用途是这类政策制定中的难点。总体来看，碳税和碳交易两种手段各有优劣势，总结见表2-1。

表2-1 碳交易与碳税的优缺点比较

项目	碳交易	碳税
优点	直接指向碳排放量，减排效果明确； 政策出台、调整不涉及立法，程序也较为简便、比较灵活； 能够吸引银行、基金、企业参与，资源配置效率高	相对简单，管理、运行成本较低； 相对稳定，增加政府收入，用于投资开发新减排技术
缺点	碳交易市场是一个人为设计、政府控制的市场，可能存在潜在的金融风险； 监管成本和道德风险较高	税种的出台、调整都需要严格的程序，灵活性较差； 通过价格影响碳排放量，效果存在不确定性

注：资料来源为参考文献[3]。

正是由于碳交易和碳税政策各有利弊，所以许多发达国家或地区都是根据自身的国情，选取适宜的减碳政策。根据世界银行数据，目前共有逾三十个发达国家和地区采取了碳税政策。其中包括瑞典、芬兰、荷兰等国家，都单独专门制定了新碳排放税并在国内实施；而日本、意大利、德国等则是在能源消费税、环保税等现行税种中新增加了碳排放因素，从而产生了潜在的碳税。同时，截至2021年底，全世界正在运营中的国家或地方碳交易系统共有33个。碳税与碳交易政策并驾齐驱，在各国得到应用。

2.2 国际碳市场发展历程及现状

自1997年《京都议定书》设立缔约方之间的排放/减排交易的条款以来，世界各国开始了碳排放交易的尝试。2005年欧盟和挪威都建立了各自的碳排放交易体系，是世界上最早的碳排放交易体系，此后美国、日本、韩国等国家纷纷建立了自己国家的碳交易体系，国际碳市场的发展进入快车道。本节将从全球各国碳市场发展现状开始，随后以欧盟碳市场为例，综述其发展历程以及现状，并就其对中国碳市场发展的启示进行讨论。

2.2.1　全球碳市场概况

目前，在世界范围内主要的碳排放权交易体系中有欧洲碳交易市场、美国区域温室气体减排行动、韩国碳交易市场、新西兰碳交易市场等，另外还有中国的全国和试点区域碳交易市场（表2-2）。截至2022年，全世界共28个碳市场正在运行，其所处地区的GDP总额约占全世界总额的54%，总人口约占全世界总人口的三分之一，涵盖了世界温室气体排放量总额的16%左右，世界上所有碳排放权交易系统已利用拍卖配额等方式募集了超过1030亿元的资本。另外有8个碳市场正在建设中，预计将在未来几年内投入运行。12个司法管辖区亦开始考虑碳市场在其气候变化政策组合中可以发挥的作用[4]。

表2-2　全球碳市场分布

碳市场运行情况	分布地区
正在实施的碳市场（28个）	北美：美国区域温室气体减排行动（RGGI）、华盛顿州总量与投资体系、俄勒冈州总量控制与交易体系、加利福尼亚州总量和交易体系、马萨诸塞州发电排放限额、墨西哥碳市场、魁北克省总量控制与交易体系、新斯科舍省总量控制与交易体系； 欧洲：欧盟碳市场（欧盟成员国、冰岛、列支敦士登、挪威）、奥地利碳市场、英国碳市场、德国碳市场、黑山碳市场、瑞士碳市场； 亚洲：哈萨克斯坦碳市场、中国全国碳市场、中国试点碳市场（北京、重庆、福建、广东、湖北、上海、深圳、天津）、日本埼玉县碳市场、东京都总量控制与交易体系、韩国碳市场； 大洋洲：新西兰
计划实施的碳市场（8个）	北美：宾夕法尼亚州； 南美：哥伦比亚； 欧洲：欧盟第二碳市场、乌克兰、土耳其； 亚洲：越南、库页岛（俄罗斯）、印度尼西亚
正在考虑的碳市场（12个）	北美：纽约州、纽约市、北卡罗来纳州； 南美：巴西、智利； 非洲：尼日利亚； 亚洲：巴基斯坦、印度、泰国、马来西亚、中国台湾、日本全国碳市场

资料来源：ICAP（https://icapcarbonaction.com/en）。

各国碳交易体系除了对本国（地区）的排放企业有约束外，还可能通过一些机制实现跨国（地区）认证。全球各碳市场按照能否受《京都协定书》辖定，可以分为京都市场和非京都市场。其中，京都市场又分为基于配额的ET（国际排放贸易机制）市场、基于项目的CDM（清洁发展机制）市场和JI（联合履约机制）市场；非京都市场包括VCM（自愿减排碳市场）和一些零散市场。根据不同的交易机制，国际碳排放交易体系分为基于配额的交易和基于项目的交易，各机制的内容总结见表2-3。

表2-3 碳市场机制

碳市场类型	机制	内容
京都市场	国际排放贸易机制（ET）	一个发达国家可以通过贸易的方式将其超额完成减排义务的指标转让给另一个未能完成减排义务的发达国家，并从转让方的允许排放限额上扣减相应的转让额度（基于配额市场）
	联合履约机制（JI）	发达国家之间可以通过项目级的合作，将其所实现的减排单位（ERU）转让给另一发达国家缔约方。然而，在进行转让时，必须在转让方的分配数量（AAU）配额上扣减相应的额度（基于项目市场）
	清洁发展机制（CDM）	发达国家与发展中国家通过提供资金和技术的方式展开项目级合作，通过这些项目所实现的经过核证的减排量（CER），帮助发达国家缔约方履行他们在议定书第三条下的承诺（基于项目市场）
非京都市场	自愿减排碳市场（VCM）	VCM作为CDM市场的补充，提供了一种自愿、公益、可认证的减排信用额度，超出了《京都议定书》中的清洁发展机制所涵盖的减排量。它为那些由于前期开发成本过高或其他原因无法进入CDM开发的碳减排项目提供了另一种选择。通过VCM，这些项目可以获得认可并可获得减排信用，进一步促进全球减排目标的实现（基于项目市场）

注：资料来源为参考文献[5]。

基于配额的交易，即先根据环境允许程度，制定每个时期的排放总量指标，然后在该指标范围内进行碳排放权交易。这类碳排放交易体系主要有欧盟碳排放交易体系（EU-ETS）、美国区域温室气体减排行动（RGGI）、新西兰碳排放交易体系、中国的全国碳市场以及七个碳交易试点地区（北京、上海、广东、天津、深圳、湖北、重庆）等。

基于项目的交易市场，其交易标的是某些减排项目产生的温室气体减排信用，属于一项事后授信的交易。这类碳排放交易体系主要包括联合履约机制（JI）、清洁发展机制（CDM）以及《京都议定书》体系外的自愿减排碳市场（VCM）。

2.2.2 欧盟碳市场发展历程及现状

欧盟碳市场作为全球启动最早的碳市场，其发展历程沿革具有很好的借鉴意义。欧盟碳排放权交易系统涵盖了该地区电力部门、工业和航空业中大约40%的排放量。它是目前世界上运营时间最长的碳市场，也是目前全球第二大碳市场。从2005年正式运营起，欧盟碳排放交易体系（EU-ETS）的碳配额市场一直占据全球碳市场的主导地位。欧盟碳排放配额现货与期货均从2005年4月开始交易，至2021年12月31日累计成交量已达到600亿t和871亿t二氧化碳当量，是欧盟碳交易市场中两个极为重要的交易品种。欧盟碳排放交易体系覆盖了欧盟二氧化碳总排放的50%和所有温室气体排放的40%，覆盖对象包括超过11000个发电站和厂房。欧盟碳排放交易体系在不同阶段的管控范围以及配额指标如表2-4所示。

表2-4　EU-ETS四阶段管控范围、减排目标和配额设定

阶段	管制国家	管控行业	期初配额总量设定	拍卖比例
第一阶段：2005～2007年	欧盟成员国	电力、石化、钢铁、建材、造纸等	20.96亿 t/a	不超过5%
第二阶段：2008～2012年	新增挪威、冰岛、列支敦士登	新增航空业	20.49亿 t/a	不超过10%
第三阶段：2013～2020年	同第二阶段	新增化工和电解铝	20.84亿 t/a	2020年达到30%，逐年增加70%
第四阶段：2021～2030年	同第二阶段	预计新增海运等行业	15.72亿 t/a	50%以上进行拍卖，并计划于2027年实现全部配额的有偿分配

资料来源：ICAP。

　　欧盟将按照"控制总量、均分负担"的原则，依据总体的减排任务以及各国家的减排目标，在欧洲内统筹并确定由所有国家承担的减排义务。参与碳交易的欧洲国家必须递交一个国家控制方案（NAP），包括所有设施的排放量。NAP经欧盟委员会的审核批准后，排放量将转换为配额，由各国按照NAP分摊给各个排放设施。

　　不同阶段的碳配额价格如图2-3所示，以下是对EU-ETS四个阶段碳配额价格波动情况的回顾。

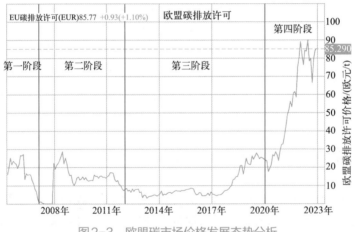

图2-3　欧盟碳市场价格发展态势分析

数据来源：Trading Economics

（1）第一阶段（2005～2007年）

　　在第一阶段，碳配额分配的方法主要是免费发放（约90%），市场实际拍卖量占总配额的比仅为0.13%，约为300万 t。在第一阶段，欧盟基准碳配额主力期货合约价格（EUA）期货市场价格在2006年4月份之前曾一度维持在高位，最高价格

达 30 欧元 /t。由于 2006 年免费碳配额分配过量，再加上部分作废后的碳配额被重新分配，导致 EUA 期货价格急剧下跌，在 2007 年下半年曾一度低于 0.1 欧元 /t。

（2）第二阶段（2008 ~ 2012 年）

在第二阶段，约 85% 的碳配额仍然以免费分配的方式提供，而市场实际拍卖量仅占 4%，与预期的 5% ~ 10% 的目标仍存在差距。为了实现 2020 年的气候和能源目标，欧洲议会于 2008 年底批准了 "气候行动和可再生能源一揽子计划"，并对 EU-ETS 进行了一系列改革。这些改革在短期内推动了 EUA 期货价格的上涨。然而，2008 年全球金融危机和经济衰退导致欧盟制造业陷入困境，大量企业减产导致二氧化碳排放量急剧下降。与此同时，企业还在出售未使用的排放许可权，增加了碳配额供应，加剧了碳排放配额过剩的问题，进一步压低了碳配额价格。直到 2014 年，整个 EU-ETS 系统中仍有约 13 亿个过剩的碳排放许可。进入 2012 年，欧债危机的冲击进一步减少了各国对碳配额的需求，多个国家开始在市场上出售碳配额，导致 EUA 期货价格下跌至 10 欧元每吨以下，并持续低迷。

（3）第三阶段（2013 ~ 2020 年）

在第三阶段，欧盟开始大力推行碳配额拍卖方式，拍卖发放的碳配额比例大幅增加，超过了碳配额总量的一半。然而，由于碳配额上限设置过高以及经济危机的冲击，导致碳配额过剩问题仍然存在，EUA 期货价格依然处于较低水平。根据行业内专家的估算，碳价至少需要达到 20 欧元每吨才能激励企业实施低碳能源策略。低碳配额价格使得生产者以极低成本获取大量排放许可，这不仅不利于减排技术的进步和新能源的发展，甚至还刺激了煤炭销量的增长，使整个欧洲的减排系统面临崩溃的边缘。为了摆脱这一困境，欧盟积极寻求对策。随着碳配额拍卖比例的提高，近年来欧盟碳市场的交易量和价格齐升。仅在 2018 年，欧盟碳交易量就超过了 80 亿吨，使其在全球碳市场中占据主导地位。

（4）第四阶段（2021 ~ 2030 年）

在第四阶段，欧盟在原有的 EU-ETS 改革基础上通过了最新且更加严苛要求的修改，并逐渐推动欧盟碳交易市场拍卖碳配额步入常态。欧盟碳排放交易体系自 2021 年起进入第四阶段，年度总量折减因子由第三阶段的 1.74% 提高至 2.20%，同时修订了制造业企业免费分配的基准价，并规定不得再使用 CDM 下的减排信用进行碳抵消。

2021 年欧盟委员会提交修正案，以进一步拓展欧洲碳交易市场的覆盖范围，调整市场稳定储备机制，并且设立了碳边境调节税制度以避免碳泄漏问题。在愈发严峻的碳排放管制与新冠疫情肆虐的双重影响下，碳配额现货和期货的报价不断上升，成交量亦有相应增加，使得控排企业的生产成本持续提高。更严苛的节能减排目标使近年来欧盟碳市场空前活跃，碳价格也持续急剧上升，并屡屡刷新市场记录，在2021年9月底到达75美元/t，远高于其他碳市场。受碳配额收紧以及能源危机的影响，2022年8月预期，欧盟当年12月交付的碳期货排放价格将达到99.14欧元/t，是欧洲碳排放交易系统自建立以来的历史新高。

综上所述，欧盟碳市场经历了四个发展阶段。由于碳配额发放与实际需求的不匹配，导致交易价格波动较大。在不同阶段，欧盟碳市场也采取了不同的调控措施（表2-5），对碳配额价格进行调控。根据欧盟碳市场发展总结的经验，碳市场配额充足，价格过低，将导致参与企业减排积极性不足，不能起到设立碳市场促进减排的目的。碳配额过紧，价格过高，参与企业经济压力较大，不利于该地区经济复苏和社会稳定发展。

表2-5　欧盟碳市场价格波动及调控措施

时间	价格波动原因	价格变动/（欧元/t）	是否进行调控	调控措施	调控效果
2006年1月	碳配额总量设置过多，配额过剩	10～35	是	配额跨期作废，第二阶段重新设置配额总量	第一阶段碳配额失去价值，价格跌至0.1欧元/t
2007年12月	第一阶段碳配额失效，配额重新分配	0～15	是	缩减碳配额总量，制定气候与能源领域三大目标"20-20-20"①行动刺激市场	碳价格从第二阶段开始回升，上涨至30欧元/t
2008年10月	金融危机爆发，经济衰退导致能源需求降低，排放量减少	8～30	否	无	无
2014年9月	"折量拍卖"政策未能改变配额过剩的根本，碳价格持续低迷	2.5～7	是	市场稳定储备机制，调节市场价格和配额总量	碳价格有所回升，上涨至8欧元/t
2018年上半年	配额总量逐渐减少，市场开始偏紧	8～25	否	无	无

①"20-20-20"行动即"20-20-20"一揽子目标，指欧盟承诺到2020年将欧盟温室气体排放量在1990年基础上减少20%，可再生能源消费占比提高到20%，能源效率提高20%。

整体上来说，全球气候大会目标也越来越清晰，控制手段也逐渐走向法治化、强制化，从而促进了全球碳市场的活跃。随着中国提出2030年碳排放达峰、2060年实现碳中和的"双碳"目标，美国拜登政府主政美国经济，全球必然掀起又一轮碳减排高峰，促进全球碳市场快速发展。

2.2.3　国际碳市场发展对中国的启示

欧盟碳排放交易体系经过了十多年的发展演变，已经产生了丰富多彩的碳金融产品、复杂多样的市场主体、完善的交易场所，可以为我国的碳排放权交易的建立提供实践参考。下面从产品结构、交易主体两方面，总结国际碳市场发展的启示。

（1）启示一：持续丰富产品结构，提升市场竞争力

　　与欧盟碳交易市场比较，中国碳现货市场涉及行业较少、碳金融衍生品交易市场亟待建设。目前，我国在全国碳市场上的主要贸易商品仅为电力行业的碳排放配额（CEA）现货，还未将其余行业纳入市场，也未将中国核证自愿减排量（CCER）现货引入市场交易，尚未涉及CEA期货等碳金融衍生品。与此相对应的，欧洲碳交易市场体系采取现货和期货结合，共同介入市场交易的管理模式，而欧洲企业在碳交易体系形成的早期也曾大规模采用核证减排量（CER）项目实现碳抵消，以协助企业度过早期的减排困难的阶段。未来应持续丰富碳市场产品结构，提升我国碳市场在国际市场中的竞争力。

（2）启示二：多元交易主体参与，提高市场活跃度

　　全国碳排放权交易市场规定"重点排放单位以及符合国家有关交易规则的机构和个人，是全国碳排放权交易市场的交易主体"，但是出于对市场稳定运行、保证碳交易、发挥碳减排效果考虑，目前还未明确其他主体的交易规则，仍只有控排企业在全国碳市场中进行交易❶。欧盟碳排放交易体系很早就允许符合规定的组织、机构与个人参加碳交易，以此来提高欧盟碳市场的活跃度与流动性。我国全国碳市场在2021年运行期间，碳交易呈现出履约期前后成交量激增的状况，CEA在12月的总成交量为1.36亿t，占全年比例约75.82%，而其他月份的碳市场不够活跃、碳配额流动性差，导致市场周期性波动较大，不利于市场的平稳运行。因此未来我国碳交易市场还需要进一步明确交易规则，扩展市场主体，允许其他社会组织和个人进行交易，增加碳配额流动度，使碳交易市场更加活跃，以确保碳交易市场的高效运转。

2.3　中国碳市场发展现状及发展趋势

　　我国碳市场建设始于2011年宣布在北京、天津、上海、重庆、湖北、广东和深圳等地开展碳排放交易试点工作。2013年正式在深圳开启试点，2016年底，福建碳市场启动，同年四川联合环境交易所启动温室气体自愿减排碳交易活动。2017年全国碳市场启动建设，碳排放权交易市场将按照稳步推进的原则，成熟一个行业，纳

---

　　❶ 我国部分试点碳市场对交易主体进行了规定，阐明了其他组织与个人参与试点碳市场交易的条件，将机构投资者纳入交易范围。如上海能源交易所的碳现货交易中，投资机构交易量占比由15%左右（2014年）上升到了80%以上（2018年），多元化的交易主体使上海试点碳市场实现了外部资本引入，促进了市场的活跃与发展。

入一个行业。2021年7月，全国碳市场落地实施运营，第一个履约周期目前已结束。

2.3.1　中国碳市场建立历程

　　能源行业基本由国家调控是我国发展碳市场的优势，在碳交易市场的建设过程中也常常是政策先行。为此，本节拟以我国碳产业发展的基本政策为索引，对中国碳市场建立的历程进行总结。

（1）阶段一（2005～2011年）：碳交易机制的初步探索阶段

　　2005～2011年，中国国内清洁发展机制（clean development mechanism，CDM）项目快速发展，这为中国融入国际碳市场打开了一扇门，进入了探索阶段。CDM是《京都议定书》第12条规范的碳交易机制，针对发展中国家与非发展中国家之间的减排单位转让，旨在使这些国家在可持续发展的前提下进行减排，并从中获益。2005年国家发展改革委（以下简称为国家发改委）制定和颁布实施了《清洁发展机制项目运行管理办法》。2011年，为提高清洁发展机制项目开发和审定核查效率，又对该管理办法进行了修订。

　　2007年，国家设立了应对气候变化及节能减排领导小组，以专项牵头协调、制定与气候工作相关的政策法规与举措，同期在国家发改委下设立了应对气候变化司，具体负责国内外气候变化有关活动的统筹协调与监督管理，各地区政府也在各省发展改革委下设立了应对气候变化处，具体负责所辖省份气候变化事务有关活动的监督管理。

　　2009年11月，国务院决定将"到2020年单位国内生产总值二氧化碳排放比2005年下降40%～45%"作为约束性指标，纳入国民经济和社会发展中长期规划。

　　2010年7月，国家发改委公布《关于开展碳排放权交易试点工作的通知》，在规定为试点的地方探寻利于节能减排和低碳产业发展的制度，并研究利用市场机制推进我国控制温室气体排放目标的落地。

　　2010年9月，国务院下发《国务院关于加快培育和发展战略性新兴产业的决定》，提出要建立和完善主要污染物和碳排放交易制度。

（2）阶段二（2011～2013年）：碳市场的地方试点阶段

　　2011年8月国务院下发《"十二五"节能减排综合性工作方案的通知》，提出"开展碳减排交易试点"，建立自愿减排机制。

　　2011年10月，国家发改委发布了《关于开展碳排放权交易试点工作的通知》，同意在7个省市设立碳交易试点市场。各试点市场的规则文件由各地的有关主管部门根据自身情况制定，以选择更适用于全国的统一市场模式。这些试点市场主要以现货交易为主，包括碳配额现货和碳减排量现货。一些试点城市还在碳相关投资工具领域进行了探索，如碳排放回购、质押融资、借碳、碳债券、金融互换、远期、碳基金、林业碳汇等。然而，创新产品的数量和规模都相对较小。所有试点城市都涵盖了电力和工业领域，但具体覆盖的行业有所不同。上海、广东和福建将国内航空业纳入了碳市场，而上海、深圳和北京则将建筑业纳入了碳市场。此外，深圳和北京还将交通业纳入了碳交易范围。

2012年6月，国家发改委发布了《温室气体自愿减排交易管理暂行办法》的通知，对交易的主体、原则、交易量、方法的使用以及交易量管理等方面进行了详细规定，进一步规范了自愿减排交易市场。

2013年5月，国务院批转了国家发改委的《关于2013年深化经济体制改革重点工作的意见》，其中提到了深入推进排污权和碳排放权交易试点，并研究建立全国范围的排污权和碳排放交易市场。

从2013年6月到2014年6月，北京、上海、天津、湖北、广东、深圳和重庆等7个试点城市建立了碳市场，并开始进行实质性的交易。

（3）阶段三（2013～2017年）：全国碳市场准备阶段

2013年11月建设全国碳市场被列入全面深化改革的重点任务之一。

2014年12月国家发改委发布《碳排放权交易管理暂行方法》，确立全国碳市场总体框架，标志着全国碳市场建设正式开始，推动全国地方碳市场发展。

2015年1月，国家发改委上线"自愿减排交易信息平台"，在这一平台上经过发改委签发的中国核证自愿减排项目的减排量（China Certified Emission Reduction, CCER），可以被用于抵减项目的碳排放量。CCER和CDM之间的主要差别是：CDM项目必须经由联合国CDM管理委员会的确认，可在全球碳交易市场上买卖；CCER项目则由国家发改委签发。

2015年9月《中美元首气候变化联合声明》提出，中国于2017年启动全国碳排放交易体系，在钢铁、电力、化工、建材行业执行。习近平总书记在2015年的巴黎气候大会上，对我国开始执行碳排放交易体系进行了重申。

（4）阶段四（2017～2020年）：全国碳市场的建设阶段

我国碳交易市场建立初期以电力为切入点，因为电力行业产品排放占比高、电力相关数据基础较好、监管系统完善。国家发改委于2017年12月公布了《全国碳排放权交易市场建设方案（发电行业）》，标志着发电行业开始正式进行市场化减排工作。该方案明确了2018年作为全国碳市场的基础建设期，重点任务是构建统一的数据报送体系、备案登记体系和信息交易系统。2019年将进入市场模拟运行阶段，重点实施发电行业碳配额的模拟交易，全面检查市场各要素与各环节的有效性与可靠性。

　　2018年，气候变化相关职能从国家发改委划转至生态环境部，碳交易市场的建设职责也相应转隶。2019年1月17日，生态环境部发布通知，开启了石化、化工、建材、钢铁、有色、造纸、电力、航空八大行业2018年的碳排放报告与核查及排放监测计划制定工作。要求各地在2019年3月31日前完成温室气体核算与报告工作，并在2019年5月31日前完成核查、复核与报送。

　　2019年4月，生态环境部发布了《碳排放权交易管理暂行条例（征求意见稿）》。该条例是生态环境部转隶后出台的首个碳排放权交易重大决策。尽管该条例还在征求意见的阶段，但其出台向市场传递了全国碳市场积极建设的信号，增强了市场对全国碳市场的信心。

　　2019年5月，生态环境部公布了《关于做好全国碳排放权交易市场发电行业重点排放单位名单和相关材料报送工作的通知》。要求省级主管部门组织开展全国碳排放权交易市场发电行业重点排放单位名单和相关材料报送工作，以做好配额分配、系统开户和市场测试运行的准备工作。该通知还要求报送单位确定2名全国碳排放权注册登记系统的专责省级管理员，并按要求报送相关材料。此外，重点排放单位应确定其在全国碳排放权注册登记系统和交易系统的账户代表人和联系人，并报送相关材料。

　　2019年9月25日，生态环境部发布了《关于举办碳市场配额分配和管理系列培训班的通知》，并公布了《2019年发电行业重点排放单位（含自备电厂、热电联产）二氧化碳排放配额分配实施方案（试算版）》。该方案提出两套方案，均采用基准线法，但在行业基准值设定方面有所区别。两套方案要求以2018年供电量作为计算配额的基础，按机组2018年供电量的70%乘以相关系数，计算出2019年机组预分配的配额量。最终配额实际分配量将根据2019年实际发电量进行事后调整，多退少补。

　　2019年11月27日，生态环境部发布了《中国应对气候变化的政策与行动2019年度报告》。该报告指出，中国正在积极推进全国碳排放权交易体系建设，包括制度体系、技术规范体系和基础设施建设，并在能力建设方面开展了一系列工作。目前，中国已经起草了配额分配方案、发电行业配额分配技术指南，并积极推动制定相关配套制度，如重点排放单位温室气体排放报告管理办法、核查管理办法、交易市场监督管理办法等一系列制度性文件。同时，中国还将继续完善试点市场的建设，并推动国家核证自愿减排量抵消机制的改革。在报告发布会中，生态环境部副部长赵英民表示，期望在"十四五"期间实现全国碳排放权交易市场的平稳有效运行，建成制度完善、交易活跃、监管严格、公开透明的全国碳市场。

　　2020年，碳市场建设进入深化完善期。在发电行业交易主体间开展配额现货交易，交易的目的是履行减排义务。这一阶段是全国碳市场发展的关键阶段，主管部门提出的基本框架包括：一套法律基础，即《碳排放权交易管理暂行条例》；三项核心制度，即碳排放监测报告与核查制度、碳配额管理制度和市场交易制度；

四大支撑系统，即碳排放数据报送系统、碳排放权注册登记系统、碳排放权交易系统、碳排放权交易结算系统。国务院提出到2020年全国碳排放交易市场要"制度完善、交易活跃、监管严格、公开透明"，这体现了全国碳市场在最近几年发展完善的四个方向。

（5）阶段五（2020～2030年）：全国碳市场发展逐步成熟阶段

我国提出力争2030年前实现碳排放峰值，碳市场的逐步成熟运行对于我国实现该目标具有重要意义。因此，预计从2020年开始再用十年左右的时间，逐步完善全国碳市场。在初期发电行业碳市场稳定运行的前提下，再逐步扩大市场覆盖范围，包括逐步引入石化、化工、建材、钢铁、有色、造纸、航空等重点行业，以及丰富交易品种和交易方式。逐步探索开展碳排放初始配额有偿拍卖、碳金融产品引入以及碳排放交易国际合作等工作。

2020年11月，生态环境部起草了《全国碳排放权交易管理办法（试行）》（征求意见稿）和《全国碳排放权登记交易结算管理办法（试行）》（征求意见稿）。2020年12月25日，《全国碳排放权交易管理办法（试行）》通过审议，并将于2021年2月1日起正式实施，采取"成熟一个行业，纳入一个行业"的模式，进一步完善我国碳交易市场机制。2021年10月，生态环境部印发《关于做好全国碳排放权交易市场第一个履约周期碳排放配额清缴工作的通知》，要求各省碳市场主管部门抓紧完成第一个履约周期的配额核定和清缴的工作，加强和全国碳市场相关系统的对接工作，督促和指导重点排放单位完成配额清缴，确保2021年12月15日17点前本行政区域95%的重点排放单位完成履约，12月31日17点前全部重点排放单位完成履约。重点排放单位可使用中国核证自愿减排量（CCER）抵消配额清缴，但不能超过应清缴配额的5%。至此，全国碳市场第一个履约周期完成。

2022年，生态环境部通过部门规章文件，继续深入推动碳市场的制度建设与标准完善，发布包括《关于做好2022年企业温室气体排放报告管理相关重点工作的通知》、《关于公开征求〈2021、2022年度全国碳排放权交易配额总量设定与分配实施方案（发电行业）〉（征求意见稿）意见的函》和《关于印发〈企业温室气体排放核算与报告指南 发电设施〉、〈企业温室气体排放核查技术指南 发电设施〉的通知》在内的多份文件。2022年底，生态环境部发布了《全国碳排放权交易市场第一个履约周期报告》，系统总结全国碳市场第一个履约周期的建设运行经验。

2.3.2　地区碳市场试点现状

2011年10月29日，国家发改委发布《关于开展碳排放权交易试点工作的通知》，决定在北京、上海、天津、重庆、湖北、广东、深圳等七省市开展碳排放权交易试点工作。2016年四川、福建两个非试点地方市场也启动运行。中国试点碳市场因地制宜建立适合当地需求的碳交易框架体系。该体系均包含五个部分：政策法规、配额管理、报告核查、市场交易和激励处罚措施。各地方市场行业覆盖范围和配额分配方式比较见表2-6。

我国七大试点市场各自尝试了不同的政策思路和分配方法，并于2014年全部启动上线交易。从试点情况来看，各地区在经济发展水平、产业结构、技术水平、能耗和碳排放强度、能源资源禀赋等方面都存在较大差异，导致减排成本和潜力的不同。

表2-6 七个试点碳市场行业覆盖范围和配额分配方式比较表

试点地区	气体	行业	配额分配方式
深圳	二氧化碳	1.电力、水务、燃气、制造业等26个行业； 2.公共建筑； 3.交通领域	采取无偿和有偿分配两种形式，无偿分配不得低于配额总量的90%
上海	二氧化碳	1.钢铁、化工、电力等； 2.非工业行业：宾馆、商场、港口、机场、航空等	试点期间采取免费方式
北京	二氧化碳	电力、热力、水泥、石化、其他工业及服务业	管理办法未明确规定
广东	二氧化碳	电力、热力、水泥、石化、其他工业及服务业	部分免费发放、部分有偿发放
天津	二氧化碳	钢铁、化工、电力、热力、石化、油气开采等重点排放行业和民用建筑领域	以免费发放为主，以拍卖或固定价格出售等有偿发放为辅
湖北	二氧化碳	电力、钢铁、水泥、化工等12个行业	企业年度碳排放初始配额和企业新增预留配额，无偿分配
重庆	6种温室气体	电解铝、铁合金、电石、烧碱、水泥、钢铁等6个高耗能行业	2015年以前免费发放

试点碳市场运行数据统计如表2-7以及图2-4所示，截至2022年，七个碳排放权交易试点中，北京、天津、上海、广东和深圳五个试点地区完成了九次履约，湖北和重庆地区完成了八次履约。从建立至2022年底，七个试点碳市场共完成线上配额交易量31209.18万t，达成线上交易额90.53亿元，成交均价为32.17元/t。其中北京试点碳市场的年平均成交价最高；深圳碳市场最高成交价与最低成交价相差最多，价格波动性大。广东试点碳市场的总交易量和总交易额最多，市场最为活跃；重庆试点碳市场的总交易量和总交易额最少，市场最不活跃。

表2-7 2013～2022年七个试点碳市场线上交易情况

地区	总交易量/万t	总交易额/万元	最高成交价/（元/t）	最低成交价/（元/t）	平均成交价/（元/t）
北京	1812.69	122988.04	149.00	10.00	63.60
广东	11328.83	347539.28	95.26	7.57	30.84
湖北	8016.29	192891.96	61.89	10.07	27.04

续表

地区	总交易量 /万t	总交易额 /万元	最高成交价 /（元/t）	最低成交价 /（元/t）	平均成交价 /（元/t）
上海	1758.02	55116.57	63.00	4.20	36.58
深圳	3837.16	101205.54	122.97	3.30	29.07
天津	3335.38	80283.42	50.10	7.00	24.88
重庆	1120.80	5261.83	49.00	1.00	18.49
合计	31209.18	905286.65	149.00	1.00	32.17

资料来源：CSMAR国泰安数据库。

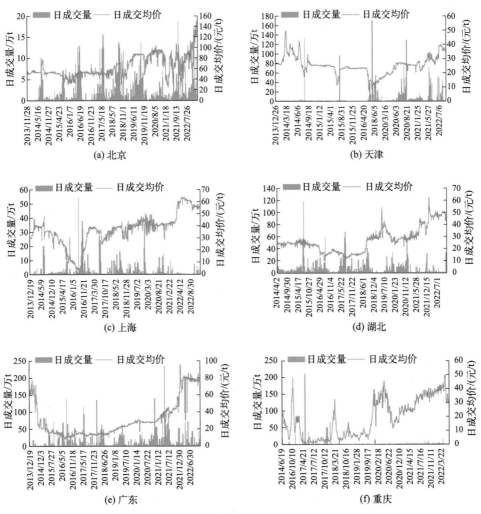

图2-4

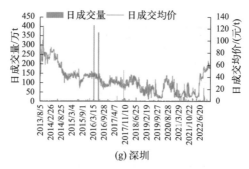

(g) 深圳

图2-4 2013 ~ 2022年中国试点碳市场日成交量以及价格

数据来源：CSMAR国泰安数据库

表2-8与表2-9展示了历年试点碳市场的成交量与成交金额。从过往各履约期成交量来看，成交量呈逐年上升之势。尤其2017年履约期，在成交量与成交额上均有大幅提高。如表2-8所列，除了2018、2019年有短暂的下降外，整体上来说试点地区碳交易量和成交额随社会经济的发展逐年增加。

表2-8 试点碳市场历年挂牌成交量汇总   单位：万t

年度	北京	广东	湖北	上海	深圳	天津	重庆	合计
2013年	0.3	12.0	0.0	0.3	17.6	7.9	0.0	38.2
2014年	105.6	105.6	703.0	166.8	184.7	200.1	14.5	1480.3
2015年	125.8	456.0	1394.2	168.1	439.8	150.0	12.8	2746.7
2016年	241.9	1286.8	1053.6	414.6	1094.4	67.8	46.0	4205.1
2017年	238.3	1236.8	1486.6	245.7	679.8	237.0	743.6	5074.7
2018年	306.3	953.0	887.8	235.7	124.1	228.9	26.9	2965.8
2019年	311.2	1315.1	481.9	269.5	80.0	117.5	69.0	3030.4
2020年	115.1	1921.4	1198.2	164.6	45.4	1237.2	22.2	4747.6
2021年	185.7	2700.0	351.2	39.2	700.5	676.2	113.3	4766.1
2022年	182.7	1342.3	459.8	53.4	471.8	412.7	72.5	2995.3

资料来源：2022年数据截至2022年12月16日，来源为CSMAR国泰安数据库。

表2-9 试点碳市场挂牌成交额汇总   单位：万元

年度	北京	广东	湖北	上海	深圳	天津	重庆	合计
2013年	13	723	0	10	1253	223	0	2222
2014年	6295	5623	16806	6358	11434	4060	446	51022
2015年	5871	7658	34905	3979	16773	2132	234	71552
2016年	11846	16091	18765	3351	28593	656	367	79669
2017年	11861	16925	20873	8548	9450	2113	1944	77557
2018年	17724	21910	19962	8840	3445	2656	113	78409
2019年	25913	29347	14661	11284	1203	1638	1694	92363

续表

年度	北京	广东	湖北	上海	深圳	天津	重庆	合计
2020年	10298	51892	33319	8164	874	31982	442	137734
2021年	13521	103365	12172	1593	7925	20143	23	158741
2022年	19663	94006	21429	2991	20271	14681	0	173041

资料来源：2022年数据截至2022年12月16日，来源为CSMAR国泰安数据库。

从我国七个试点碳市场的运行情况分析，可以看到，在配额分配、交易机制、监管惩处和支撑服务四个方面，地方市场积累了丰富的经验。北京碳市场尽管规模不大但市场活跃度较高，且有众多的第三方服务机构和全国碳市场的影子。天津碳市场呈现规模小、不活跃和价格长期低迷的特点。上海碳市场尽管体量小不活跃，但稳扎稳打，将侧重点聚焦在碳减排本身而不是碳金融的发展。湖北碳市场容量大，但纳管企业个数较少，另外由于制度安排更加合理，对投资者的吸引力最大。重庆碳市场规模小、不活跃，同时由于采用的是企业自行申报的配额分配方式，在市场初期未对纳管企业造成实质性减排压力。广东碳市场则呈现市场规模大、交易不活跃和有政府指导价的特点。深圳碳市场尽管体量小，但交易最为活跃且敢于进行碳金融创新。福建碳市场尽管起步较晚，但市场体量大、交易活跃度高。

总的来讲，尽管各试点碳市场特点不尽相同，但配额分配采用以免费发放为主，辅以一定比例的拍卖的分配方式；配额分配方法主要有历史排放法和行业基准线法；交易方式主要是现货交易和协议交易，湖北和上海也推出了相应的期货产品；在监管惩处和支撑服务方面，地方碳市场建构了较为完整的惩处和服务体系。试点市场都在减少区域碳排放的同时为全国碳市场的构建积累了经验。

2.3.3　中国碳市场发展现状

2013年，十八届中央委员会第三次全体会议审议通过《中共中央关于全面深化改革若干重大问题的决定》，将建设全国碳交易市场作为全面深化改革的关键工作之一，标志着我国全国范围的碳交易市场设计工作正式启动。2017年12月，我国开展了全国碳排放交易体系启动工作电视会议，并发布了《全国碳排放权交易市场建设方案（发电行业）》，规定由湖北和上海分别承建全国碳排放权注册登记系统和交易系统，全国碳市场进入基础建设阶段。2018年以来，因应对气候变化职能由国家发改委转隶于生态环境部，碳市场建设工作与生态环境保护工作协同加快。2019年10月至12月，生态环境部举办了有关碳交易配额分配与管理的培训，指导企业开展配额试算和碳交易模拟。

2021年7月16日，全国碳排放权交易市场上线，区域内试点的碳交易市场将和全国碳市场并行。全国碳排放权交易市场的交易中心位于上海，碳配额登记系统设在武汉。公司在湖北注册登记后，在沪开展交易，两地共同承担全国碳排放权交易体系的基础架构工作。

目前全国碳市场覆盖的重点排放单位为2013～2019年任一年排放达到2.6万t二氧化碳当量（综合能源消费量约1万tce）的发电企业（含其他行业自备电厂）。发电行业成为首个纳入全国碳市场的行业，纳入重点排放单位超过2000家，全国碳市场的年配额总量约为45亿t。

截至2022年12月31日，全国碳市场累计交易量约为2.29亿t，总成交金额约为104.43亿元。目前的交易量测算显示，全国碳排放权交易市场的交易换手率在3%左右。与欧盟碳市场目前的417%的换手率相比，中国碳市场的活跃程度还有较大的提升空间。

图2-5展示了全国碳市场的日交易量以及日均价的波动情况。开市初期，全国碳市场的日交易量较少，大多在50万t以内。然而，从2021年10月份开始，日交易量呈上升趋势，并在2021年11月和12月急剧增加，大多在500万t至1000万t之间，远远高于其他月份。全年最大的日交易量为2048万t，出现在12月16日。整体而言，临近履约周期结束时，碳市场变得异常活跃。然而，全国碳市场的市场成熟程度还有待进一步提升。

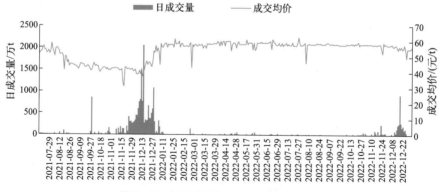

图2-5　全国碳市场日成交量以及价格

2022年数据截至2022年12月31日，来源为CSMAR国泰安数据库

价格方面，在2021年7月16日开市首日，日成交均价为51.2元/t。在开市首月，日成交均价于2021年8月4日达到最高点，为58.7元/t，而于2021年7月28日达到最低点，为41.9元/t。在此期间，整体价格波动性较大。从8月中旬开始，价格波动性逐渐减弱，日成交均价逐步下降，并在2021年9月至12月初基本稳定在40元/t左右。然而，在12月中旬价格急剧回升，截至2021年12月31日，日成交均价达到60.4元/t，超过开市状态。随后，在2022年，价格稳定在50～60元之间，波动较小。总体而言，在2021年至2022年间全国碳市场的日成交均价在

40 ～ 60 元/t 范围内波动，基本保持平稳。

全国碳市场的首个履约周期为 2021 年 1 月 1 日至 2021 年 12 月 31 日。截至 2021 年 12 月 31 日，全国碳市场已经运行了 114 个交易日。根据履约量计算，第一个履约周期的履约完成率为 99.5%，整体履约情况良好。然而，在该履约周期内，仍有 0.5% 的核定应履约量未能完成履约。根据《碳排放权交易管理办法（试行）》的规定，对于未按时足额清缴碳排放配额的重点排放单位，其生产经营场所所在地的地方生态环境主管部门将责令其限期改正，并处以两万元至三万元的罚款。如果在规定期限内未能改正，下一年度的碳排放配额将相应减少，以抵扣欠缴部分。

2.3.4　中国碳市场发展趋势

未来我国将继续以市场机制为核心，推动节能减排政策。通过碳市场释放合理的价格信号，促进社会资本流动，优化资源配置，降低边际节能减排成本，加速生产和消费的绿色转型，以实现"双碳"目标。

① 预计未来全国碳市场将首先纳入建材和钢铁行业，并在未来五年内逐步纳入全部重点能耗行业。2021 年，生态环境部应对气候变化司已委托各行业协会开展建材和钢铁行业纳入全国碳市场的配额分配和基准值测算等工作。随后，建材和钢铁行业将成为第二批纳入全国碳市场的行业，逐步覆盖石化、化工、建材、钢铁、有色、造纸、航空等八大高耗能行业。预计在覆盖八大行业后，全国碳市场的配额总量将从目前的 45 亿 t 扩容到 70 亿 t，约占全国二氧化碳排放总量的 60%。

② 全国碳市场将优先引入机构投资者，然后逐步引入个人投资者，促进市场参与主体的多元化。金融机构将把碳市场作为投资渠道，提供金融中介服务，推动交易顺利进行，形成公平有效的市场价格，进一步提升碳市场的交易活跃度。

③ 全国碳市场将在未来五年内逐步增加交易品种，丰富碳金融产品。目前全国碳市场主要进行现货交易，未来将增加期权、期货等碳排放交易的衍生品。多样化的碳交易产品可以活跃市场，增加控排企业和投资者对市场和碳减排政策的信心，但同时需要注重市场的风险管理。

④ 碳税的征收进程将加速，与全国碳市场协同助力实现"双碳"目标。《关于完整准确全面贯彻新发展理念做好碳达峰碳中和工作的意见》提出了研究碳减排相关税收政策的要求。碳税作为以二氧化碳排放量为征收对象的税种，更灵活且可以覆盖小型企业和个人，利用现有的税收体系成本低且见效快。碳排放权交易利用市场调控实现资源的最佳配置，但时间长、成本高，因此碳税是对全国碳市场的有效补充。在"双碳"目标的严格约束下，中国有望加速出台碳税相关政策，与全国碳市场协同助力实现"双碳"目标。

⑤ 全国碳市场的制度规则将更加健全，碳配额总量设置将坚持适度从紧的原

则。未来的碳排放权交易市场将从基于强度减排的配额总量设定方式过渡到基于总量减排的配额总量设定方式。碳减排目标的确定直接影响碳配额的供给与需求，进而影响碳市场的价格。在实现碳中和目标的背景下，中国未来的碳减排力度将进一步加大。全国碳市场的碳配额总量设定将长期坚持"适度从紧"的原则，并不断提升交易平台的公开透明性、排放和配额数据的准确性，以及核查监管机制的严格性。

2.4　中国碳市场与国际碳市场的协同发展

碳排放带来的温室效应具有全球性，需要各个国家减排以应对。理想条件下，全球应形成统一碳市场，通过不同控排主体、不同行业、不同国家之间碳配额的充分交易，实现碳排放权在全球的最优配置，建立最低成本的减排路径。然而，排放总额的确定、碳配额的分配、碳配额的交易三方面因素限制了理想条件下的全球统一碳市场的形成，制约了其发展形态。

一是碳配额在国家之间的分配面临巨大争议，在较长一段时间内全球碳配额交易市场或难以形成，国家/经济体之间或仅能够通过一些国际减排合作机制，开展有限的碳信用交易。从碳配额分配的可行性看，若要满足 1.5℃ /2℃ 温升控制目标，全球碳排放需要立刻下降，争取在 2050 年 /2070 年左右实现碳中和，但实际上全球碳排放至今仍持续保持上升，全球碳配额总体不足背景下，难以向各国分配碳配额。

二是减排初期各国成本差异巨大，大量控排企业进行国际碳交易有可能扰乱国家的经济、产业部署。碳市场寻求碳排放权的最优配置，而国家发展需要考虑产业链完整、就业情况等多方面因素，二者或难以完全契合。因此，以国家/经济体碳市场为主，在考虑产业结构要求等条件下引导控排企业减排更加切实可行。这种模式虽然有可能损失一部分效率，但国家将获得宏观调控自主性。在理想情景下考虑现实约束，全球碳市场将主要包括国际碳市场和国家/经济体碳市场两个层面。

三是国际碳市场、国家/经济体碳市场难以一次性覆盖所有排放源。国际碳市场在未来相当长的一段时间内将主要开展碳信用交易，且交易规模较为有限。国家/经济体碳市场是主体，作为各国推进减排的重要政策工具；国家/经济体碳市场内部，可能存在一些小型市场，主要覆盖前者未涉及的行业、领域。国家/经济体碳市场之间，碳定价水平的差异影响产品竞争力并可能导致"碳泄露"问题。

在这一背景下，目前世界范围内未有大规模的配额碳市场，此外，已有国家与地区开始了国家/经济体碳市场与国际碳市场的衔接尝试。目前，欧盟碳市场与多个国家在推进碳市场连接方面进行了有益的探索，尽管连接形式有所不同，但总体来看，越相似的市场间越容易连接。如挪威碳市场从一开始就依照欧盟碳市场的指令进行设计，因此只需要通过已有的自由贸易区协议就可以进行相互交易。此外，加利福尼亚州与魁北克省碳市场由于碳市场关键设计要素保持一致，也实现了双向连接。中国作为潜在的国际最大碳市场，也正在积极寻求碳市场的国际合作。2021 年 9 月，中国与美国加利福尼亚州的碳市场联合研究项目正式启动，以共同应对气候变化挑战，早日实现碳达峰、碳中和目标为目的，促进美国加利福尼亚州碳市场与中国碳市场之间的合作。

　　未来中国碳市场仍将主动或者被动地进一步与全球各碳市场深入合作。因此，如何协调中国与国际碳排放权交易机制间的差异将成为至关重要的问题。目前来看，中国碳市场的交易主体、覆盖范围、配额分配方法均与国外碳市场存在较大差异（表 2-10）。建立全球统一的碳市场比较困难，但目前欧盟国家提出的碳边境调节机制（或称为碳关税）的实质就是欧盟碳市场的外溢，是另外一种形式的"统一市场"，本书的后文的跟踪点一对欧盟碳关税及其对我国的影响进行了分析。

　　若仍考虑建立全球统一的碳市场，在短期内，中国应积极对标国际碳市场，吸收先进经验取长补短，激发市场活力。长期来看，中国碳市场作为全球最大碳市场，在全球性碳市场建设中有望发挥规模优势，将制度创新经验推广至全世界，把握全球碳市场建设规则制定的话语权，从全球气候治理的贡献者、参与者转变为引领者。

表 2-10　中国与欧盟碳市场运行规则比较

项目	中国碳市场	欧盟碳市场（EU-ETS）
交易主体	重点排放单位及符合国家有关交易规则的机构和个人	控排企业，商业银行、投资银行等金融机构，以及政府主导的碳基金、私募股权投资基金等各种投资者
涉及气体	CO_2	CO_2、N_2O、PFC（全氟化碳）
覆盖行业	初期全国碳市场只覆盖发电行业，"十四五"期间纳入石化、化工、建材、钢铁、有色金属、造纸和国内民用航空	发电行业、能源密集型工业、航空业；2023 年纳入欧盟港口内部、抵达、出发的船舶
配额分配	对 2019～2020 年配额实行全部免费分配，并采用基准法核算发电行业重点排放单位所拥有机组的配额量	以拍卖为主，第三阶段拍卖比例增至 57%
配额总量	预计首批纳入全国碳市场配额管理的发电行业重点排放总量超 33 亿 t/年，扩容至八大行业后配额管理总量达 70 亿～80 亿 t/年	通过配额总量递减政策，第四阶段后年降幅从 1.74% 下降到 2.2%
碳价情况	2021～2022 年全国碳市场碳价均价在 40～60 元/t，2023 年部分时间达 80 元/t	进入第四阶段后平均碳交易价格超过 300 元/t
调控机制	建立市场调节保护机制，可采取公开市场操作、调节国家核证自愿减排量使用方式等措施进行必要的市场调节	2019 年初欧盟启动 MSR 控制配额盈余，同时存在折量拍卖政策控制配额短期供给
政府收入去向	深圳：拟设立碳排放交易基金管理有偿配额收入，定向支持管控单位的温室气体减排重大项目和碳市场建设	欧盟碳交易体系指令规定会员国应至少将拍卖收入的 50% 或同等的财务价值用于气候和能源相关目的，2013～2019 年约 78% 的收入用于气候和能源相关用途

CO₂

碳中和

第 **3** 章

中国天然气产业发展现状及趋势

3.1 发展现状

3.2 发展趋势预测

　　本章立足天然气行业，通过对天然气上游供给、中游储运基础设施、下游消费三大方面产业数据的分析整理，阐述我国天然气产业发展的现状以及近年出现的一些趋势；根据著者团队模型对我国天然气行业中短期发展规模进行预测，并汇总给各机构对我国天然气消费中长期进行预测，对比分析我国天然气发展潜力。

3.1 发展现状

3.1.1 上游供应情况现状

　　近年来，我国天然气供应量持续提高。"十三五"以来，我国天然气供应总量由2016年的2107亿m³，提高至2022年的3691亿m³（含港澳）；与2016年相比，增长75%，年均增长率达9.5%。

　　2022年，我国天然气开发力度保持原有水平，全年天然气产量2178亿m³，占供应总量的59%，占比上升4个百分点；进口天然气1513亿m³，同比下降9.6%，其中液化天然气（LNG）进口量881亿m³，同比下降19.1%，不及2020年水平，管道气进口量632亿m³，同比增长8%。总体来看，供应量由于需求的衰减首次出现同比下降，进口LNG展现其灵活调节属性，大幅缩减；天然气的对外依存度41%，同比下降4个百分点（图3-1）。

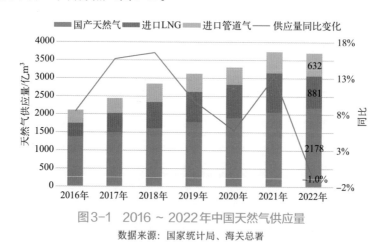

图3-1　2016～2022年中国天然气供应量

数据来源：国家统计局、海关总署

3.1.1.1 国产气保持高增速，非常规气加速发力

　　近年来，我国天然气产量保持较快速度的增长。根据国家统计局数据，2022年全年我国天然气产量2178亿m³，同比增长6.1%，较2020年增长15.3%（图3-2）。

2022年是"十四五"规划的关键之年，也是"增储上产七年行动计划"的第四年，中国天然气企业积极响应"能源的饭碗必须端在自己手里"的指引，国产天然气连续6年增产超百亿 m³，助力保障能源安全。

2022年，我国常规气产量约1819亿 m³，超过总产量的81%，仍是我国天然气生产和增产的主要来源，但增速较为缓和。非常规气产量保持高速增长，同比增长达12.8%。其中页岩气产量持续扩大，增速小幅回落，全年产量近249亿 m³，占总产量的11%，同比增长4.8%；煤层气开发加快，全国年产量103亿 m³，占总产量的5%，同比增长达18.8%，其中山西省煤层气探明储量和开发量领先全国；煤制气恢复增长，全年产量约59亿 m³，同比增长47%，较2020年上升，占总产量的比例回升至近3%。

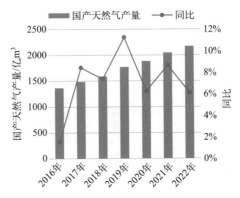

图3-2　2016～2022年国内天然气产量

数据来源：国家统计局

按月度来看，我国天然气产量整体随着消费需求的变化，呈现季节性的波动。2022年，我国天然气产量季节性差距缩小，月度峰谷差小幅拉大，产量最低出现在9月，高峰出现在12月，高峰值突破约204亿 m³，首次突破200亿 m³ 大关（图3-3）。

分企业来看，2022年国内主要天然气生产商中国石油、中国石化、中国海油和延长石油天然气产量均实现同比增长。其中三大石油公司产气量合计2060亿 m³，占全国产量的95%。中国石油2022年产量为1453亿 m³，同比增长5.7%；中国石化天然气产量近354亿 m³，同比增长4.1%；中国海油天然气产量约253亿 m³，同比增长11.9%，保持高增长率（图3-4）。此外，延长石油天然气产量75.6亿 m³，同比增长11.5%。

分油田来看，2022年中国石油下属长庆油田、西南油气田、塔里木油田年产气量超过百亿 m³，2022年产量分别达506.5亿 m³、376亿 m³、323亿 m³，三大油气田总产量达1205.5亿 m³，占中国石油总产量的83%，占全国总产量的55%，其中长庆油田年产气量首超500亿 m³，较2021年增长41亿 m³，增幅8.8%，年增量占中国石油

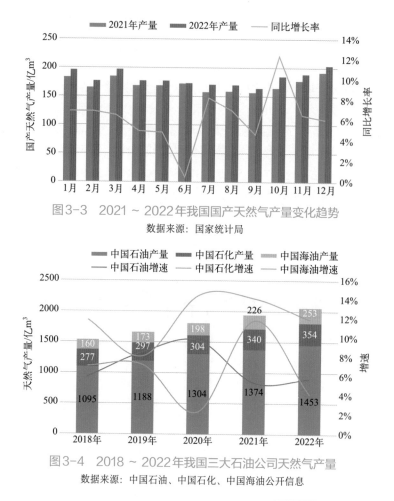

图3-3　2021～2022年我国国产天然气产量变化趋势

数据来源：国家统计局

图3-4　2018～2022年我国三大石油公司天然气产量

数据来源：中国石油、中国石化、中国海油公开信息

一半以上。中国石化下属西南石油局2022年累产天然气84.01亿m³，同比增长4.01亿m³；华北油气分公司大牛地气田生产天然气30.57亿m³，涪陵页岩气田全年生产天然气71.96亿m³，增产3051.21万m³。中国海油海上天然气产量210.18亿m³，同比增长10.5%，其中南海西部油田总产量87.5亿m³，建成我国海上第一大天然气生产基地，"深海一号"能源站投产一年，稳定生产超30亿m³；南海东部油田年产气总计68.2亿m³，自主设计建成亚洲第一深水导管架"海基一号"；中联公司全年产气42.7亿m³，连续5年保持18%以上高速增长，稳居国内第一煤层气企业。

　　近年，我国在天然气储量勘探方面持续发力，连续3年天然气新增探明储量超过1万亿m³。2021年，我国新增天然气（含非常规气）探明技术可采储量1.63万亿m³。其中，常规气勘探则较2019年有所下降，但仍是增储主力；页岩气勘探持续发力，新增探明储量7454亿m³，煤层气勘探获得较大进展，新增探明储量779

亿 m^3。截至 2021 年，我国天然气（含非常规气）剩余探明技术可采储量为 7.25 万亿 m^3，较 2020 年的 7.0 万亿 m^3 上升 3.55%（图 3-5）。

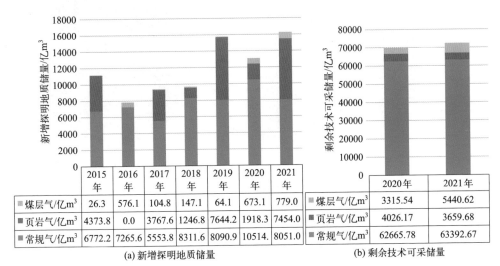

(a) 新增探明地质储量　　　　　　　　(b) 剩余技术可采储量

图 3-5　2015 ~ 2021 年我国天然气新增探明储量、剩余技术可采储量

数据来源：自然资源部

2021 年，我国新增油气地质储量主要由三大石油公司发现，全国天然气（含非常规气）新增探明地质储量约 1.6 万亿 m^3。其中，中国海油山西临兴气田探明地质储量超 1010 亿 m^3，渤中 13-2 油气田探明地质储量亿吨级油气当量，惠州 26-6 油气田探明地质储量 5000 万 m^3 油当量、测试产气 60 万 m^3/d。中国石化 2021 年新增天然气探明储量 2681 亿 m^3，塔里木盆地顺北油气区、四川盆地涪陵页岩气田白马区块、鄂西渝东地区页岩气新层系等均有重大勘探突破。

3.1.1.2　管道气进口稳步增长，液化天然气进口显现灵活调节作用

2022 年，我国进口天然气 1513 亿 m^3，同比下降 9.6%，其中 LNG 进口量 881 亿 m^3，同比下降 19.1%，体现了进口 LNG 在供应结构中的灵活调节作用，管道气进口量 632 亿 m^3，同比增长 8%。

① 管道气　我国目前通过中亚、中缅、中俄 3 条管线分别从土库曼斯坦、哈萨克斯坦、乌兹别克斯坦、缅甸、俄罗斯 5 个国家进口气态天然气。2022 年管道气进口总量约 633 亿 m^3（4582 万 t），同比增长 8%。其中，来自中亚管线进口量约 436 亿 m^3，中缅管线进口量约 42 亿 m^3，均与 2021 年基本持平；中俄管线进口量约 155 亿 m^3，同比增长 49%，进口管道气占比由 18% 升至 24%（图 3-6）。

② LNG 进口来源　2022 年我国分别从 22 个国家进口 LNG，较 2021 年少了安哥拉、加拿大、菲律宾及韩国；进口总量回落至 881 亿 m^3（6344 万 t），同比下降

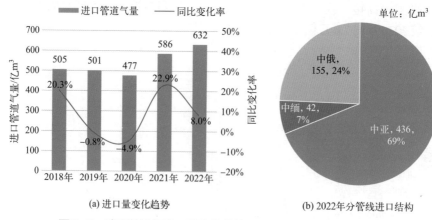

(a) 进口量变化趋势   (b) 2022年分管线进口结构

图3-6 我国管道气进口量变化趋势及2022年分管线进口结构

数据来源: 海关总署、来佰特

19.6%。澳大利亚仍是我国LNG最大进口来源国,但进口量和占比均下降,2022年全年进口澳大利亚LNG约304亿m³(2201万t),同比下降30%,占总进口量的34%,同比下降5个百分点;从卡塔尔、俄罗斯进口LNG的量显著上升,其中进口卡塔尔LNG达217亿m³(1573万t),同比增长73%,占比提高14个百分点至25%,卡塔尔再次成为我国第二大LNG进口来源国;进口俄罗斯LNG超90亿m³(655万t),同比增长42%,俄罗斯超越印度尼西亚,成为我国第四大LNG进口来源。此外,来自马来西亚、印度尼西亚等主要LNG进口来源国的进口量同比均明显下降(图3-7)。

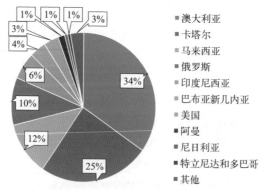

图3-7 2022年我国LNG进口结构(分来源国)

数据来源: 隆众资讯

③ LNG进口企业 中国海油进口LNG为2669万t,约占全国LNG进口总量的43.0%,下滑0.3个百分点,但中国海油仍为我国LNG进口龙头企业。国际LNG现货价格长期处于高位,致使国内LNG企业现货进口量大幅度下滑,进口量向掌握了更

多长协的三大石油公司集中。从进口增速来看，国内主要LNG进口企业中，唯有中国石油LNG进口量同比增速为正，达到7.2%，其他企业LNG进口量皆呈现不同程度的下降，尤以申能、新奥、广汇等地方国企及民企为甚。2020～2021年增速均保持第一的新奥2022年度LNG进口量同比下降61.9%，主要由于其现货采购量同比大幅下降84.7%，并于上半年转卖部分长协资源。广汇集团资源池以现货为主，但2022年度未采购任何现货，故LNG进口量同比下降92.1%。申能LNG进口量同比下降21.2%，降幅相对较小。以现货为主的深燃、九丰2022年没有进口任何LNG（图3-8）。

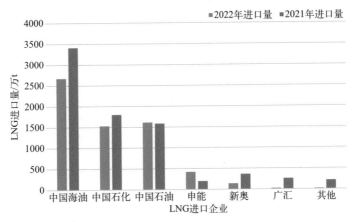

图3-8 2021～2022年我国主要LNG进口企业进口量

数据来源：来佰特、中海石油气电集团

2022年中国新签LNG合约15个，总合同量约为1800万t，基本均为长协，三大石油公司仅有中国石油、中国石化各签订一份合同，合同量分别为180万t/a、400万t/a，约占新签合同总量三分之一；地方能源企业与城燃企业签订了15个长协中的13个，是年度长协签订的主体；其中新奥能源签订了四份长协，合同量合计480万～570万t/a；广州发展、中国燃气在2021年入局后，2022年又分别新签240万t/a、170t/a的合同量。三大石油公司长协签订量有所下降，而三大石油公司以外的企业参与国际LNG长协贸易量进一步提高，多元化特征愈发显现。

④ LNG现货进口 2022年中国海油现货进口量380.9万t，占全国LNG现货进口总量比重已提升至40.6%，主要是为了满足华南华东地区夏季电厂发电需求；其次中国石化、中国石油的现货采购量分别占到29.9%、23.2%。除三大石油公司外，其他企业现货进口量大幅下降，新奥与申能皆仅进口LNG现货29万t，广汇则没有进口，其他市场参与主体合计进口0.36万t（图3-9）。

⑤ 进口气成本 2022年国际天然气价格持续高位，国内企业进口成本连续两年持续上涨。2022年LNG进口成本排名前三的企业是九丰、中国石化、中国海油，进口成本分别达到901美元/t、901美元/t和878美元/t。广汇LNG进口成本最低为

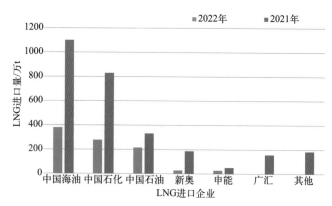

图3-9　2021～2022年我国主要LNG进口企业现货进口量

数据来源：来佰特、中海石油气电集团

698美元/t。整体来看，三大石油公司LNG进口成本较高，这与三大石油公司以外的进口商大幅度减少高价现货进口量有关。三大石油公司中，中国海油、中国石化进口价格增幅相同，皆为51%，而中国石油进口平均成本为852美元/t，增幅仅为41%，进口成本最具优势（图3-10）。

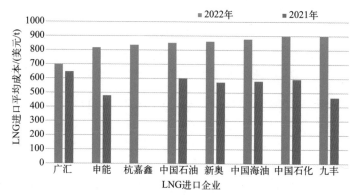

图3-10　2021～2022年我国主要LNG进口企业LNG进口平均成本（CIF）

数据来源：来佰特

3.1.2　中游基础设施发展现状

3.1.2.1　天然气管道互联互通持续加强

　　截至2022年底，我国天然气管道总里程约13万km，其中长输管网约9万km。2022年，我国新投产天然气长输管网2331km。开始运营后，国家管网集团持续谋划天然气基础设施发展布局，加快管网建设步伐，提升管网互联互通水平，其2022年新建管网1635km，占全国全年新建管网的70%左右（表3-1）。

表3-1　2022年新投产天然气长输管网情况

类型	名称	所属单位	覆盖区域	管线长度/km	年运输量/亿m³	投产时间
互联互通	青宁管道末站与西气东输青山站联通工程	国家管网	华北地区	0.9	120	2022.5
互联互通	轮南天然气管道工程	中国石化	新疆轮台轮南镇	22.5	55	2022.6
互联互通	泸西-弥勒-开远支线天然气管道	云南省天然气有限公司	红河州开远市、蒙自、文山等地	101.2	5.95	2022.7
气源管网	江苏沿海输气管道如东段	国信集团	长三角地区	48	—	2022.8
互联互通	皖东北天然气管道工程一期项目干线及皖北支线	中国石化	安徽	180	46.6	2022.8
互联互通	始兴县天然气利用项目	韶关始兴昆仑燃气有限公司	始兴县	25.78	1.5	2022.9
气源管网	中俄东线（河北安平-山东泰安）	国家管网	环渤海地区	320	189	2022.9
气源管网	中俄东线（山东泰安-江苏泰兴）	国家管网	环渤海地区	750	189	2022.12
气源管网	陕京四线下花园支线（含涿鹿）	国家管网	下花园区、涿鹿县	25.81	3.71	2022.9
气源管网	洋浦石化功能区天然气管道	国家管网海南省网	海南洋浦	7	30	2022.10
互联互通	河北天然气涿州-永清输气管线	河北省天然气公司	京津冀周边	82.2	69.74	2022.10
气源管网	江苏滨海LNG输气管道	国家管网	江苏、安徽	538.4	160	2022.7
气源管网	北京燃气天津南港LNG接收站外输管线	北京燃气	北京、天津、河北	229	—	2022.12

3.1.2.2　LNG接收能力持续建设，"十四五"期间集中投产

截至2022年底，我国已建投运LNG接收站共24座，合计接收能力为10820万t/a，约约1493亿m³/a。已投运接收站接收能力中，国家管网占比最高，约26%；中国海油、中国石油、中国石化合计占比约55%；其他企业共占比约19%。在建、扩建接收站项目共计31项，分别于2023～2027年投产，接收能力合计11625万吨/年，储罐容量2308万m³。其中，新天河北唐山曹妃甸LNG接收站于2023年6月投产，新增接收能力500万t/a；温州华港LNG接收站、广州燃气LNG调峰储备站于2023年8月投产，新增接收能力分别达300万t/a、100万t/a（图3-11、图3-12）。

2022年间共有2座新LNG接收站项目投产，分别为浙江嘉兴平湖LNG接收站、江苏滨海LNG接收站，合计新增LNG接收能力400万t/a，新增储罐容量108

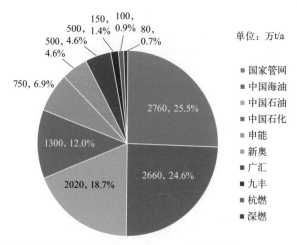

图 3-11 截至 2022 年底我国已建成 LNG 接收站接收能力及所属单位

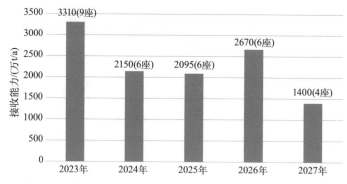

图 3-12 截至 2022 年底我国在建 LNG 接收站计划投产情况

万 m³。嘉兴平湖 LNG 接收站于 2022 年 7 月投产，设计 LNG 年周转量 100 万 t，工程包括 2 座 10 万 m³ 混凝土全容储罐及相关设施、一个 3 万总吨级 LNG 卸船泊位和一个 5000 总吨级 LNG 装船泊位，其外输管线与浙江省网和嘉兴市网连接。江苏滨海 LNG 接收站一期项目于 9 月投产接收首船 LNG，包含 4 座 22 万 m³ LNG 储罐，接收能力达 300 万 t/a；一期扩展计划包含 6 座 27 万 m³ LNG 储罐，计划 2023 年底投产，一期扩展项目完成后，LNG 接收能力总计可达 600 万 t/a；外输管网将经盐城、淮安、宿迁、徐州、滁州等地，通向安徽合肥终端，并与国家管网青宁管道和中俄东线互联互通。

从利用率来看，2022 年由于进口量整体下降，我国 LNG 接收站平均利用率降至 62%，同比下降近 20 个百分点。东莞九丰、深圳华安接收站 2022 年无 LNG 进口的记录。沿海各省中，广东省 LNG 进口量 1590 万 t、接收站平均利用率 85%，均为各省份中最高（图 3-13）。

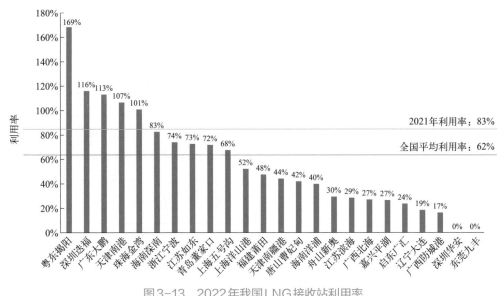

图 3-13　2022 年我国 LNG 接收站利用率

数据来源：隆众资讯、中海石油气电集团

2022 年，国家管网集团持续向社会公开公布其下属 7 座接收站的基本信息、开放服务信息及剩余能力信息。2022 年全年，共有 14 个主要主体参与使用国家管网集团 LNG 接收站，较 2021 年少 5 家，新增壳牌、中启汇鹏、奥德集团三家新托运商。2022 年 6 月，壳牌中国于国家管网粤东接收站完成首船直供下游客户的 LNG 接卸，标志着其与国家管网合作的进一步深入，这也是国家管网成立以来首次与国际 LNG 资源商直接合作，是我国天然气基础设施开放的新突破（图 3-14、表 3-2）。

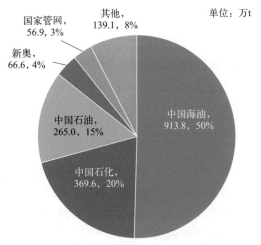

图 3-14　2021 年国家管网 LNG 接收站开放使用情况

数据来源：国家管网集团

表3-2　2022年国家管网LNG接收站托运商加工量　　　　单位：万t

托运商	合计	北海	天津	大连	深圳	粤东	海南	防城港
中国石油	561.1	28.1	24.5	70.6	279.1	145.0	13.5	0.3
中国海油	557.0	50.2	218.5	3.3	168.3	45.6	61.4	9.7
中国石化	261.0	94.8	1.2	40.0		125.0		
"三大油"合计	1379.1	173.1	244.2	113.9	447.4	315.6	74.9	10.0
新奥	8.2	0.5	0.3		5.8	1.6		
九丰	6.8						6.8	
华安	6.8				6.8			
河北天然气	2.9		2.9					
壳牌	1.7					1.7		
振华石油	1.4		1.4					
佛燃	0.5				0.5			
中启汇鹏	0.5					0.5		
广东能源	0.2				0.2			
奥德集团	0.2		0.2					
新托运商合计	29.2	0.5	4.8	0.0	13.3	3.8	6.8	
国家管网	2.5			2.5				
总计	1410.8	173.6	249	116.4	460.7	319.4	81.7	10.0

资料来源：国家管网集团。

3.1.2.3　地下储气库持续建设，储气调峰能力逐步提高

　　截至2022年底，全国已建成地下储气库（群）共计27座，实际工作气量总计达200.7亿m³，较上年增长14.7%，占全年天然气消费量的5.5%。其中中国石油、国家管网占比分别达63.42%、25.71%；中国石化工作气量占比维持在10.43%（图3-15）。2022年实际注入量升至147亿m³，较2021年多注入19亿m³。2022年新投产5座地下储气库，其中中国石化所属1座，中国石油所属4座，实际工作气量共计新增22亿m³。

　　从总的库容指标上看，我国地下储气库持续增长并已经具备了一定的调峰能力，但是相较于储气能力总目标，仍有很大缺口。根据国家发改委和国家能源局联合发布的《关于加快推进2021年石油天然气基础设施重点工程有关事项的通知》，预计2023～2027年的5年内有15座地下储气库将投入使用，新增库容245亿m³，工作气量新增131亿m³。据此估计，至2025年，我国地下储气库工作气量

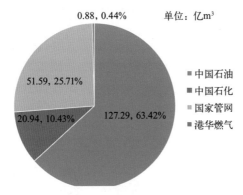

图3-15 我国地下储气库实际工作气量及占比

数据来源：中海石油气电集团技术研发中心

约332亿m^3；目前已建、在建LNG接收站储气能力在2025年将达183亿m^3，合计储气能力约515亿m^3。目标要求到2025年，全国集约储气能力合计达550亿～600亿m^3，占全国天然气表观消费量的12.7%～13.9%。因此，以目前的计划仍未达到储气能力建设的目标值，仍需加强储气能力建设。

3.1.3 下游消费情况现状

3.1.3.1 天然气消费持续增长

近年来，随着我国经济的不断发展，工业、居民煤改气的大力推进，发电、分布式能源的不断发展，我国天然气消费持续增长。2022年，随着新冠疫情对经济的整体影响以及煤炭指标和供应的放宽，天然气消费量首次出现负增长，全国天然气表观消费量3663亿m^3，同比下降1.7%（图3-16）。

图3-16 2015～2022年我国天然气消费量走势

数据来源：国家发改委、国家统计局

3.1.3.2　用气结构整体稳定，以工业用气和城市燃气为主

近年来我国天然气消费结构整体稳定，以工业用气和城市燃气为主。2022年，我国工业用气量同比下降4%，占比下降至39.3%，城市燃气消费量增长4%，占比升至36.2%；发电用气、化工用气在结构中的占比与2021年接近，分别为16.5%、8%（图3-17）。

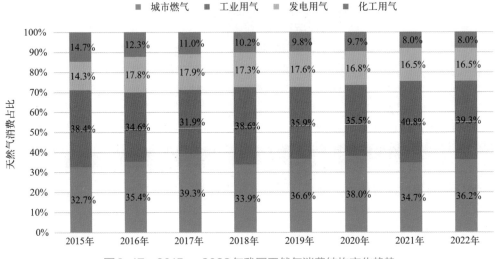

图3-17　2015～2022年我国天然气消费结构变化趋势

数据来源：重庆石油天然气交易中心

① 城市燃气方面　2022年消费量达到1321.4亿 m^3，同比增长4.2%。

在北方地区，居民煤改气接近尾声，阶段性趋于结束，煤改气壁挂炉需求量下滑，同比下降约22%。截至2021年，河北省农村煤改气已占居民总数的80%，2021年以后，河北居民煤改气已基本结束。近年南方地区天然气居民采暖需求逐步发展，部分地区形成天然气采暖或集中供暖，其覆盖越来越多的省份。南方多个省份各主要城市采用不同的模式推进居民、工商业的集中、分布式天然气供暖。因此，虽然2022年气温整体较高，壁挂炉销量整体下滑，但以南方取暖为主的新增壁挂炉零售量仍然坚挺。

② 工业用气方面　2022年消费量1431.3亿 m^3，同比下降4.2%。在俄乌冲突背景下，全球经济环境承压，伴随通胀加剧，消费大国消费力减弱，我国产品出口因此受到影响；疫情的反复也使得经济活动减弱，物流受阻，工业用气环境不佳。此外，2022年天然气进口成本大幅上涨，导致国内天然气价格上涨明显，对于工业用气的需求产生打压，特别是陶瓷、玻璃等对燃料价格敏感的行业领域。此外炼油及煤化工行业用气下降是由于煤炭替代；钢铁、纺织服装业用气下降主要是

由于行业订单的减少；采矿业等用气具有稳定刚需属性的行业用气量受冲击较小。

③ 发电用气方面　2022年消费量达600.3亿 m³，同比下降0.6%。根据中电联数据，2022年全年气电利用时间2429h，同比降低258h，截至2023年6月，全国燃气装机总量约1.2亿 kW。2022年水电、光伏等可再生能源的利用持续快速增加，且煤炭供应宽松，煤电同比增长0.7%。另一方面天然气价格走高，燃气发电经济性进一步下降。

④ 化工用气方面　2022年消费量293.2亿 m³，同比上升0.1%。化工用气作原料主要生产尿素、甲醇等产品，2022年甲醇产能9867.5万 t，天然气制甲醇产能达1088.5万 t，占比11%；尿素产能约7376万 t，其中天然气制尿素产能1916万 t，占总产能的26%。2022年，由于需求增长，天然气制甲醇开工率明显高于往年，带动化工用气量的增长；下半年进入农业用肥淡季，尿素产量有所下滑，但在中共中央、国务院《关于做好2022年全面推进乡村振兴重点工作的意见》的背景下，政策环境有利于激发种植户的种粮积极性，为化肥行业整体创造了良好的发展基础，侧面支撑天然气制尿素的天然气消费。

3.1.3.3　液态天然气消费回落，城燃储备降幅最低

2022年我国液态天然气消费量约2859万 t，同比大幅下降24.9%，占总消费量的10.8%，同比下降4个百分点。由于2022年液态天然气市场价格较高，各领域液态天然气消费量均同比下降，其中车船用气、工业用气、城市燃气、发电用气分别占到34.2%、30.6%、33.8%、1.4%，城燃液态用气占比上升7个百分点，其他领域占比均有下降（图3-18）。

① 车船用气方面　车用LNG大幅下降，船用LNG消费加速发展。2022年，LNG重卡运营率、保有量增率、LNG公交的保有量和运营率均较2021年下降。车用LNG消费量约969万 t，其中LNG重卡燃料需求同比下降27%至961.1万 t，LNG客车（公交车）用气进一步下降60%至7.9万 t。主要是由于加气站LNG零售价的上升，使LNG相对柴油的竞争力进一步减弱，无法吸引重卡用户。船舶用LNG消费约8.2万 t，其中内河船用2.1万 t，加注船及沿海LNG动力船需求量6.1万 t。2021年广东发布政策支持内河LNG船舶新建及改造之后，LNG动力船保有量在2022年快速增长并超越江苏，成为内河LNG船保有量最高的省份。2021年底海南澄迈首座沿海LNG船舶加注站投运以来，2022年3月上海港完成首次LNG"船到船"加注，随后舟山、深圳也加入保税港LNG加注行列。

② 城市燃气（城燃）方面　城燃液态天然气消费量是同比降幅最小的LNG下游领域。全年城燃LNG消费量967万 t，同比下降约5.6%，在LNG消费中的占比升至33%。原因是LNG的价格存在相对优势，在部分地区的不同月份，LNG价格相比部分管道气的价格存在优势。

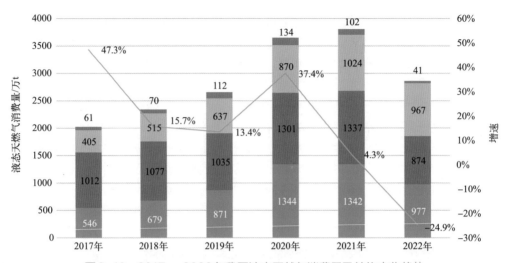

图3-18　2017～2022年我国液态天然气消费量及结构变化趋势

数据来源：来佰特

③ 工业用气方面　工业LNG消费成为减量最多的下游LNG用气领域。2022年工业LNG消费量874万t，同比下降35%，减量463万t。一方面，2022年LNG价格较高，对燃料成本占比较高的行业如钢铁、有色、陶瓷、玻璃等形成较大冲击，其消费降幅明显；另一方面，价格承受力较高、燃料成本占比较低、涉及民生的部分行业则受影响较低，LNG用量相对更加稳定，如净水、医药、烟草、食品等行业，消费占比得到提升。

④ 发电用气方面　发电LNG消费量降幅最大。2022年国内发电领域LNG消费量约41万t，同比下降60%，是降幅最大的LNG消费领域。在LNG价格上涨、疫情影响之下，用电调峰需求减弱。作为LNG发电集中的省份，广东省开展电力市场全年现货交易，调峰发电需求减弱，叠加较高的气价，使广东液态和气态天然气发电市场整体走弱。

3.1.4　国家管网成立后油气体制改革发展新方向

2015年以来，我国油气体制改革持续推进，国家石油天然气管网集团2019年成立并于2020年正式运营，国内油气管网基础设施运营平台正式起步，开启我国天然气市场体系新的重构进程。

目前来看，国家管网集团成立运营将从推进市场化、促进产供储销体系协调发展、加快全产业链高质量发展等方面为天然气行业的发展带来机遇[6]。

3.1.4.1　进一步推进天然气产业的市场化

国家管网公司成立运营后，更多主体充分参与供给端与需求端的匹配，推动天然气产业进一步市场化。

在供应端，国家管网向第三方开放公平准入，可以为上游勘探开发环节吸引更多市场主体的参与，增加天然气供应。一来，国家管网集团由三大油气公司在内的多方主体参股组建，实现了管网投资主体的多元化，形成了更加协调、合理的利益平衡，有助于国家油气管网基础设施的加速建设。另外，管网基础设施的独立运营使得国家监管更有效、更精准，并通过市场化的托运商制度和管容交易方式等多方推动管道容量资源的高效配置，管道运输等环节的投资收益也得到保障。

在需求端，有助于促进竞争机制的建立和完善，激发下游市场的活力，拉动天然气消费水平的整体提升。一方面，参与主体以市场化的形式从国内外各供应来源采购，其议价能力将得到较大提升，更易获得价格合理的天然气资源；另一方面，也为用户增加了气源供应的选择，同时通过竞争倒逼供应商提高服务质量，为下游用户带来更好的体验，促进天然气消费量的提高和天然气行业整体的大发展。

3.1.4.2　促进天然气产供储销体系协调发展

国家管网集团成立运营后，我国天然气市场的生产、供应、储备、运输、销售五大核心环节将获得全方位发展，并促进天然气产供储销体系健康协调发展。

① 生产环节　产销分离推动生产主体的多元化。国家油气管网设施的互联互通和公平开放共同作用，将使油气产品的交易流动范围进一步扩大，吸引更多企业进入油气上游；同时，逐步对外资进入勘探开发行业开放也将为生产环节引入更有力的竞争，实现天然气生产环节的多元化、市场化，推动产量上升与成本的降低。

② 供应环节　向第三方公平开放油气基础设施，有助于基础设施使用效率的进一步提升，还将有助于更全面引入海外天然气资源，拓展国内、国外天然气市场更多的供应能力。

③ 储备环节　国家管网的独立运营更有利于战略储备思维的执行，有利于我国天然气储备能力的整体提升。储气库业务得以独立运行，进而促进了储气服务顺价机制的形成，同时推动储气服务的市场化，吸引更多主体参与储气库的建设、运营，整体提升地下储气库的建设。

④ 运输环节　将更有利于实行高效监管，提升设施建设速度。一方面，国家管网有利于统一全国基础设施的调度、规划与建设，通过投融资制度的改革，可

引入多主体参与管道、LNG接收站等运输设施建设；另一方面，独立运行有助于政府实施高效监管，有效实行设施公平开放与第三方准入，进而推进管网互联互通的进一步建设。

⑤ 销售环节　利用输配分离扩大市场竞争。天然气市场机制将更加健全，市场竞争将更加充分，天然气市场将形成多主体参与、有效竞争的局面，将在上下游之间形成有效联动的价格传导机制，整体提升天然气资源配置效率，促进行业价费改革、管放改革的深入推进。

3.1.4.3　加快天然气全产业链高质量发展

国家管网公司成立后，天然气产业链各主体的参与积极性和竞争程度将得到提升，充分释放天然气上、中、下游全产业链高质量发展的新机遇。

① 上游环节　将实现供应主体的多元化，有利于提高天然气供应能力。输配分离、公平开放和第三方准入的实现，将极大地提高天然气供给能力：一方面，由于生产后路通畅，将吸引外资、民资等更多市场主体进入国内上游勘探开发行业，带动中游运输效率的提升和下游需求的增加，进而再拉动上游加大勘探开发力度；另一方面，在下游终端占有优势的企业将更易向上游环节延伸产业链，充分利用管网等基础设施，多元化引入气源，整体提升我国天然气生产、供给能力。

② 中间环节　将提升建设管网的投资效益，利于管网建设的推进。一方面，将吸引多方资本进入管网建设，解决基础设施投资不足的问题；另一方面，国家管网集团作为主体，可以展开资本化的证券金融操作，进一步拓展管网建设投资潜力，扩大投资效益；而管网设施的公平开放、第三方准入，以及管容交易等更多的运营模式，也将提高其运行效率。

③ 下游环节　丰富了用户对于供气来源的选择，有助于消费需求增长。一方面，多方供气企业主体公平接入终端市场，用户可以对不同渠道的气源进行自主选择，满足自身的不同需求，形成更高的竞争程度，提升市场活力。另一方面，产业价格链形成机制理顺后，将吸引终端用气企业等更多主体参与油气上游环节以及国际气源的进口环节，加强天然气市场的总供应能力，整体推动天然气消费与天然气行业的发展。

3.2　发展趋势预测

3.2.1　中长期预测

天然气具有低碳、高效等特征，是能源清洁低碳转型的"最佳伙伴"和支撑可再生能源大规模开发利用的"稳定器",是"双碳"目标下最有潜力甚至可能是唯一正增长的化石能源。对于中国碳达峰、碳中和目标下天然气行业的长期发展,多方机构、单位都有分析和预测。

3.2.1.1 中国石油集团经济技术研究院预测

中国石油 2021 年末发布《2060 年世界与中国能源展望》[7],认为我国天然气需求将在 2040 年前保持较快增长,峰值将近 6500 亿 m^3,而后平稳下降,至 2060 年约 4100 亿 m^3(图 3-19)。分部门看,2040 年前,电力、建筑(公用和居民)和工业用气均将有大增长,其中发电用气将贡献 2020 ～ 2040 年间用气增量的 60% 以上。2040 年后,各领域用气均将有所回落。从供应端来看,随着勘探开发投资力度加大及油气行业科技进步的推动,中国天然气产量将保持较快增长,预计 2030 年突破 2500 亿 m^3,2060 年近 3500 亿 m^3。

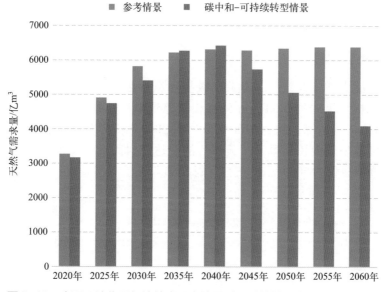

图 3-19 中国石油集团经济技术研究院预测两种情境下中国天然气需求

3.2.1.2 国际能源署(IEA)预测

IEA 的《2021 年全球能源展望》[8] 主要分三种情景 [STEPS(stated policies scenario, 现有政策情景), APS(announced pledges scenario, 公开承诺情景), SDS(sustainable development scenario, 可持续发展情景)] 对全球能源消费进行了预测(图 3-20),其中对中国天然气市场的预测认为,我国天然气消费量在 2030 年将达到 4380 亿 ～ 4500 亿 m^3,在 2050 年达到 3143 亿 m^3 至 5208 亿 m^3,其中 APS、SDS

两种情景下，需求都将在2035年左右达峰，但峰值略有不同。

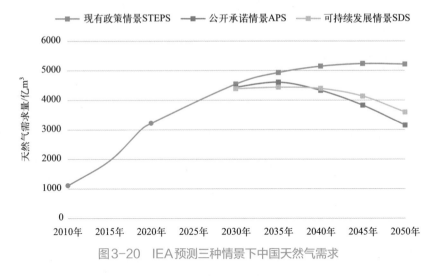

图3-20　IEA预测三种情景下中国天然气需求

3.2.1.3　中国石油大学（北京）预测

中国石油大学（北京）王建良[9]教授团队预测，参考情景下我国2060年天然气消费规模可以达到6000亿m³；温和转型碳中和情景下，天然气消费规模在2040～2050年间达峰，约为6100亿m³，到2060年天然气消费量降至4200亿m³左右；深度转型碳中和情景下，天然气消费达峰时间进一步提早至2030～2040年之间，峰值也仅为5000亿m³左右，到2060年天然气消费量则下降至2500亿m³（图3-21）。

图3-21　中国石油大学（北京）预测三种情景下中国天然气需求

3.2.1.4　伍德麦肯兹预测

伍德麦肯兹（Wood Mackenzie）[10]2019年的报告中预测，至2040年我国天然气消费量将达到6278亿 m^3，2019年至2040年的复合年均增长率为3.8%（图3-22）。而作为世界第一大能源消费国和亚洲最大的用气国，中国在2018年至2040年亚洲天然气需求增幅中将占到三分之二。

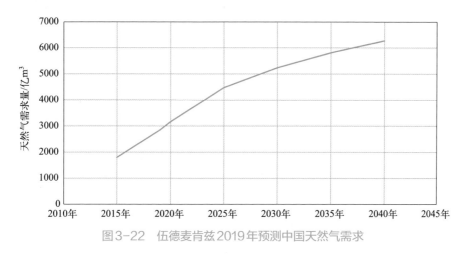

图3-22　伍德麦肯兹2019年预测中国天然气需求

3.2.1.5　对比与小结

综合部分机构针对不同情景的预测结果来看，普遍认为我国天然气消费的达峰时间在2035～2040年。各机构对于对天然气消费达峰的规模预测的看法则有较大差距，中国石油经济技术研究院认为我国天然气消费峰值有望达6500亿 m^3，而IEA、中国石油大学等机构的研究认为我国天然气消费峰值在6000亿 m^3 以下，其中IEA设置的两个情景中消费峰值进一步降低到5000亿 m^3 以下（表3-3）。

表3-3　各机构中国天然气消费规模预测结果　　　　　单位：亿 m^3

机构	预测时间	情景	2025年	2030年	2035年	2040年	2050年	2060年
伍德麦肯兹	2019年	—	4476	5237	—	6278	—	
IEA	2021年	现有政策情景	—	4540	4925	5139	5208	
	2021年	公开承诺情景	—	4433	4600	4323	3143	
	2021年	可持续发展情景	—	4380	4429	4387	3588	
中国石油集团经济技术研究院	2021年	参考情景	4900	5800	6200	6300	6300	6350
	2021年	碳中和-可持续转型情景	4700	5400	6250	6500	5050	4100

机构	预测时间	情景	2025年	2030年	2035年	2040年	2050年	2060年
中国石油大学（北京）	2022年	参考情景	4100	4600	5100	5400	5800	6000
	2022年	温和转型碳中和情景	4300	5000	5300	5700	5300	4200
	2022年	深度转型碳中和情景	4400	4900	5000	5000	3800	2500

3.2.2 中短期预测

根据著者团队模型预测，我国天然气消费需求将在2025年、2030年分别达到4303亿 m³、5358亿 m³，以2020年我国天然气消费总量3240亿 m³ 计算，2020～2025年年均增速约5.8%，2025～2030年年均增速约4.5%（图3-23）。

2030年前，工业、城市燃气仍将是最主要的用气领域，但随着"双碳"目标的推进，增速逐渐缓和，2020～2030年的年均增速分别约为5.3%、4.4%，发电和化工用气发展潜力更大，年均增速约为5.3%、7.4%。

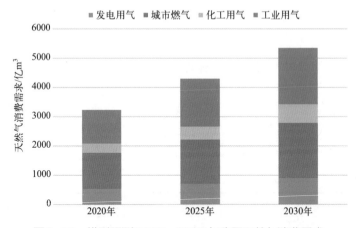

图3-23 模型预测2025、2030年我国天然气消费需求

供应方面，预计到2025年国产天然气增速将在4.2%左右，进口管道气增速提升至7.8%，进口LNG增速继续下降至4.9%。随着在建、计划的沿海LNG接收站投产，未来我国天然气供应能力将远超消费量（表3-4）。在国产气与进口管道气的成本具有明显竞争优势的情况下，我国LNG接收站利用率将有可能在未来几年出现大幅下滑。

表3-4　我国天然气供需平衡预测　　　　　　　　　　单位：亿m³

项目	2023年	2025年	2030年
供应能力总计	4963	6794	7461
消费量	3815	4303	5358
供需缺口	−1148	−2491	−2103

注：1.供应能力为有效供应产能。
　　2.供需缺口=消费量−供应能力。

CO₂

碳中和

第 4 章

天然气行业碳资产管理

4.1　碳资产管理现状

4.2　碳排放核算方法

4.3　天然气产业链碳排放核算

4.4　天然气行业碳资产管理
　　　策略

4.5　碳核查趋势及应对

面对日趋严重的全球气候变化问题，碳排放核算是国家和地区应对气候变化各项工作的基础，对支持该项工作的科学决策、规范管理、信息透明等具有重要意义。本章首先对碳资产的概念进行解读，阐述能源企业先行者的碳资产管理实践。紧接着在借鉴国内外碳排放核算标准、指南的基础上，提出天然气行业碳排放核算方法，力求核算方法的精准性、科学性和实用性。随后分气态产业链和液态产业链对各环节碳排放进行分析，进一步研究天然气行业的碳排放核算发展趋势。

4.1　碳资产管理现状

为了更好地实现温室气体减排，《京都议定书》引入了三种灵活的市场机制，即国际排放贸易机制、清洁发展机制和联合履约机制。正是这三种市场机制的引入，全球性的温室气体排放控制体系才开始构建，世界各国陆续建立碳交易的市场，所交易的就是新兴的、有价值的商品——碳资产。在环境合理容量的前提下，需要限制温室气体的排放行为，因此导致碳的排放权和减排量额度（信用）开始稀缺，并成为一种有价产品，称为碳资产，其实质是温室气体排放指标的交易。

4.1.1　碳资产解读

不同利益相关方对碳资产有不同的解读，如政府定义，碳资产是指碳排放单位所有在低碳领域可能适用于储存、流通或财富转化的有形和无形资产。国际机构认为，碳资产所涵盖的范围应当包括任何能在碳交易市场中转化为价值或利益的有形或无形财产。围绕估值和建模的学者指出，碳资产可分为配额碳排放权、自愿碳减排量以及其他衍生品。以碳排放权为出发点进行扩展外延，碳资产的衍生品可进一步细化，包括碳期权、碳期货、碳保理、碳债券等。普华永道[11]将碳资产界定为以碳排放权益为核心的所有资产，既包括在强制碳交易、自愿碳交易机制下产生的可直接或间接影响温室气体排放的碳配额、碳信用及其衍生品，也包括通过节能减排、固碳增汇等各类活动减少的碳排放量，其带来的经济和社会效益为碳资产的价值。进而，碳资产价值影响因素可主要归为三大方面，可构建碳资产管理三要素模型（图4-1）。

根据我国目前碳资产交易制度，碳资产可以分为配额碳资产和减排碳资产。已经或即将被纳入碳交易体系的重点排放单位可以通过免费获得或参与政府拍卖获得配额碳资产；未被纳入碳交易体系的非重点排放单位可以通过自身主动进行温室气体减排行动，得到政府认可的减排碳资产；重点排放单位和非重点排放单

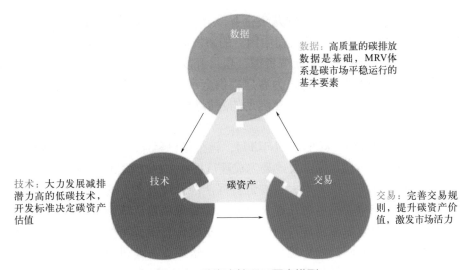

图4-1　碳资产管理三要素模型

资料来源：普华永道。MRV是monitoring（监测）、reporting（报告）、verification（核查）的缩写

位均可通过交易获得配额碳资产和减排碳资产。为了化政策风险为发展机遇，最大化实现企业温室气体排放管控目标下碳配额和减排量的收益，增加企业碳资产保值、增值的机会，碳资产管理显得愈发重要。

碳资产管理主要包括五个方面的内容：一是建立碳资产管理制度，二是进行碳资产的核算，三是实施碳资产管理策略，四是碳资产的核查和评估，五是进行信息披露。我国企业在管理碳资产的过程中，通过监测排放数据，设定适合的碳排放目标，制定企业的碳排放策略，根据企业的实际需要储备用于履约的CCER和配额。如果重点排放企业存在配额缺口，可以根据市场的供求情况，进行价格预测以获得最大收益；非重点企业可以选择适当时机出售CCER，以获取资金。企业正逐渐完善制度框架，成立碳资产管理部门或专门的碳资产公司，通过专业团队来进行方法学研究，摸清家底、开展企业内部碳核查，建立内部能源碳排放管理系统、温室气体报送系统等，进而专注于减排技术的开发利用和交易等环节从而管理企业的碳资产。

4.1.2　典型碳资产管理企业简介

（1）华能碳资产经营有限公司

华能碳资产经营有限公司成立于2010年7月9日，是根据华能集团"绿色发展行动计划"部署设立的专业化低碳资源综合服务平台，注册资本2.5亿元。截至2016年底，管理资产超10亿元。

作为国内碳资产经营行业的龙头企业，近年来，华能碳资产经营有限公司积极落实"建设生态文明，打造美丽中国"的新发展理念，坚持"培育绿色新基因，打造低碳新引擎"，依托华能品牌资源、项目开发丰富经验、金融控股平台支持、全方位低碳综合服务能力，通过为客户提供全产业链、全方位、差异化、一体化的低碳业务综合服务，保持了快速强劲的发展势头，各业务均取得了一系列突破与业绩。

在碳资产管理方面，截至2017年3月，该公司已累计开发完成212个自愿减排项目，其中59个项目已在国家发改委完成项目备案，16个项目完成减排量备案。

在节能减排方面，该公司大力推进合同能源管理业务，先后成功实施了华能东海拉尔发电厂25MW机组背压改造合同能源管理项目、华能威海公司节能环保先进一体化改造合同能源管理项目、安徽华塑股份有限公司高沸物回收合同能源管理项目等十余个合同能源管理项目。其中，华能威海公司节能环保先进一体化改造合同能源管理项目是华能集团第一个节能示范与环保一体化改造项目，诸多技术方案属于国内首创、国际一流。

在低碳能源贸易方面，公司承担的业务主要包括以售电业务为代表的电力能源销售、大宗能源（售电、天然气、煤炭等）贸易、能源服务领域新技术引进及投资运营等。

在碳金融方面，由华能碳资产经营有限公司发起设计的国内首只经证监会备案并成功运营终止的碳基金——"诺安资管-创赢1号碳排放专项资产管理计划"，实现年化收益率16.1%的好成绩。2014年至2016年，公司受托管理华能集团13家试点地区排放企业碳配额账户，三年履约期内，对比市场平均价格，累计为排放企业节省超2000万元履约成本。

此外，公司还主持完成了许多区域性、代表性的产业园区、矿区、城区等综合性的低碳规划与咨询项目。

（2）中油资产管理有限公司

中油资产管理有限公司成立于2000年4月29日，是中国石油碳资产管理、运营主要主体。

2021年，该公司通过天津排放权环境能源交易平台顺利完成中国石油赞助北京冬奥组委20万吨碳中和减排量配额交易。这是该公司首笔碳排放权交易业务。

在获悉中国石油支持北京冬奥组委碳中和工作并赞助20万t碳中和减排量配额的消息后，中油资产公司立刻协同天津排放权交易所，研究制定整体执行方案，申请承接中国石油冬奥会碳减排量赞助工作。在正式收到中国石油关于确认20万t CCER的购买、注销及捐赠等相关工作的委托书后，中油资产公司随即进行了国家自愿减排和排放权交易注册登记系统交易账户、天津排放权环境能源交易平台交易账户和登记注册账户的开立工作，并在天津排放权环境能源交易平台完成指定配额的购买。

4.2　碳排放核算方法

自《联合国气候变化框架公约》参加国于1997年12月在日本东京制定了《京都议定书》以来，国内外众多政府机构和专家学者从微观到宏观对温室气体排放提出了测算方法和指南。从微观角度上来看，针对不同行业领域的碳排放，目前世界上主要存在两种权威的框架性标准。即基于企业/项目终端消耗的碳排放核算标准和基于生命周期的碳排放核算标准。第一种以联合国政府间气候变化专门委员会（Intergovernmental Panel on Climate Change，IPCC）于2006年出版的《2006年IPCC国家温室气体清单指南》[12]为代表，提出以排放因子法、物料平衡法及实测法进行温室气体排放的核算。该方法计算范围可分为燃烧排放、逸散排放及捕获和储存，包括能源、工业、农业、林业和其他土地利用以及废弃物共5大方面清单，为世界各国建立国家级温室气体排放清单和减排履约提供可靠的准则和计算方法，其方法学体系对全球各国都具有深刻和显著的影响，并在2019年进行了更新[13]，对全球未来温室气体排放提出了更加严格的要求。第二种则是世界资源研究所与世界可持续发展工商理事会[14]历经十余年开发的《温室气体核算体系：企业核算与报告标准》，按照其所提出温室气体排放的三重核算范围（范围一的直接排放涵盖包括火炬燃烧、发电用气、运输车辆排放等；范围二的电力间接排放为外购入电力产生的排放；范围三的间接排放为废弃物处理和员工通勤、差旅产生的排放）开展产业链碳排放水平核算。其广泛应用于北美和欧洲各国，已经成为国际标准化组织[15]、气候登记处、英国政府颁布的自愿性报告指南内所有温室气体核算标准和管理计划的基础，也涵盖指导个体企业进行温室气体清单的编制。

从宏观测量碳排放的角度，针对不同国家和局部地区领域的碳排放，可以通过各种监测仪器对温室气体进行连续、长期监测以取得其背景值，比如CH_4用氢火焰检测器检测，N_2O用电子捕获检测器检测，CO_2浓度的监测可用非分散红外分光光度计。采样点条件可选择地面监测站、飞机、远洋航行的船舶，甚至气球等工具。

4.2.1　微观碳排放核算方法

排放因子法、实测法和物料平衡法是IPCC提出的三种温室气体核算方法，这三种方法在基于领十边界的碳排放核算中得到了广泛的验证和应用（表4-1）。

表4-1　三种温室气体核算方法对比分析

方法类别	前提条件	适用情景	优缺点
排放因子法	建立排放因子数据库	排放系统不是很复杂，或内部复杂性可以忽略	有详细的排放因子数据库和成熟的公式，计算简便，且可参考的应用实例多；但易受所选排放因子数值的影响，计算结果不够准确
实测法	专业检测设备和技术	有条件现场实地测定，从而获得一手数据	中间环节少、获取数据可靠、结果准确，但数据获取相对困难，易受测定精度、样品代表性等因素的干扰，且投入较大，目前并未广泛应用
物料平衡法	全面掌握生产工艺、物理变化、化学反应及副反应等情况	既适用于整个生产系统，也可应用在某一生产工序	计量准确度高，但对基础数据过高的要求导致工作量大、计算难度高

排放因子法的计算过程是针对清单列表中每一种排放源，构造其活动水平数据与排放因子，并以二者的乘积作为所核算项目的碳排放量估算值，其计算式为：

$$E_G = \sum_i A_i F_i W_i \tag{4-1}$$

式中，E_G为研究对象全生命周期内温室气体排放总量，$t\,CO_2$当量；i为化石燃料类型；A_i为第i种化石燃料的消耗量，TJ；F_i为第i种化石燃料温室气体排放因子，$t\,CO_2/TJ$；W_i为第i种化石燃料燃烧产生温室气体的效应值。

实测法是基于排放源的现场，运用监测手段（比如计量仪器）进行基础数据实测，测量排放目标的流量、体积浓度等数据，最后汇总得到碳排放量，其计算式为：

$$E_G = \sum_a \sum_b R_{a,b} Q_{a,b} V_{a,b} \tag{4-2}$$

式中，a为气体介质类型；b为设施类别；$R_{a,b}$为设施b中气体介质a的单位排放系数，$t\,CO_2/m^3$；$Q_{a,b}$为设施b中气体介质a的流量，m^3；$V_{a,b}$为设施b中气体介质a的浓度。

物料平衡法则是对生产过程中所投入的物料、产出的产品以及排放物进行定量分析的一种方法[16]，其计算式为：

$$E_G = \sum_i \sum_j \sum_k N_{i,j,k} M_{i,j,k} \tag{4-3}$$

式中，j为燃烧设施类别；k为技术方式；$N_{i,j,k}$为燃烧设施j中投入化石燃料i采取k类技术的排放系数，$t\,CO_2/t$；$M_{i,j,k}$为燃烧设施j中采取k类技术投入化石燃料i的能源量，t。

4.2.2　宏观碳排放核算方法

4.2.2.1　大气监测法

中国基于以下现行温室气体测量方法标准进行大气温室气体浓度观测。

（1）国家标准

《大气二氧化碳（CO_2）光腔衰荡光谱观测系统》（GB/T 34415—2017）由中国气象局提出，规定了基于光腔衰荡光谱观测系统观测本底大气中二氧化碳（CO_2）浓度的安装环境、原理及系统组成、性能要求，适用于光腔衰荡光谱法在线观测本底大气 CO_2 浓度。

《温室气体 甲烷测量 离轴积分腔输出光谱法》（GB/T 34287—2017）由中国气象局提出，规定了使用离轴积分腔输出光谱法测量环境大气温室气体甲烷浓度的测量条件、测量准备、测量方法和标校方法等，适用于开展温室气体甲烷浓度的测量。

《温室气体 二氧化碳测量 离轴积分腔输出光谱法》（GB/T 34286—2017）由中国气象局提出，规定了使用离轴积分腔输出光谱法测量环境大气温室气体二氧化碳浓度的方法，适用于开展温室气体二氧化碳浓度的测量，在非污染大气下，其测量精度应小于 $0.1×10^{-6}$mol/mol。

《气相色谱法本底大气二氧化碳和甲烷浓度在线观测方法》（GB/T 31705—2015）由中国气象局提出，规定了本底大气二氧化碳和甲烷浓度气相色谱在线观测方法，包括观测环境、观测系统组成、性能要求、观测流程以及系统维护等，适用于气相色谱法在线观测本底大气二氧化碳和甲烷浓度。

《气体中一氧化碳、二氧化碳和碳氢化合物的测定 气相色谱法》（GB/T 8984—2008）由中国石油和化学工业协会（现为中国石油和化学工业联合会）提出，规定了气体中一氧化碳、二氧化碳和碳氢化合物的气相色谱测定方法，适用于氢、氧、氦、氖、氩、氮和氪等气体中一氧化碳、二氧化碳和甲烷的分项测定，以及一氧化碳、二氧化碳和碳氢化合物的总量（总碳）测定。

（2）行业标准

《温室气体 二氧化碳和甲烷观测规范 离轴积分腔输出光谱法》（QX/T 429—2018）是气象行业标准，规定了利用离轴积分腔输出光谱法观测二氧化碳、甲烷浓度的测量方法及观测系统、安装要求、检漏与测试要求、日常运行和维护要求、溯源以及数据处理要求等，适用于温室气体二氧化碳、甲烷浓度的离轴积分腔输出光谱法的在线观测和资料处理分析等。

《固定污染源废气 二氧化碳的测定 非分散红外吸收法》（HJ 870—2017）是环保行业标准，规定了测定固定污染源废气中二氧化碳的非分散红外吸收法，适用于固定污染源废气中二氧化碳的测定，方法检出限为 0.03%（0.6g/m³），测定下限为 0.12%（2.4g/m³）。

《本底大气二氧化碳浓度瓶采样测定方法——非色散红外法》（QX/T 67—2007）是气象行业标准，规定了本底大气二氧化碳浓度的非色散红外测定方法，适用于本底大气瓶采样样品二氧化碳浓度的测定。

（3）团体标准

《气体中甲烷、氧化亚氮和二氧化碳浓度测定 气相色谱法》（T/LCAA 005—2021）是北京低碳农业协会团体标准，规定了气体中甲烷、氧化亚氮和二氧化碳浓度测定相关的术语和定义、测量步骤和气体浓度计算等技术要求，适用于各类气体样品中的二氧化碳、甲烷和氧化亚氮的浓度测定。

《火力发电企业二氧化碳排放在线监测技术要求》（T/CAS 454—2020）是中国标准化协会团体标准，规定了火力发电企业烟气二氧化碳排放在线监测系统（简称CDEMS）中的主要监测项目、性能指标、安装要求、数据采集处理方式、数据记录格式以及质量保证，适用于火力发电企业产生的二氧化碳排放量的在线监测。采用化石燃料（煤、天然气、石油等）为能源的工业锅炉、工业窑炉的二氧化碳排放量在线监测可参照执行。

综上，我国气象、环保、石油化工、农业等部门均提出了二氧化碳测量方法标准，涉及的方法原理有离轴积分腔输出光谱法、非分散（不分光、非色散）红外光谱法、傅里叶红外光谱法、气相色谱法以及快速检测法等。这些方法根据原理、采用方式及特性不同，适用于各类应用场景。

4.2.2.2　卫星遥感观测法

随着大气CO_2卫星观测技术的进步，卫星遥感观测已成为获取全球和区域大气CO_2浓度数据的主要手段之一。利用卫星上传感器获取的大气CO_2高光谱吸收特征，基于大气辐射传输模型，通过辐射传输理论和最小代价函数算法定量反演得到大气CO_2柱浓度数据。大气CO_2柱浓度是指从地表到大气顶层的空气柱中大气CO_2分子数与空气总分子数的比率。

卫星观测具有覆盖范围广，以统一的观测方法揭示全球和区域大气CO_2浓度时空变化特征的优势。但利用卫星观测的大气光谱反演大气CO_2柱浓度，不但受气象条件、气溶胶以及地表辐射等影响，也受卫星传感器的设计指标和观测模式等多种因素的影响。由于不同CO_2观测卫星的传感器敏感性、观测模式以及CO_2反演算法等不同，会造成多颗卫星CO_2数据产品在物理量和时空尺度上存在差异，且这些差异在不同地区和不同时间存在随机性。因此，在处理数据时要经过质量控制筛选，剔除气溶胶光学厚度、云和传感器观测噪声等的影响。

王剑琼等[17]利用中国大气本底基准观象台2010～2012年3种不同测量方法得出的CO_2浓度数据，分析了它们之间存在的差异以及变化特征；吴长江、雷莉萍和曾招城[18]定量化分析不同遥感观测卫星所反演的大气CO_2浓度之间的差异，对于利用卫星遥感数据准确揭示全球大气CO_2浓度的时空变化特征具有重要的参考价值。

4.3　天然气产业链碳排放核算

　　"双碳"目标的确立标志着中国能源行业正式向低碳可持续发展之路迈进。在新旧能源体系转化过程中，天然气具有很强的过渡性，其作为一种清洁低碳的化石能源，在现在的能源体系和未来的低碳能源体系中均扮演不可或缺的角色，可以预见在未来较长时间内，天然气的中间过渡性作用将日益突显。在外部能源市场充满不确定性的情况下，我国 2021 年天然气对外依存度已经提高至 45% 左右，且进口天然气中液化天然气占比达 65%[19]；在中短期内天然气消费量持续提高的趋势下，如何客观评价天然气产业链碳排放水平，在保障国家能源安全的前提下，更精准衡量天然气产业链碳排放水平是刻不容缓的现实要求。

　　国外油气行业广泛适用的碳排放核算标准有多个，英国政府颁布的《温室气体报告：换算系数 2022》[20]和美国石油协会（American Petroleum Institute，API）发布的《石油天然气工业温室气体排放量方法学纲要 2021》[21]侧重于温室气体排放估算的方法，主要利用排放因子法为相关设施提供涉及 6 种温室气体排放的估算方法，针对不同类型的气体燃料给出了直接燃烧、工艺放空及设施泄漏、间接排放这三种核算范围对应的排放换算系数，包括直接排放和间接排放共 8 个过程，并进一步扩展完善了液化天然气和碳捕集的核算方法。美国环保署（United States Environmental Protection Agency，EPA）制定的《温室气体排放报告计划》（GHGRP）[22]和澳大利亚政府发布的《国家温室气体和能源报告法》（NGER）通过确定单位热量的 CO_2 排放量[23]，可计算天然气直接燃烧的碳排放当量，但天然气在运输、储存过程及其他实践中的排放需要单独进行核查，并给出了温室气体回收利用的核算方法。欧盟排放交易体系（EU-ETS）综合运用排放因子法、实测法和物料平衡法核算企业及设施层面多种温室气体的排放[24]，其中设施级别的核算需要实地测量排放量并按照排放占比区分不同等级的装置类型[25]。加拿大国家温室气体排放清单综合运用排放因子法和实测法对油气系统中各类活动环节温室气体排放做出要求，不仅包括了温室气体的放空及逃逸，还考虑了能源燃烧排放，并且出台了一系列政策限制生产、加工及运输油气的上游油气设施工艺放空及逃逸 CH_4 排放[26]。

　　国内油气行业主要参照国家发改委颁布的《中国石油天然气生产企业温室气体排放核算方法与报告指南（试行）》与国家能源局发布的 SY/T 7297—2016《石油天然气开采企业二氧化碳排放计算方法》，以排放因子法为主，鼓励有条件的企业采用实测法。目前国内尚未建立完善天然气行业温室气体排放的监测、监控、计算、核查等标准，而且天然气行业也未被纳入全国碳市场中，针对天然气行业企业的温室气体排放的研究相对匮乏。因目前天然气行业尚未建立温室气体计算模型和数据库，故暂不考虑全生命周期法。物料平衡法更适用于产品的生产工艺系统，而天然气产业链是涉及天然气的开采、储存、处理、运输和消耗的过程，并不适合采用物料平衡法。因此，本节按照《2006年IPCC国家温室气体清单指南》《中国石油天然气生产企业温室气体排放核算方法与报告指南（试行）》等，融合实测法和排放因子法，从天然气全产业链具体业务流程的角度出发，基于天然气的实际运作流程细分温室气体排放源类型，提出天然气行业温室气体排放水平核算方法。

4.3.1　天然气行业碳排放核算方法

天然气行业企业在生产运营过程中所产生的温室气体主要来自天然气勘探开发、管线运输、液化厂液化、远洋运输、LNG接收站、气化外输、车船加注、终端燃烧利用及废气处理等业务环节的排放。具体的排放类别和气体种类包括：①化石燃料燃烧，主要指各业务环节所涉及的设备（燃气发电机、柴油发电机、运输工具等）中化石燃料燃烧产生的温室气体，包括CO_2、CH_4、N_2O；②火炬燃烧，主要指各业务环节可能存在的火炬系统废气燃烧产生的温室气体，包括CO_2和CH_4；③工艺放空，主要指各业务环节有意排放到大气中的温室气体，比如工艺检修排放、工艺储罐溶解气排放等，包括CO_2和CH_4；④设施逃逸，主要指各业务环节由于设备泄漏产生的无组织排放，如工艺吹扫、储罐泄漏、LNG接卸过程、槽车加注过程及其他压力设备泄漏，包括CO_2和CH_4；⑤回收利用，主要指可能涉及回收的温室气体；⑥净购入电力和热力隐含的温室气体排放，只计算CO_2。

温室气体排放总量计算式为：

$$E_G=E_{G,F}+E_{G,L}+\sum_t(E_{G,E}+E_{G,D})_t-R_G+E_e+E_h \tag{4-4}$$

式中，E_G为温室气体总排放量，以t CO_2计；$E_{G,F}$为化石燃料燃烧排放量，以t CO_2计；$E_{G,L}$为火炬燃烧排放量，以t CO_2计；$E_{G,E}$为工艺放空排放量，以t CO_2计；$E_{G,D}$为设施逃逸排放量，以t CO_2计；t为业务类型，包括LNG接收、储存、处理及外输；R_G为温室气体回收利用量，以t CO_2计；E_e为净购入电力隐含的排放量，以t CO_2计；E_h为净购入热力隐含的排放量，以t CO_2计。

4.3.1.1　化石燃料燃烧

化石燃料燃烧排放核算式为：

$$E_{G,F}=\sum_j\sum_i\times\frac{44}{12}\times B_{i,j}C_{i,j}O_{i,j} \tag{4-5}$$

式中，i为化石燃料类型；j为燃烧设施类别；$B_{i,j}$为设施j中化石燃料i的燃烧量（标准状况），t或万m^3；$C_{i,j}$为设施j中化石燃料i的含碳量（标准状况），t C/t或t C/万m^3；$O_{i,j}$为设施j中化石燃料i的碳氧化率；44/12为二氧化碳与碳的转换系数。

4.3.1.2　火炬燃烧

火炬燃烧可分为正常工况下的火炬气燃烧及由于事故导致的火炬气燃烧两种，考虑到两种火炬气的数据监测基础不同，建议分别核算；另外，考虑到火炬气 CH_4 含量较高且火炬气燃烧不充分，因此火炬燃烧排放应同时考虑 CO_2 及 CH_4 排放。

$$E_{G,L}=E_{C,L,N}+E_{C,L,A}+(E_{M,L,N}+E_{M,L,A})W_M \tag{4-6}$$

式中，$E_{G,L}$ 为火炬燃烧排放，以 t CO_2 计；$E_{C,L,N}$ 为正常工况下火炬燃烧排放的 CO_2，以 t CO_2 计；$E_{C,L,A}$ 为事故情况下火炬燃烧排放的 CO_2，以 t CO_2 计；$E_{M,L,N}$ 为正常工况下火炬排放的 CH_4，以 t CH_4 计；$E_{M,L,A}$ 为事故情况下火炬排放的 CH_4，以 t CH_4 计；W_M 为 CH_4 相比 CO_2 的温室气体效应值，应取 IPCC 第六次评估报告值 28。

（1）正常工况火炬温室气体排放

$$E_{C,L,N}=\sum_k Q_{L,N,k}\left(\frac{44}{12}C_{U,C,k}O_k+19.7V_{C,k}\right) \tag{4-7}$$

$$E_{M,L,N}=\sum_k Q_{L,N,k}V_{M,k}(1-7.17O_k) \tag{4-8}$$

式中，k 为火炬系统序号；$Q_{L,N,k}$ 为正常工况下 k 号火炬的气流量（标准状况），万 m^3；$C_{U,C,k}$ 为正常工况下 k 号火炬的气流量中除 CO_2 外其他含碳化合物的总含碳量（标准状况），t C/万 m^3；O_k 为燃烧的碳氧化率；$V_{C,k}$ 为气流量中 CO_2 的体积分数；$V_{M,k}$ 为气流量中 CH_4 的体积分数；19.7 为 CO_2 在标准状况下的密度，t/万 m^3；7.17 为 CH_4 在标准状况下的密度，t/万 m^3；44/12 为二氧化碳与碳的转换系数。

$C_{U,C,k}$ 的计算公式如下：

$$C_{U,C,k}=\sum_n \frac{12}{22.4}V_n N_n \times 10 \tag{4-9}$$

式中，n 为除 CO_2 外的气体组分；V_n 为除 CO_2 外的第 n 种气体的体积分数；N_n 为第 n 种气体化学分子式中的碳原子数目；12 为碳的摩尔质量，kg/kmol；22.4 为标准状况下理想气体的摩尔体积，m^3/kmol。

（2）事故火炬温室气体排放

目前国内由于事故导致的火炬气燃烧一般无具体监测，直接获取火炬气流量数据非常困难，故以事故设施通往火炬的平均气体流量及事故持续时间为基础估算事故火炬燃烧量，进而估算事故火炬燃烧的 CO_2 和 CH_4 排放量：

$$E_{C,L,A}=\sum_a S_{A,a}T_{A,a}\left(\frac{44}{12}C_{U,C,a}O_a+19.7V_{C,a}\right) \tag{4-10}$$

$$E_{M,L,A}=\sum_a 7.17S_{A,a}T_{A,a}V_{M,a}(1-O_a) \tag{4-11}$$

式中，a 为事故次数；$S_{A,a}$ 为第 a 次事故工况下气流速度（标准状况），万 m^3/h；$T_{A,a}$ 为第 a 次事故的持续时间，h；$C_{U,C,a}$ 为第 a 次事故工况下除 CO_2 外其他含碳化合物的总含碳量（标准状况），$t\,C/$万 m^3；O_a 为燃烧的碳氧化率；$V_{C,a}$ 为 CO_2 的体积分数；$V_{M,a}$ 为事故火炬气中 CH_4 的体积分数；$44/12$ 为二氧化碳与碳的转换系数；19.7 为 CO_2 在标准状况下的密度，$t\,C/$万 m^3；7.17 为 CH_4 在标准状况下的密度，$t/$万 m^3。

4.3.1.3　工艺放空和设施逃逸

（1）工艺放空 CH_4 排放

可根据各环节不同设施的数量及不同设施的工艺放空排放因子进行计算：

$$E_{M,E}=\sum_d 7.17 N_d V_d \tag{4-12}$$

式中，$E_{M,E}$ 为工艺放空 CH_4 排放量，以 $t\,CH_4$ 计；d 为工艺设施类型；N_d 为第 d 个工艺设施的数量，个；V_d 为第 d 个工艺设施 CH_4 气体体积含量（标准状况），万 m^3；7.17 为 CH_4 在标准状况下的密度，$t/$万 m^3。

（2）设施 CH_4 逃逸排放

可根据各环节不同设施的数量及不同设施的 CH_4 逃逸排放因子进行计算：

$$E_{M,D}=\sum_d 7.17 N_d V_d \tag{4-13}$$

式中，$E_{M,D}$ 为所有工艺设施类型产生的 CH_4 逃逸排放，以 $t\,CH_4$ 计；d 为工艺设施类型；N_d 为泄漏设施类型数量，个；V_d 为每种工艺设施 d 的 CH_4 气体体积含量（标准状况），万 m^3；7.17 为 CH_4 在标准状况下的密度，$t/$万 m^3。

因为此部分 CO_2 排放量较少，可忽略不计，故暂不考虑 CO_2 放空和逃逸。

4.3.1.4　回收利用

CH_4 回收利用量和 CO_2 回收利用量分别按式（4-14）、式（4-15）计算并从企业的 CH_4 排放总量中予以扣除：

$$R_M=7.17 Q P_M \tag{4-14}$$

$$R_C=19.7 Q P_C \tag{4-15}$$

式中，R_M 为报告主体的 CH_4 回收利用量，以 $t\,CH_4$ 计；R_C 为 CO_2 回收利用量，以 $t\,CO_2$ 计；Q 为报告主体回收的气体体积（标准状况），万 m^3；P_M 为 CH_4 的体积分数；7.17 为 CH_4 在标准状况下的密度，$t/$万 m^3；P_C 为 CO_2 的体积分数；19.7 为 CO_2 在标准状况下的密度，$t/$万 m^3。

4.3.1.5　净购入电力和热力

净购入电力隐含的 CO_2 排放以及净购入热力隐含的 CO_2 排放分别按以下两个公式计算：

$$E_e=Q_eF_e \tag{4-16}$$

$$E_h=Q_hF_h \tag{4-17}$$

式中，E_e 为净购入电力隐含的 CO_2 排放，以 t CO_2 计；Q_e 为净购入电量，$MW \cdot h$；F_e 为电力的 CO_2 排放因子，t $CO_2/(MW \cdot h)$；E_h 为净购入热力隐含的 CO_2 排放，以 t CO_2 计；Q_h 为净购入热量，GJ；F_h 为热力的 CO_2 排放因子，t CO_2/GJ。

4.3.2　液态天然气产业链碳排放情况分析

液态天然气产业链以澳大利亚东海岸气田某项目为例，核算26万 m^3 的LNG经该海外项目开采出后通过管道运输到液化工厂，经LNG运输船运至中国长三角年加工量480万t的某LNG接收站，按照该LNG接收站120万t/a的液态天然气加工能力和360万t/a的气态天然气加工能力的1:3设计比例加工，后经槽车承揽外输和由当地管道公司运输至终端用户群体，主要的产业链流程如图4-2所示。

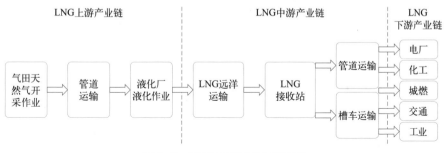

图4-2　液态天然气产业链流程

4.3.2.1　上游产业链碳排放分析

海外天然气生产项目温室气体核算遵循世界资源研究所（WRI）与世界可持续发展工商理事会（WBCSD）开发的《温室气体核算体系：企业核算与报告标准》提供的方法和计算原则。LNG上游产业链包括气田天然气开采作业、管道运输及液化厂液化作业，核算范围应以独立法人企业或视同法人的独立核算单位为企业边界，核算在运营上受其控制的所有生产设施产生的温室气体排放。设施范围包括与天然气生产直接相关的天然气勘探、天然气开采、天然气处理及天然气储运等各个业务环节的基本生产系统、辅助生产系统，以及直接为生产服务的附属生产系统，其中辅助生产系统包括厂区内的动力、供电、供水、采暖、制冷、机修、化验、仪表、仓库、运输等，附属生产系统包括生产指挥管理系统以及厂区内为生产服务的部门和单位（如职工食堂）。

LNG上游产业链各环节温室气体排放源及类别如图4-3～图4-5所示。

天然气开采
发电用气燃烧，CO_2、CH_4、N_2O排放
运输、发电用柴油燃烧，CO_2、CH_4、N_2O排放
火炬燃烧，CO_2、CH_4排放
工艺放空、设施泄漏，CH_4排放

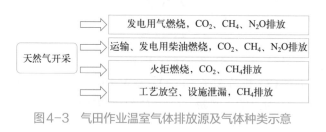

图4-3　气田作业温室气体排放源及气体种类示意

增压站/压气站
分输站/计量站
清管站
管线逆止阀
燃料燃烧，CO_2、CH_4排放
工艺放空，CO_2、CH_4排放
设施逃逸，CH_4排放
外购电力、热力，CO_2排放
回收利用

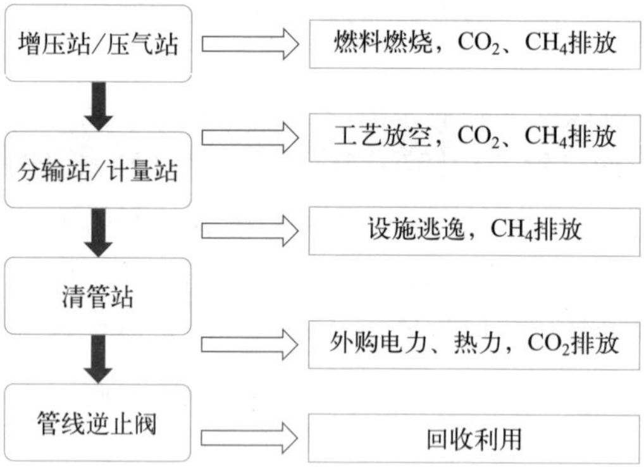

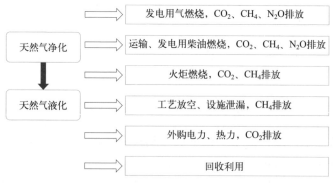

图4-4　管道运输温室气体排放源及气体种类示意

天然气净化
天然气液化
发电用气燃烧，CO_2、CH_4、N_2O排放
运输、发电用柴油燃烧，CO_2、CH_4、N_2O排放
火炬燃烧，CO_2、CH_4排放
工艺放空、设施泄漏，CH_4排放
外购电力、热力，CO_2排放
回收利用

图4-5　液化厂作业温室气体排放源及气体种类示意

管道运输的设施范围包括与天然气运输直接相关的增压站/压气站、分输站/计量站、清管站、管线逆止阀等各个业务环节的基本接收系统、处理系统、外输系统、辅助系统以及直接提供服务的附属系统。

以澳大利亚温室气体排放因子为例，天然气上游产业链的发电用气及运输、发电用柴油所产生的温室气体排放因子如表4-2所示。

表4-2 LNG上游产业链温室气体排放因子

排放类别	CO_2排放因子 /($t\ CO_2$/PJ)	CH_4排放因子 /($t\ CO_2$/PJ)	相对于CO_2的温室气体效应值	N_2O排放因子 /($t\ CO_2$/PJ)	相对于CO_2的温室气体效应值
发电用气	51.4	0.1	28	0.03	310
运输、发电用柴油	69.9	0.1		0.4	

根据《澳大利亚CSG对LNG温室气体排放研究》报告[27]，在不计建设期能量消耗的情况下，气田天然气开采作业阶段每生产1000万t LNG发电消耗能量100.1PJ、柴油消耗能量0.25PJ，液化厂液化作业阶段每生产1000万t LNG发电消耗能量52.8PJ、柴油消耗能量0.8PJ。以26万m^3（质量约为10.53万t）LNG计，生产、运输、加工26万m^3 LNG上游产业链碳排放计算结果如表4-3所示。

表4-3 LNG上游产业链碳排放量统计

来源	来源明细	生产1000万t LNG 能耗（估算值）/PJ	每26万m^3LNG碳排放量 /t CO_2	占比/%
气田 天然气 开采作业	发电用气	100.1	66194.53	61.80
	火炬燃烧与放空	—	4338.36	
	运输、发电用柴油	0.25	515.97	
管道运输	设施逃逸	—	52.56	0.05
液化厂液 化作业	发电用气	52.8	34915.80	38.15
	火炬燃烧与放空	—	7286.76	
	运输、发电用柴油	0.8	1651.10	
合计	—	—	114955.08	100

对LNG上游产业链某海外项目生产、运输、加工26万m^3 LNG各环节进行碳排放分析：分碳排放环节来看，气田天然气开采作业过程碳排放占比最大，为61.8%，其次是气田天然气开采作业占比，为38.15%；分碳排放源类别来看，发电用气消耗占比最大，约88%，其次是火炬燃烧与工艺放空量，占比约10%。

4.3.2.2 中游产业链碳排放分析

LNG中游产业链包括LNG远洋运输、LNG接收站、管道运输、液态分销及LNG加注，各环节温室气体排放源及类别如下所述。

（1）LNG远洋运输

LNG远洋运输核算范围应以船东或从船东处承担船舶经营责任的任何其他组

织或人员（如已从船舶所有人处承担船舶经营责任的管理人或光船承租人）为独立核算边界，核算所辖船舶在LNG运营中与其相关和受其控制的所有航行期间各种能耗设备所产生的温室气体排放（图4-6）。

图4-6　LNG远洋运输温室气体排放源及气体种类示意

根据《澳大利亚CSG对LNG温室气体排放研究》报告[27]，LNG远洋运输阶段每运送1000万t LNG消耗能量6.4PJ，参照表4-2，运输10.53万t LNG的温室气体排放量如表4-4所示。

表4-4　LNG远洋运输温室气体排放量

排放类别	耗能量/GJ	CO_2排放量/t CO_2	CH_4排放量/t CH_4	N_2O排放量/t N_2O	合计/t CO_2
船运	67392	3463.95	6.74	2.02	4232.22

（2）LNG接收站

LNG接收站场站在运营过程所产生的温室气体主要来自LNG接收、储存、处理、外输及废气处理等业务环节的基本接收系统、辅助接收系统以及附属系统的排放。以长三角地区年处理量480×10⁴ t的某LNG接收站为例，其温室气体排放源及气体种类如图4-7所示。

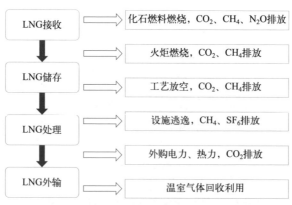

图4-7　LNG接收站温室气体排放源及气体种类示意

① 化石燃料燃烧　此处化石燃料燃烧排放的温室气体包括CO_2、CH_4及N_2O，具体排放量如表4-5、表4-6所示。

表4-5　化石燃料燃烧CO_2排放量统计

化石燃料种类	不同生产情况下消耗量（标准状况）（t或万m^3）		平均低位发热值（标准状况）/（GJ/t, GJ/万m^3）	活动水平/GJ	单位热值含碳量/（t C/GJ）	碳氧化率	排放因子/（t CO_2/GJ）	排放量/t CO_2
	生产工艺用量	生产支持用量						
天然气	5.504	1.514	389.310	2732.217	0.015	0.990	0.056	151.745
柴油	0.792	4.293	43.330	220.320	0.020	0.980	0.073	15.992
汽油	0	26.715	44.800	1196.841	0.019	0.980	0.068	81.282
液化天然气	0	16.834	41.868	704.818	0.017	0.990	0.062	44.006

表4-6　化石燃料燃烧CH_4、N_2O排放量统计

化石燃料种类	不同生产情况下活动水平/GJ		温室气体种类	排放因子/（t C/GJ）	相对于CO_2的温室气体效应值	排放量/t CO_2
	生产工艺	生产支持				
柴油	34.322	185.998	CH_4	$3.9×10^{-6}$	28	0.065
			N_2O	$3.9×10^{-6}$	310	0.957
汽油	0	1196.841	CH_4	$3.9×10^{-6}$	28	0.352
			N_2O	$3.9×10^{-6}$	310	5.199

② 火炬燃烧　火炬燃烧碳排放量如表4-7所示。

表4-7　火炬燃烧碳排放量统计

燃料种类	气流量(标准状况)/（万m^3）	除CO_2外其他含碳化合物总含碳量（标准状况）（t C/万m^3）	火炬气中CO_2体积浓度	火炬气中CH_4体积浓度	碳氧化率	CO_2排放量/t CO_2	CH_4排放量/t CH_4	排放总量/t CO_2
天然气	3.105	5.365	无	0.997	0.980	59.868	0.444	69.191

③ 工艺放空和设施逃逸　工艺放空和设施逃逸温室气体排放量如表4-8、表4-9所示。

表4-8　工艺放空和设施逃逸温室气体排放量（按工艺流程）统计

业务环节	接收站系统	设施逃逸＋工艺放空CH_4排放因子（标准状况）	数量	年均CH_4排放量/kg[①]	年均CO_2排放量/kg
LNG接收	装卸臂	0.002m^3/个	4个	0.057[②]	1.205
LNG储存	储罐	100t	6个	12000[③]	252000
LNG处理	低压泵	1.5m^3/个	24个	5.162	108.410
	压缩机入口分液罐	10m^3/个	1个	1.434	30.114
	集液罐	5m^3/个	1个	0.717	15.057

业务环节	接收站系统	设施逃逸+工艺放空CH₄排放因子（标准状况）	数量	年均CH₄排放量/kg[①]	年均CO₂排放量/kg
LNG处理	压缩机	3m³/个	3个	1.291	27.103
	再冷凝器	20m³/个	1个	2.868	60.228
	高压泵	1m³/个	11个	1.577	33.125
	气化器	2m³/个	11个	3.155	66.251
LNG外输	充装撬	0.0005m³/个	2个×29套	623.790[④]	13099.590
	计量撬	0.5m³/个	8个	0.574	12.046
	管廊	0.02m³/m	2km	5.736	120.456

① 按照每5年的平均值进行计算。
② 按接卸50艘船计。
③ 储罐的全生命周期按照50年计。
④ 年充装15万辆槽车。

表4-9　气体绝缘变电站设施温室气体逃逸排放量

设施名称	气室SF₆气体容量/kg	气室数量/个	设施逃逸参数	SF₆气体泄漏量/t	CO₂排放量/t
气体绝缘变电站	300	7	0.5%	0.0105	250.950

④ 回收利用　该LNG接收站计量年度无温室气体回收利用量。
⑤ 外购入电力和热力　外购入电力及热力CO₂排放量如表4-10、表4-11所示。

表4-10　外购入电力CO₂排放量

项目	生产工艺用能	生产支持用能	合计
外购入电量/MW·h	58186.557	804.451	58991.008
电力排放因子/[t CO₂/(MW·h)]		0.691	
外购入电力隐含排放量/t CO₂	40195.274	555.715	40750.988

表4-11　外购入热力CO₂排放量

项目	生产工艺用能	生产支持用能	合计
外购入热力/GJ	0	835.720	835.720
热力排放因子/(t CO₂/GJ)		0.110	
外购入热力隐含排放量/t CO₂	0	91.929	91.929

对该LNG接收站温室气体排放结构进行总结分析，进一步识别碳排放的具体来源。经核算，该LNG接收站温室气体排放详细情况如表4-12所示。

表4-12 LNG接收站温室气体排放情况

碳排放源类别		排放量/t CO₂
化石燃料燃烧	生产工艺	121.662
	生产支持	177.937
火炬燃烧		69.191
工艺放空、设施逃逸		516.524
净购入电力	生产工艺	40195.274
	生产支持	555.715
净购入热力	生产工艺	0
	生产支持	91.929

由此可知该LNG接收站的碳排放量为86.934t CO_2/万t LNG，因此接收处理一船26万 m^3 LNG（10.53万t）的碳排放量约为915.41t CO_2。

（3）管道运输

LNG气化外输温室气体排放源及气体种类详细见图4-4。以某管道公司为例，该公司有分输站22个，管线逆止阀10个，年累计外输气量349927.13万 m^3，碳排放总量22470.37吨，详见表4-13。

表4-13 管道公司温室气体排放情况

总体情况		主要用能量						
年累计外输气量（标准状况）/万 m^3	碳排放总量/t CO₂	汽油/t	柴油/t	电力净购入/（MW·h）	增压站或压气站个数/个	分输站（或计量站）/个	清管站个数/个	管线逆止阀个数/个
349927.13	22470.37	111.66	0	0	0	22	0	10

由此可知该管道公司外输每万 m^3 天然气的碳排放量为0.064tCO_2，因此外输26万 m^3 LNG（15184万 m^3 压缩天然气CNG）四分之三部分的碳排放量约为731.27tCO_2。

（4）LNG加注站

LNG加注站设施范围包括与LNG直接相关的LNG资源采购、LNG运输、LNG调度和计量及LNG站内接卸、存储和加注等各个业务环节的基本采购系统、运输系统、接收系统、存储系统、加注系统以及相关辅助和附属系统（图4-8）。

① 气化率及气源稳定性造成的损耗　目前大部分LNG加注站企业没有自身建

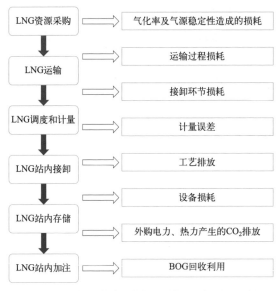

图4-8   LNG加注站温室气体排放源及气体种类示意

BOG为LNG在运输和储存过程中蒸发产生的气体

立的LNG液化工厂，基本上是根据其销售量的变化，从一家甚至多家液化工厂进购LNG。但是我国对于液化工厂的气质检测报告缺乏相对明确的标准和规定，各厂之间气化率的差异性较大，因此，资源来源是否可靠关系到LNG资源的质量（温度、压力、组分等）。

在标准规范下，LNG运输到加注站时温度应低于−150℃，现实情况下，由于天然气的液化工艺不同，所产生的LNG的质量也不同，容易产生温度在−140℃以上的"高温液"，造成槽车内温度高、压力高（到站压力达到0.5MPa），卸车过程中导致槽车和储罐平压后压力较高，最终造成槽车内的天然气滞留，卸车不彻底。以载重20t的槽车为例，来源不同的LNG卸车后槽车压力可以相差0.1 ~ 0.2MPa，每车损耗约80kg。另外，如果LNG到站温度高于−135℃，还容易因蒸发产生碳排放。因此，原材料不同也会产生账面损耗。

若将碳排放强度（碳排放强度表示企业每万元增加值的CO₂排放量）作为考核指标，则降低碳排放强度的方式是提高万元增加值或降低碳排放量。不同来源的LNG气化率和稳定性虽然不会直接造成碳排放，但是所产生的账面损耗提高了LNG加注站企业的碳排放强度。因此，规范气化率和稳定气源量可帮助LNG加注站提高企业增加值，进而降低碳排放强度。

② 运输过程损耗   在LNG槽车的运输过程中，运输距离不同，运输过程中的损耗量也应有所不同，一车20t的LNG运输损耗理论上应该控制在1%以内，且运输里程小于等于100km，损耗量理论上不超过100kg。除了自然排放损失之

外，有的承运商中途卸出部分 LNG，添加液氮以次充好，或者私自改造运输容器容积表。因此运输过程损耗应根据承运商与 LNG 加注站企业的合同界定为标准进行测算。

③ 接卸环节损耗　受绝热技术限制，LNG 储罐无法做到完全绝热，日蒸发率一般不高于 0.3%。一方面，由于 LNG 在储存中温度与压力都会相对较高，使得卸车的难度较大，为了正常卸车，通常对储存罐进行释放而达到降压的目的，从而实现成功卸车。这个过程会直接产生大量的 LNG 损耗。另一方面，如果无法实现槽车的成功卸车，也会引发 LNG 的损耗问题。例如压差控制不合理，卸车时槽车的储存罐的角度调整不合理等。

通常情况下在加气过程中，低温泵在运转时都会产生明显的高压气体，这势必会影响泵的使用性能，所以需要及时排除泵池上部的气体，同时也有助于降低 LNG 耗损率。

④ 计量误差　目前针对加气环节与卸车环节都有固定的流量计量方式，但是不管是质量流量计还是旋涡流量计，都会存在不同程度的误差，这个误差会直接使得 LNG 出现耗损问题。目前的技术还无法达到零误差的条件，只能通过技术降低误差率，从而有效控制 LNG 的耗损问题。

某 LNG 加注站加液量 14564.19t（LNG+CNG，折合成液态），LNG 卫星站销售气量 37194.90t（折合成液态），累计销售气量 51759.09t LNG，碳排放总量 341.66t，运输每吨 LNG 的碳排放量约为 66t CO_2/万 t LNG。若槽车运输的损耗按照 1% 计，则槽车运输 26 万 m^3 LNG（10.53 万 t）的四分之一部分的碳排放量为 7371t，用于 LNG 加注环节的碳排放量约为 173.75t，累计碳排放量为 7544.75t。

综上所述，接收、储存、运输 26 万 m^3 LNG 中游产业链碳排放计算结果如表 4-14 所示。

表 4-14　LNG 中游产业链碳排放计算结果

来源	来源明细	26 万 m^3 LNG 碳排放量/tCO_2	占比/%
LNG 远洋运输	LNG 运输过程	4232.22	31.53
LNG 接收站	接收、储存、处理和外输 LNG 的过程	915.41	6.82
LNG 管道运输	LNG 管道、分输站、管线逆止阀等	731.27	5.45
LNG 加注站	LNG 槽车运输、接收、加注等过程	7544.75	56.20
合计		13423.65	100.00

通过对 LNG 中游产业链接收、储存、运输 26 万 m^3 LNG 各环节进行碳排放分析，槽车运输和 LNG 加注站碳排放占比最重，超过整体的一半，其次是 LNG 远洋运输占比不到三分之一，占比最少的为 LNG 管道运输过程。

4.3.2.3　下游产业链碳排放分析

假设运输到下游的LNG全部用来燃烧的话，根据公式（4-5），可得终端燃烧碳排放量约为32.83万t，具体如表4-15所示。

表4-15　LNG终端燃烧利用碳排放量

化石燃料种类	消耗量（标准状况）/万m³	平均低位发热值（标准状况）/（GJ/万m³）	活动水平/GJ	单位热值含碳量/（tC/GJ）	碳氧化率	排放因子/（t CO₂/GJ）	排放量/t CO₂
天然气	15184	389.31	5911283.04	0.0153	0.99	0.0555	328306.75

综上，可得26万m³ LNG全产业链碳排放量如表4-16所示。

表4-16　LNG全产业链碳排放量

来源	环节	26万m³ LNG碳排放量/t CO₂	占比/%	累计	占比/%
上游	气田作业	71048.86	15.62	114955.08	25.27
	管线作业	52.56	0.01		
	液化厂作业	43853.66	9.64		
中游	船运	4232.22	0.93	11579.16	2.55
	LNG接收站	915.41	0.20		
	LNG管道运输	731.27	0.16		
	LNG加注站	5700.26	1.25		
下游	直接燃烧	328306.75	72.18	328306.75	72.18
总计		454840.99	100.00	—	—

由此可见，生产、运送和消耗一船26万m³（10.53万t）LNG大约产生45.48万t碳排放，其中上游占比约25.27%，中游占比约2.55%，下游直接燃烧利用占比约72.18%。

4.3.3　气态天然气产业链碳排放情况分析

气态天然气（PNG）产业链核算15184万m³（标准状况，相当于26万m³ LNG）的天然气由矿区各气井开采出后汇集到集气管道，经天然气处理厂处理后通过输气站进入国家管网干线长输管道运输至长三角，再经配气站通过配气管网供给某城市终端用户群体，主要的产业链环节如图4-9所示。

PNG上游产业链包括天然气勘探开采、集输管道运输及天然气处理厂作业，核算范围应以独立法人企业或视同法人的独立核算单位为企业边界，核算在运营上受其控制的所有生产设施产生的温室气体排放。设施范围包括与天然气生产直接相关的天然气勘探、天然气开采、天然气处理及天然气储运各个业务环节的基本生产系

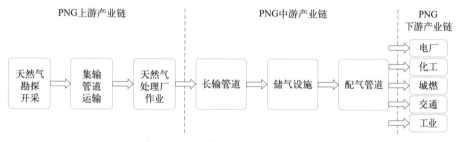

图4-9　气态天然气产业链流程

PNG为管道天然气，物流过程中以气态存在，直接通过管道进行运输

统、辅助生产系统以及直接为生产服务的附属生产系统，其中辅助生产系统包括厂区内的动力、供电、供水、采暖、制冷、机修、化验、仪表、仓库、运输等，附属生产系统包括生产指挥管理系统以及厂区内为生产服务的部门和单位。

PNG全产业链各环节温室气体排放源及类别如图4-10所示。

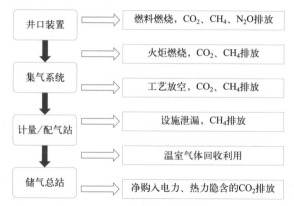

图4-10　PNG全产业链各环节温室气体排放源及气体种类示意

集输管道运输过程温室气体排放源及气体种类参照图4-4。长输管道根据综合能耗的构成性质可将温室气体排放分为3类：①生产能耗：燃驱压缩机组耗气及其辅助系统耗电和电驱压缩机组耗电；②辅助能耗：包括压气站和储气库生产能耗以外的能耗及计量站、清管站、分输站、阀室和机关等的能耗；③天然气损耗：是天然气管道工艺放空及设施逃逸过程中天然气的损耗量（图4-11）。

某天然气生产气田拥有11口生产井，2020年产气量41.03亿m^3，综合能耗14.02万tce，碳排放量29.43万t，单位排放强度为0.7165万tCO_2/亿m^3，则生产15184万m^3天然气碳排放量为1.09万t。

某天然气净化厂2020年均处理气量98.55亿m^3，年用电量8719万kW·h，年耗蒸汽量80万t，碳排放量约13.5万t，单位排放强度为0.1370万tCO_2/亿m^3，则处理15184万m^3天然气碳排放量为2080t。

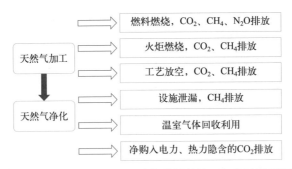

图4-11　天然气处理厂温室气体排放源及气体种类示意

中游输气管道典型场站设备情况和能耗如表4-17所示。

20座燃驱压气站和分输站运输15184万m^3天然气碳排放量为24480.04t。

表4-17　燃驱压气站年度碳排放情况

站场类型	设计压力	全年输量 /亿m^3	单台机组日能耗	全站全年消耗量	碳排放量 /t CO_2	单位排放强度 /（t CO_2/亿m^3）
燃驱压气站	12MPa	440	13.46万m^3	16319万m^3	352847.59	801.93
天然气分输站	12MPa	21	630kW·h	23万kW·h	133.63	6.3573

综上，可得PNG全产业链碳排放量如表4-18所示。

表4-18　PNG全产业链碳排放量

产业链	来源	26万m^3 LNG碳排放量/t CO_2	占比/%	累计	占比/%
上游	气田作业	10891.18	2.98	12971.18	3.55
	净化厂作业	2080.00	0.57		
中游	压气站	24352.90	6.66	24480.04	6.69
	分输站	127.15	0.03		
下游	直接燃烧	328306.75	89.76	328306.75	89.76
	总计	365757.97	100.00	—	—

由此可见，生产、处理、运送和燃烧15184万m^3 PNG大约产生36.58万t碳排放，其中上游占比约3.55%，中游占比不到7%，下游直接燃烧利用占比接近90%。

4.3.4　液态天然气产业链与气态天然气产业链对比分析

26万m^3进口LNG比相同质量的国产PNG全产业链碳排放量多8.91万t。造成这两种产业链碳排放量差额的区别和原因如下：

一是在上游产业链中，液态天然气产业链的碳排放比气态天然气产业链要高，主要原因在于核算方法不同。国际上（比如美国、澳大利亚、英国等）已经建立了一套以全生命周期法为方法基础的比较完善的温室气体排放核算体系，而国内关于温室气体排放的测算起步较晚，核算和报告体系尚不完善，天然气海外勘探开发项目使用全生命周期法进行碳排放量的核算，而本报告则是基于实测法对天然气上游产业链某项目的生产及运营情况进行核算，并未掌握并涵盖项目的整个生命周期的碳排放数据。因此在天然气勘探开发工艺流程相差不大的情况下，海外项目的碳排放核算水平要高于国内。

二是液化厂耗能量比净化厂要多。理论上，在10MPa压力、5℃下等压液化成1吨LNG的过程，约需763MJ（212kW·h）的能量。因此26万m³（10.53万t）LNG液化过程碳排放量约1.27万t。

三是在中游产业链，气态天然气产业链碳排放比液态天然气产业链要高，主要原因在于PNG长输过程中，为保证管输压力需要每隔约200km设置一座压气站，并通过若干分输站转运天然气，耗能量可观。而LNG运输过程的碳排放主要源自远洋运输的燃料消耗和LNG槽车运输过程中的损耗，因此碳排放量少于长输管道。

4.4　天然气行业碳资产管理策略

4.4.1　基于碳资产管理的新建基础设施经济评价

本节仅以长三角地区某LNG接收站拟建的二期工程项目为例，对新建基础设施进行经济评价。该LNG接收站一期项目已达产运行，设计加工能力为480万t/a；拟建的二期工程项目LNG设计加工能力为600万t/a（LNG气化率按1400m³/t计），自2023年开始建设至2025年底建成，不考虑建设期碳排放量。2026年建成300万t/a加工能力，即开始投产运营，计划2030年达产（设计加工能力为600万t/a），全运营评价期共20年（表4-19）。

表4-19　运营期气量安排

年份	不同状态的LNG加工量/万t	
	气态	液态
2026年	225	75
2027年	315	105
2028年	360	120
2029年	405	135
2030年及以后	450	150

4.4.1.1　碳排放时间序列分析

　　LNG接收站在运营期间工艺放空和设施逃逸排放与内部工艺设备的运行情况有密切的关联，设备检修前CH_4的工艺放空量不容忽视。目前我国油气企业LNG接收站设备管理规程与设备检修规定，要求LNG接收站设备需要定期检修维护。工艺设备完整性管理为设备性能评估提供科学的依据和方法，使设备保持完好性状态[11]；标准化管理为LNG接收站企业发展提供绿色低碳化指导[28]；SY/T 7638—2021《液化天然气接收站经济运行规范》规定了LNG接收站工艺设备完好标准、日常维护、检修周期、质量标准、试车与验收等，GB 51156—2015《液化天然气接收站工程设计规范》保证了LNG接收站工程设计具备节能环保的特征与经济合理性。根据以上标准，LNG接收站部分关键工艺设备在实施状态监测情况下的检修周期如表4-20所示，其他工艺设备可按照厂家规定的检修周期进行定期检修[29]。

表4-20　LNG接收站部分关键工艺设备检修周期

检修设备名称	小修	中修	大修
卸料臂	1个月	12个月	84～108个月
开架式气化器	1个月	12个月	24个月
BOG（液化天然气蒸发气体）压缩机	—	4000小时	8000小时
高压泵	—	8000小时	16000小时
低压泵	—	—	8000小时

　　考虑到关键设备检修周期，参照碳阻迹研究团队联合清华大学对未来中国电网排放因子的预测[30]，运用排放因子法结合该LNG接收站运营期气量安排（表4-19）的碳排放进行时间序列预测。经核算，得到该LNG接收站20年运营期间不同类别的碳排放情况如图4-12所示。

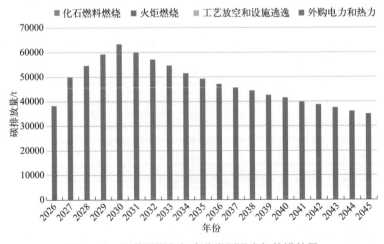

图4-12　运营周期各年度分类别温室气体排放量

　　该LNG接收站建成投产运营的第一年，其BOG压缩机、高压泵、低压泵等设备均已调试完毕，下游管网正式投入使用，储罐等工艺设施预冷过程中仅有极少的LNG损耗，即工艺放空与设施逃逸的BOG气量不大，故不考虑预冷过程可能产生的损耗。根据图4-12可见，该接收站自建成至达产，各年度工艺设备的电力消耗与燃料气消耗所产生的碳排放量随着气态和液态市场加工量的逐步提升而逐渐增加，从运营期第一年的3.82万t上升至达产年的6.34万t；待达产稳定运营后，各类能源消耗量受市场加工量、排放因子的影响而呈现逐年降低的趋势。需要注意的是，碳排放主要来源于外购入电力与热力隐含的碳排放，占该LNG接收站总排放量的94%以上（图4-13）。

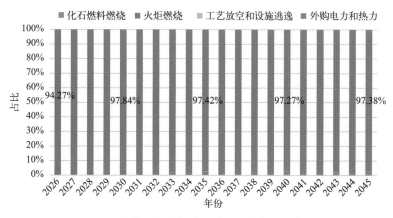

图4-13　运营周期各年度分类别温室气体排放占比

4.4.1.2　碳排放成本预测

　　碳排放成本或碳价水平主要根据认定的碳减排项目或全球各碳市场的交易价格来评估。东亚·东盟经济研究中心指出，在目前的行业实践中，碳中和是通过购买碳信用额度来实现的，通过从可再生电力项目和基于自然的项目中购买的碳信用进行抵消，而不是进行技术脱碳[31]。目前，最主要的碳信用额是联合国认证的减排量和国际碳抵消标准认证的减排量碳信用额。2021年1月至2022年3月，基于自然减排项目的碳抵消成本从每吨二氧化碳当量4.7美元增至11.3美元，甚至更高[32]，其主要原因在于为了满足环境目标的要求导致对碳信用额度的需求增加，但新增的碳信用额度不足。

　　欧盟碳交易价格自2020年底开启上升走势，碳排放权市场交易价格从每度不到30欧元/t突破至2022年初的90欧元/t。虽然受国际形势的影响，欧盟碳交易市场的价格于2022年3月暴跌至58欧元/t，但随后迅速拉升，到2022年7月份一直维持80～90欧元/t的高位区间震荡。碳排放交易价格的上涨意味着间接性碳补偿机制促使企业碳排放成本越来越高，进而增加了企业使用化石能源的成本，导致控排企业会在营业额、总资产价值及劳动就业方面受到影响[33]。天然气相比汽油、柴油、煤炭等化石能源具有安全性能高、环境污染小、经济效益好的优点。在我国实施清洁能源应用的背景下，LNG重卡不仅能够有效地降低粉尘及有毒有害气体的排出、降低环境污染、促进环境保护，同时还能够减少企业用人、降低职工的劳动强度、为企业节约成本、提高安全保障[34]。比如与传统汽油车相比，天然气汽车所排放的氮氧化物量比柴油汽车少96%、比汽油汽车少68%，二氧化碳排放量减少22%，颗粒物排放量减少33%[35]。

根据清华大学研究团队2021年对中国2060年碳中和情景下未来碳价水平的预测（图4-14）[36]，2025年中国的碳价水平将达到约70元/t，2030年将超过100元/t，2060年将超过2700元/t。由此，可计算得到拟建的该LNG接收站二期工程项目在20年运营周期内的温室气体排放成本（表4-21）。

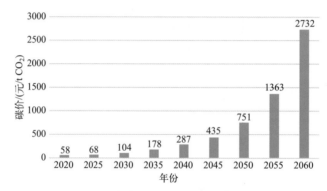

图4-14　2020 ~ 2060年中国二氧化碳价格（2020年人民币不变价）

表4-21　LNG接收站20年运营周期内的温室气体排放成本预测

运营年份	LNG年加工量/万t	CO₂排放量/万t	加工每吨LNG的CO₂排放量/t	碳价格/（元/t）	排放成本/万元	加工每吨LNG排放CO₂的单位成本/（元/t）
2026年	300	3.83	0.0128	68	260	0.87
2030年	600	6.34	0.0106	104	659	1.10
2035年	600	4.93	0.0082	178	877	1.46
2040年	600	4.15	0.0069	287	1192	1.99
2045年	600	3.50	0.0058	435	1521	2.53

注：碳价格取自清华大学研究团队研究成果。

该LNG接收站投产第一年加工处理每吨LNG的CO₂排放量为0.0128t、CO₂排放成本为0.87元，而达产期加工处理每吨LNG的CO₂排放量范围为0.0058 ~ 0.0106t、CO₂单位排放成本从1.10元/t增至2.53元/t。因此，伴随中国未来碳市场的逐步发展成熟，油气企业势必要纳入全国碳市场中对其碳排放进行考核，而不断增长的碳交易价格会增加LNG接收站碳排放的成本，因此有必要针对LNG接收站未来的碳排放成本进行经济评价。

4.4.1.3 碳成本对LNG接收站经济性的影响分析

国际液化天然气进口商集团（GIIGNL）指出，在美国，由何方来承担抵消CO_2的成本通常是LNG企业的一个战略选择，也是供应商与买家之间力量平衡的结果[37]。企业负责范围内的碳排放基本可以精确监测，且通常愿意承担，但承担的范围限于自身的运营范畴。这种意愿大多是从自身品牌建设的角度出发，表示愿意为可持续发展的社会作出贡献。日本国内最大的发电公司Japan Era（JERA）认为，为上游生产或运输部分承担相关排放责任是一项严峻的挑战，在其2019年向印度运送碳中和LNG的实践过程中，该碳中和LNG的生产和运输环节产生的CO_2排放并不包括在碳抵消计划中，只有印度下游使用LNG产生的碳排放被抵消[38]。因此，以下从LNG接收站运营者仅承担LNG接收站内的碳排放成本的角度出发，分别从考虑碳成本与不考虑碳成本两种情况、运营成本与投资回报两个层面，对LNG接收站经济性的影响进行对比分析。

（1）项目投资及运营成本参数

该LNG接收站项目包括接收站及配套设施、取排水及海堤工程。项目建设投资约为80亿元，其中包含建设期增值税约7亿元。项目计划分三年建设完成，分年投资计划为30%、50%、20%。项目计划采取来料加工模式，不进行LNG的采购和销售，只收取LNG加工费，以回收项目投资和经营成本支出，并获取固定的投资回报。项目基准收益率为全投资内部收益率（税后）8%。本项目加工费结算气态、液态同价，经济评价据此测算。

根据该LNG接收站主要经营成本的基础数据（表4-22），按照现金流折现法的基本原理进行经济评价，其经济分析的计算步骤为：①在未考虑碳成本时，按照满足8%的全投资内部收益率（税后）测算项目加工费，对此时项目达产年运营成本进行统计；②将碳成本计入运营成本，对碳成本考虑前后的运营成本变化进行对比分析；③将碳成本计入项目运营成本，对碳成本对项目投资回报的影响进行计算分析。

表4-22 主要经营成本基础数据

序号	经营成本细项	单位	数值
1	LNG到岸价（不含税）	元/m³	2.06
2	平均工资福利	万元/(人·年)	25
3	定员	人	180

序号	经营成本细项	单位	数值
4	修理费率	%	1.5
5	运营保险费率	%	0.1
6	安全生产费	万元/年	按年经营收入的0.2% ～ 4%分段计取
7	其他制造费	万元/(人·年)	12
8	其他管理费	万元/(人·年)	4
9	电耗	万kW·h/年	14400
10	电价	元/(kW·h)	0.60
11	其他	—	占比不大，不一一列举

（2）碳成本对LNG接收站经营成本的影响

LNG接收站总成本由投资产生的折旧摊销成本、融资产生的财务费用和经营成本三部分组成。经营成本不受还本付息的影响，通常情况下在达产年达到最大值，因此选取经营成本作为进行成本分析的指标。经营成本主要包括材料费、燃料动力消耗（主要为电力消耗）、工资福利费、修理费、运行保险费、安全生产费、其他制造费用、其他管理费等。假设碳成本按照前述分析确定，在未列示成本的中间年份以等差数列的均匀梯度增长，在未考虑碳成本和考虑碳成本时，对达产年的经营成本前后对比如表4-23、表4-24所示。

表4-23　未考虑碳成本时的达产年LNG接收站经营成本构成　　　单位：万元

序号	经营成本明细	未考虑碳成本	
		达产年	占比
1	燃料动力费	7953	22.4%
2	工资福利	6020	16.9%
3	修理费	11547	32.5%
4	运行保险费	770	2.2%
5	安全生产费	820	2.3%
6	其他制造费	2640	7.4%
7	其他管理费	880	2.5%
8	槽车设施使用费	4319	12.1%
9	其他	614	1.7%
10	合计	35563	100.0%

表4-24　碳成本增加对接收站经营成本的影响　　　　　单位：万元

序号	项目	1年	5年	10年	15年	20年
1	碳成本	260	659	878	1192	1521
2	经营成本（不含碳成本）	29165	35563	35563	35563	35563
3	经营成本（含碳成本）	29425	36222	36441	36754	37086
4=1/3	碳成本占比	0.88%	1.82%	2.41%	3.24%	4.10%

分析表4-24，该LNG接收站运营期间碳成本在经营成本中的占比逐年增大，经营期初（即第1年）在经营成本中的占比仅为0.88%，第10年在经营成本中的占比增至2.41%，经营期末（即第20年）在经营成本中的占比已达到4.10%。可见，随着时间延长，碳成本将对LNG接收站的经营成本产生越来越大的影响，应该给予重视。

（3）碳成本对LNG接收站投资回报的影响

在未考虑碳成本时，LNG接收站在满足8%的全投资内部收益率（税后）时的加工费约为0.2084元/m³；在考虑碳成本时，在上述加工费不变时，LNG接收站全投资内部收益率（税后）降低为7.94%。假设保持8%的全投资内部收益率（税后）不变，那么此时LNG加工费增加至0.2095元/m³，意味着LNG接收站考虑碳排放后，LNG加工费增加了0.53%。

考虑到未来碳排放价格的不确定性，对碳排放价格进行敏感性分析，当碳排放价格在±10%、±20%范围内变化时，计算得到碳排放价格变化时基准收益率（8%）下的LNG加工费，计算结果显示，碳排放价格波动对LNG加工费的影响在±0.1%之间。计算结果如表4-25所示。

表4-25　基准收益率（8%）下碳排放价格对LNG加工费敏感性分析

碳排放价格变化率	基准收益率（8%）下LNG加工费/（元/m³）	影响比率
20%	0.2097	+0.1%
10%	0.2096	+0.05%
0%	0.2095	0
−10%	0.2094	−0.05%
−20%	0.2093	−0.1%

综上所述，碳成本在LNG接收站运营过程中，在经营成本中的占比逐年增大，经营期末在经营成本中的占比可达到4.10%。由此可见，碳成本对LNG接收站项目的经济性产生一定的影响，以项目案例分析，在考虑碳成本时，若加工费不变，那么LNG接收站的全投资内部收益率（税后）由8.00%降低为7.94%；若保持8.00%的全投资内部收益率（税后）不变，那么此时LNG加工费增加了约0.51%，

对LNG接收站经营成本产生影响。

考虑到中国2030年前碳达峰是二氧化碳的达峰，但2060年前要实现的碳中和包括全领域从二氧化碳到全部温室气体的排放。因此，未来伴随"双碳"目标的逐步推进落实，碳成本将对LNG接收站的经营成本产生越来越大的影响，应该给予高度重视并采取必要措施进行碳资产的管理。LNG接收站企业应该高度重视碳排放成本给经营成本带来的影响并采取必要措施进行碳资产的管理。在"双碳"目标新形势下，一是建议对细分行业企业碳排放核算工作做进一步优化，对相关指南和标准开展制定和修订工作，不断完善核算机制，切实满足碳排放管理和市场需求。比如积极参与"碳中和LNG"国际市场减排准则的规范化审定工作，充分发挥该机制的减排作用；二是根据相关方法和标准，对企业、行业现有的碳资产和未来的碳资产进行量化，构建完整的碳减排量监测、报告和核查体系，提高碳资产管理的科学性；三是充分利用市场机制作为解决碳减排的新路径，在国内及国际碳市场中通过交易碳配额授信额度来把握碳排放权的差价套利机会。

4.4.2　碳汇策略

碳汇作为一种从空气中清除二氧化碳的过程、活动、机制，可以抵消碳排放配额的清缴，故碳汇项目可被视为天然气行业中经营主体碳资产之一，其发展策略亦是碳资产管理策略中的重要组分。目前林业碳汇项目是碳汇项目的主要类型，海洋碳汇也在快速发展，有望在未来碳中和愿景下扮演重要角色。下文将重点分析林业碳汇发展策略与海洋碳汇发展策略。

4.4.2.1　林业碳汇发展策略

（1）林业碳汇项目开发方法

开发林业碳汇项目需要按照相关的碳减排量标准与凭证，如中国核证自愿减排量（Chinese Certified Emission Reduction, CCER）、国际核证碳减排标准（Verified Carbon Standard, VCS）、气候社区和生物多样性（Climate, Community, and Biodiversity, CCB）、清洁发展机制（Clean Development Mechanism, CDM）。近年来，CDM国内已基本不再开展，基于VCS开发的自愿减排项目虽然是世界上使用范围最广的自愿减排量审核标准，目前已与CCB通用，但碳排量无法交易。故优先考虑开发CCER林业碳汇项目。

CCER是经主管部门备案、登记的，通过实施项目削减温室气体排放而获得的减排凭证。该凭证是基于CDM模式延伸的中国特色产物，于2014年1月9日首次召开CCER项目备案审核会。2017年3月14日，国家发改委暂停CCER项目备案和减排量备案的审批。2023年10月19日，生态环境部、市场监管总局发布《温室气体自愿减排交易管理办法（试行）》，以鼓励温室气体自愿减排行为，规范全国温室气体自愿减排交易及相关活动。相较于其他的项目，CCER是仅有的可用于抵扣全国碳排放权交易市场中碳配额的项目，根据生态环境部发布的《碳排放权交易管理办法（试行）》（简称《管理办法》）第二十九条规定：重点排放单位每年可以使用CCER抵消碳排放配额的清缴，抵消比例不得超过应清缴碳排放配额的5%。

CCER暂停前林业碳汇在申请项目100个，获国家主管部门备案的15个，分布于8个省、自治区、直辖市，其中3个项目已签发首期减排量。截至2020年11月，国内试点碳市场CCER林业碳汇平均成交价在20元/t以上，总成交量约2.61亿吨。目前《管理办法》已出台，主管部门、项目审定与登记、减排量核查与登记、减排量交易、审定与核查机构管理等内容都较重启前有所变化，预计CCER将于2023年重启，重启后新的细则较以往有哪些变化，目前仍不明朗。

在CCER机制下的林业碳汇项目方法学主要有四类：碳汇造林、竹子造林、森林经营和竹林经营，其中AR-CM-003-V01森林经营碳汇项目方法学、AR-CM-001-V01碳汇造林项目方法学应用范围较广。

（2）林业碳汇项目开发流程与商业模式

CCER开发流程分为项目审定与登记阶段和减排量核查与登记阶段，两个阶段都需要有资质的第三方审定机构进行强硬的核查。其中：在项目审定与登记阶段，项目业主应当按照项目方法学等相关技术规范要求编制项目设计文件，并委托审定与核查机构对项目进行审定，之后项目业主通过注册登记系统公示项目设计文件，而审定与核查机构按照国家有关规定对申请登记的温室气体自愿减排项目的以下事项进行审定，并出具项目审定报告，上传至注册登记系统，此时项目业主方可向注册登记机构申请温室气体自愿减排项目登记，最后注册登记机构对项目业主提交材料的完整性、规范性进行审核，登记审核通过的项目。在减排量核查与登记阶段，经注册登记机构登记的温室气体自愿减排项目可以申请项目减排量登记，项目业主按照项目方法学等相关技术规范要求编制减排量核算报告，并委托审定与核查机构（不得委托对项目进行审定与核查的机构）对减排量进行核查，之后项目业主通过注册登记系统公示减排量核算报告，审定与核查机构对减排量核算报告进行核查，出具并公开减排量核查报告，此时项目业主方可向注册登记机构申请项目减排量登记，最后注册登记机构对项目业主提交的材料进行审核，登记审核通过的项目减排量。

在全国CCER认证重启之前，也可以开展项目的前期工作，如与地方政府签署碳汇开发协议，完成项目设计文件，之后持续跟踪CCER重启时间并接续开展后续项目开发工作，进行项目审定备案及减排量备案工作，以获取CCER认证量并用于后续自愿减排交易。

商业模式方面，参考已有林业碳汇项目的经验，可由多方共同组建碳资产公司作为业主，后按比例进行分成，分成方式既可按碳汇销售收入分，也可直接按碳汇量分，分成比例一般政府占大头，常见的分成比例为政府55%、企业45%，或政府60%、企业40%。

（3）林业碳汇项目成本效益评估

根据对已有碳汇项目规模进行摸排，目前已开发的碳汇项目多为10万亩及以上规模，暂以10万亩（1亩=666.67m²）计，估算碳汇项目成本及收益。

项目成本方面，由于碳汇项目的目标是对区域既有林地过去及未来碳减排量的开发，故项目成本以前期项目开发成本为主，后续碳汇量交易过程中也可能产生少量成本，多数情况下不会再新增林地造林与森林经营的成本。CCER项目开发需投入的前期开发成本，包括咨询开发及第三方审定和第一次监测核查所有费用，包括项目备案阶段与签发阶段，具体成本需视项目复杂程度和规模确定。经初步估算，以目前国内林业碳汇的一般性规模10万亩、20年期计算，碳汇开发项目前期项目开发成本及后期碳汇交易成本加总得到的总成本通常在100万元以内，具体根据项目规模有所浮动。

碳汇收益方面，以开发森林经营碳汇项目为例，碳汇量预计为3～4.5t/(hm²·a)[若为碳汇造林项目，则碳汇量预计为6～10t/(hm²·a)]，10万亩碳汇量约为2万～3万t/a，若按20元/t CCER价格计算，每年碳汇收入约40万～60万元。碳汇项目一般按3～5年为一个计入期，一个计入期收入约为120万～300万元。按现有CCER项目开发原则，计入期一般往前追溯5年（减排量应产生于2020年9月22日之后），往后包含20年，25年总体收入1000万～1500万元。

4.4.2.2　海洋碳汇发展策略

海洋面积占地球表面积的71%，海洋所固定的碳约是陆地生物圈的20倍，是大气的50倍，海洋生态系统每年可捕获的"碳"约占海陆碳汇总和的55%。藻类生长速度是陆地植物的30倍，是碳汇总量最高的生物群落，大型藻类每年合计固碳11亿～13亿t，其中约1.73亿t碳被封存，相当于CO_2 6.34亿t。人工养殖的大型藻类，碳汇能力为每公顷15～20t/a，固碳效率高于任何陆上森林。此外，贝类、微藻同样具有较强的碳汇能力。

近年来海洋碳汇计量方法与交易规则不断完善，福建、海南等省份在海洋碳汇交易实践方面不断取得阶段性成果。

2021年2月自然资源部发布《养殖大型藻类和双壳贝类碳汇计量方法　碳储量变化法》海洋行业标准，规定了基于碳储量变化的并适用于所有海水养殖的大型藻类和双壳贝类碳汇计量方法，为开展海洋碳汇提供了计量标准。

2021年8月，全国首个海洋碳汇交易服务平台于厦门产权交易中心成立，与国内海洋碳汇领域的院士团队合作，将有序开发海洋碳汇方法学体系，创新开展海洋碳汇交易。2022年1月，福建省福州市连江县通过厦门产权交易中心，实现了本县15000t海水养殖渔业项目海洋碳汇交易，交易总额为12万元，该项目的核查报告由自然资源部下属海洋研究所出具，是全国首宗海洋渔业碳汇交易。2022年3月由中国绿色碳汇基金会陵水碳汇专项基金与保护国际基金会共同支持开发的海南省首个"蓝碳"项目——海南陵水红树林碳汇项目，在陵水县顺利通过第三方现场审定核查，经初步预估，该项目在30年的计入期内预计能产生74179t二氧化碳减排量，并有望在2022当年实现第一期减排量签发。2022年6月，莆田市秀屿区依托海峡资源环境交易中心完成了全国首例双壳贝类海洋渔业碳汇交易。2022年7月，海南省自然资源和规划厅出台《海南省海洋生态系统碳汇试点工作方案（2022—2024年）》，要求以试点项目为切入点对海洋生态系统碳汇资源进行调查、评估、保护和修复，以更好地开展海洋生态系统碳汇的巩固提升、模式创新、价值实现。2022年12月，海南省临高县5174亩红树林碳汇项目签署了价值保险合作协议，并完成了15万元的碳汇交易。2023年2月，全国首单蓝碳拍卖交易在浙江省宁波市象山县最终落槌，本次拍卖的是西沪港渔业一年的碳汇量，总计约2340.1t，起拍价为30元/t，由浙江易锻精密机械有限公司以106元/t的单价、24.8万余元的总成交价竞拍成功。2023年3月，浙江省发改委发布《浙江省海洋碳汇能力提升指导意见》，提出到2025年，海洋碳汇基础研究和监测体系基本建立，以碳汇巩固提升为导向的海洋生态保护修复工作体系基本构建，融合发展初显成效，价值多元转化途径初步探索，试点建设取得突破。

基于此提出海洋碳汇发展策略：

① 由于近海海域已接近饱和，海洋碳汇的发展趋势是深远海的机械化、平台化规模养殖，并且可利用迎流面经风电桩基和搬迁使平台产生营养盐丰富的上升流这一特点，与海上风电共同开发。

② 结合已出台的海洋碳汇国家标准，与相关领域的高校及研究所开展海洋碳汇与藻类工程的交流合作，探索传统筏式养殖、海洋牧场、微藻生物质能碳捕集与封存（BECCS）是否存在经济可行的技术路径，同时跟踪第三代生物质燃料动态。

③ 相较于CCS与生物质气项目，海洋碳汇项目的前期投入少、灵活性强、实现盈利的可能性更高，便于根据当年碳配额以较低成本灵活配置海洋碳汇规模。

4.4.3 碳履约与碳交易策略

实施碳资产管埋最基本的要求是完成企业的碳履约目标，在此基础上，企业通过在碳市场进行碳资产的交易，能够帮助企业实现碳履约目标，并获得碳资产运营收益。

4.4.3.1　碳履约

碳履约是指在全国碳市场及九个试点交易市场中，由国家或试点省市分配给控排企业在指定时间（一般为一年，个别省市二年）内的碳排放额度清缴程序。控排企业的碳履约策略涵盖了履约步骤、履约方式、履约期限、履约策略、履约风险控制等方面。

（1）碳履约步骤

目前，控排企业碳履约主要按照注册账户、配额预分配与最终分配、碳交易、履约、配额结转五大步骤。

① 注册账户　全国碳市场和九大地方碳市场开户方式有所差异，但大体可依照如下方式注册账户。a.预提交开户申请表。企业登录目标碳市场的碳排放权交易中心网站，填写开户申请表后将其打印盖章并发送至邮箱。b.办理开户手续。企业将相关证照提交至当地碳排放权交易中心开户。c.完成开户。工作人员对资料进行初审，审核通过即完成开户。d.开立结算账户。指定结算银行，开立银行资金结算账户。

② 配额预分配与最终分配　根据生态环境部《2021、2022年度全国碳排放权交易配额总量设定与分配实施方案（发电行业）》（征求意见稿），省级生态环境主管部门按照本方案规定的核算方法，确定各机组2021、2022年度预分配配额量（预配额量一般为前一履约年度配额量的70%），并将预分配配额相关数据告知重点排放单位。全国碳排放权注册登记系统管理机构核对预分配相关数据表，并将预分配配额发放至重点排放单位账户。随后经省级生态环境主管部门最终审定，基于预分配配额量，按照多退少补的原则，进行最终的配额发放工作。

③ 碳交易　获得碳配额后，企业履约期内预估的实际碳排放量若与碳排放额度不符，就可通过碳市场进行碳配额的交易。若企业实际碳排放量低于碳排放额度，可将多余额度卖出，获得交易收益；若企业实际碳排放量高于碳排放额度，则需在碳市场择机购买所缺额度，为顺利履约奠定基础。

④ 履约　履约期结束后，第三方核查机构对重点排放单位进行审核，将其实际二氧化碳排放量与所获得的配额进行比较，配额不足者则必须在市场上购买配额。

⑤ 配额结转　若控排企业在履约期结束后配额有剩余，结转下一年使用。目前全国碳市场对结转后年度分配方案没有明确规定，广东碳市场规定结转后的配额每年只能解冻1/3。

（2）碳履约方式

① 技术减排　若控排企业获得的碳配额小于履约期内预计的碳排放量，而技术节能更新的成本小于在改造技术淘汰前需要多购买的碳配额的成本，企业就可以通过技术改造的方式降低生产设备的排放水平，从源头促进自身减排。但技术改造不能无限降低碳排放水平，碳排放水平下降到一定程度后再进行技术改造，其成本将大于获得的收益，则控排企业将不会再进行技术改造。

② 购买配额　控排企业可以在碳市场从其他配额所有者手中购买配额，增加自身配额量，使之满足自身排放量的要求。这种方式虽然是三种方式中成本最高的，但碳市场对重点排放单位购买配额量未设置上限，在不计较成本和市场上有充足的待售配额的情况下，重点排放单位可以完全通过购买配额满足自身排放量需求，达到完成配额履约的目的。

③ CCER 抵扣　控排企业可以通过创造或购买 CCER，完成一定比例的碳配额抵扣。在全国碳市场，控排企业每年可使用 CCER 抵减 5% 的碳排放配额，在地方碳市场，控排企业每年可使用 CCER 抵减 3% ～ 10% 的碳排放配额，在抵减范围内 CCER 可 1：1 替代碳配额。

（3）碳履约期限

履约期限是控排企业进行碳履约必须考量的因素。目前，全国碳市场和地方试点碳市场的履约期安排一般以一个整年度为一周期。以 2021 年为例，全国及各地方碳市场碳履约周期的起止时间均为 2021 年 1 月 1 日～ 2021 年 12 月 31 日。履约期限是各碳市场在履约期前就确定好的，通常在履约期后一年度内（全国碳市场除外），因为在一个年度履约周期结束后，碳市场主管机构须在一定时间内完成对控排企业年度内碳排放数据的核查工作，随后控排企业根据差额完成履约。特别的是，如果碳市场在履约期限前无法完成履约，则可能将履约期限向后延伸。

履约期内各市场企业行动规律基本一致，即临近履约期限碳配额交易十分活跃，碳配额价格持续上升，增加了企业的排放成本。为控制碳价上升引发的额外成本，企业应在未临近履约期时就合理估算期限内碳排放量，测算出既有碳配额与预计碳排放量之间的差额，在碳配额价格较低时进行买入（表 4-26）。

表 4-26　近年各碳市场履约期限

碳市场	履约期限
全国	2023 年 12 月 31 日
深圳	2022 年 8 月 30 日
北京	2022 年 11 月 30 日
天津	2022 年 8 月 10 日

续表

碳市场	履约期限
广州	2022年8月10日
湖北	2021年5月31日
重庆	2022年1月31日
福建	2021年12月15日
上海	2021年9月30日

（4）企业碳履约策略

由于控排企业所处行业、节能减排意愿不同，所采取的碳履约策略亦不尽相同，但总体来看大致可选择节省成本法、临期调整法两种碳履约策略。

① 节省成本法　由于临近履约期末市场碳价高企，为了控制企业排放成本，企业首先会衡量用技术改造的方式降低碳排放量的经济性，若技术改造的成本低于技术存续期间企业少负担的碳成本，则企业应通过技术改造的方式从生产端控制设备的排放水平，在源头促进减排。剩余碳排放量，先使用价格较低的CCER抵减规定额度范围的碳排放量，抵减后剩余的碳排放量，企业需安排专业为经济、金融的人才随时跟进碳市场状况，每天盯盘，对碳市场价格走势进行分析、预测，在价格较低时购买所需碳配额，满足碳履约要求。此种碳履约策略能够有效降低企业购买碳配额的成本，但需要企业具有一定的碳资产交易、管理经验。

② 临期调整法　若企业碳资产交易、管理经验暂不成熟，或不希望因为碳履约耗费太多人力成本，则可选择临期调整法。此方法仅需在临近履约期末时，企业先用CCER抵减碳配额，剩余缺失部分直接通过碳市场购买。由于临近履约期末控排企业均存在补齐缺失碳配额的需求，致使碳市场交易活跃，碳价随之上升，致使企业碳履约成本升高。但此方法降低了企业在日常经营中对碳资产的操作步骤和次数，节省了碳履约人力成本，在一定程度上能够避免人为操作风险导致的企业碳履约风险。

（5）碳履约风险控制

若履约期结束，控排企业已有配额量与CCER之和低于经审核的实际碳排放量，企业将面临不能完成履约任务的风险，即碳履约风险。若控排企业面临碳履约风险，会产生额外的履约成本。监管部门对于未按时履约的企业，制定了一系列惩罚措施，处罚方式主要以罚款为主，此外还包括不能享受政府优惠政策、计入其社会诚信体系和绩效考核体系等。碳履约风险不仅会增加企业的财务成本，也会对企业的社会形象、商业信用产生不利影响。

控排企业应对所面临的碳履约风险进行充分控制，避免其带来的诸多不利影响。一方面，建立统一的碳管理信息平台。控排单位的碳排放核算、碳配额管理、年度履约、碳配额交易等环节涉及的信息量非常大，建议企业建立统一的碳管理信息平台，方便企业高效率、最优化处理碳排放相关数据。另一方面，强化碳履约风险预警机制。目前大多数碳履约风险预警机制的研究是基于宏观系统性风险角度，包括对碳价、政策风险的分析等，建议企业增加针对微观角度的碳履约风险预警机制。企业应配备专业碳资产管理人员，充分正确评估企业内部的碳履约风险，并结合相关政策调整碳履约风险管理方案，并实时对风险进行动态评估和监控，在风险来临前及时发出预警信号，以便及时做出应对措施。

（6）企业碳履约案例

① 中国石化　中国石化主要通过节省成本+临期调整相结合的方式实现碳履约策略。

a. 绿色技术研究及减排行动。在日常生产过程中，中国石化持续开展绿色技术研究，包括碳捕集、碳矿化、产品碳足迹、生物航煤、生物柴油、地热利用技术等。通过完善绿色技术进而开展减排行动，淘汰落后产能、充分利用低温余热、发展地热产业、开发非常规油气资源、开发利用太阳能、建设CO_2捕集示范装置等。通过开展绿色技术研究和减排行动，可以从源头持续减少企业碳排放，在一定程度上节省了购买碳配额的成本。

b. CCER项目开发。中国石化充分利用开采区域开发林场，实现CCER项目开发。中国石化在胜利油田所属胜大生态林场开展林业碳汇CCER项目，在北京绿色交易所的支持下，核查胜大生态林场产生的碳汇量，抵消油田在生产中产生的碳排放量，胜大生态林场成为中国石化首个"碳中和"示范林，助力中国石化胜利油田向低碳发展目标迈出了坚实的一步。

c. 参与碳交易。在采取技术减排和CCER项目开发后，剩余的碳配额缺口由中国石化通过参与碳交易的方式实现，在碳交易的过程中中国石化积极制定交易策略，在保证企业碳配额缺口能够恰当抵消的情况下节省成本。

② 中化集团　为了更好实现碳履约，中化集团成立中化能科碳资产运营有限公司，为集团整体碳履约提供服务。中化能科碳资产运营有限公司采用节省成本法和临期调整法相机抉择的方式帮助集团实现碳履约。

a. 技术减排。公司积极开拓新能源业务，在具备条件的油站、油库建设了光伏发电设施，发电量除了自用还可将结余电量并网交易，实现低碳用能、节能增效；与国家电网等企业建立合作关系，尝试在部分加油站加装充电设施，探索电动车服务模式；积极探索电动车换电、电池运营、工业储能等新能源业务发展路径。

b. 参与碳交易。公司持续为集团提供专业碳资产运营业务，在提供碳盘查、履约、低碳解决方案等专业服务的同时，深入研究国内及国际碳市场，持续开展碳排放配额、自愿减排项目开发及交易，助力集团实现碳履约。

③ 中铝集团　中铝集团成立中铝环保节能集团有限公司，采用偏向临期调整的碳履约的方式，为集团碳履约提供服务。

中铝环保节能集团有限公司负责中铝集团的碳排放交易管理，包括碳资产经营管理模式创新研究，提出成立碳资产经营管理公司的有关方案，服务中铝集团重点排放企业的碳排放数据盘查、核算及履约工作，参与全国碳市场交易等，帮助中铝集团实现碳履约。

④ 南方航空　在航空企业不存在大规模技术减排空间的前提下，南方航空着力于在碳交易市场节省成本。2017年，南方航空参与碳交易试点建设，碳排放配额仍有7万～8万t缺口，南方航空花费100多万元在碳交易市场购买配额。为了实现碳交易高效管理，南方航空组建碳管理团队，积极研究碳市场变化规律，在价格较低时购买碳配额，为企业节省成本。

4.4.3.2　碳交易

碳交易是企业实现碳履约的重要手段，完善的碳交易策略不仅能够通过碳现货交易使企业达成既定的碳排放目标、降低碳排放成本，还能通过碳衍生品交易等方式获得碳资产的投资收益。

（1）碳配额现货交易

碳配额现货交易指为了达到既定的碳排放目标，控排企业在碳市场参与碳排放配额（CEA）及中国核证自愿减排量（CCER）交易，这是碳市场最基础的交易方式。

① 确定交易额度　在一个碳排放期限内，政府会分配给控排企业既定数量的碳配额，企业在业务运营期间，应持续监测排放数据，制定企业的碳排放策略，预计企业期间内碳排放量，测算企业碳配额盈余或缺口，根据企业的实际需要储备用于履约的CCER和配额。

② 把握交易时点　目前我国碳市场价格波动较大，由于参与主体较少、机制仍需完善等因素，还未能起到较好的价格发现功能。一般来说，越临近履约期，碳市场价格水平越高。为了节省碳排放成本，控排企业应寻找价格波动规律，合理安排碳交易时点。

如果控排企业存在配额缺口，可以综合考量碳交易市场的供求、历史价格波动规律、政策等因素，进行价格预测，在价格低位买入所缺数量的CCER和配额。值得注意的是，CCER价格一般为碳配额价格的50%～70%，控排企业每年可使用CCER抵减3%～10%的碳排放配额，在抵减范围内CCER可1：1替代碳配额，因此CCER应是企业首选的碳交易资产，超出递减范围的部分再购买碳配额。

如果控排企业存在碳配额盈余，可选择结转或在临近履约期价格高位时出售。为了防止往后年度碳配额不足产生的处罚和负面影响，目前碳市场各控排企业存在碳配额"惜售"现象，进一步推高了碳市场价格水平。若企业希望回笼财务资金，可趁势在价格高位出售；若企业预测到今后碳排放量可能上升，则应将富余的碳配额结转至以后年度。

③ 选择交易主体　控排企业碳配额交易主体可以是企业实际产生碳排放的分公司、企业内部专门的财务投资公司、第三方咨询机构。

选择实际产生碳排放的分公司自身作为交易主体是最基础的方式，分公司能够更明晰地了解今后的碳排放量，但碳交易是一项专业性很强的金融业务，分公司需要配备专业的人才队伍进行碳交易。

实际产生碳排放的分公司可委托企业内部专门的财务投资公司作为交易主体，财务公司往往配备了专业的金融人才，能够对交易的时点、风险、收益进行综合考量，所需交易的碳排放额度也能从排放企业直接获取。但财务公司与排放企业之间如何划分碳交易的损益需要明确，会计账面如何处理也是值得双方商榷的问题。

碳排放企业也可选择第三方咨询机构代为进行碳交易。第三方咨询机构往往具有较成熟的碳交易策略，能够出具重点排放单位节能减排潜力及成本分析报告，助力控排企业更有效率地进行碳交易活动。但这种方式将每年支付第三方咨询机构一定的咨询费，增加了企业的财务压力，长期委托咨询机构也不利于企业内部碳交易业务板块的发展。

（2）碳配额衍生品交易

碳配额衍生品交易主要包括碳远期、碳期货、碳期权交易等，主要目的是套期保值防止一定期限内碳价波动带来的风险，以及通过期限运作投机、套利等。国外碳配额衍生品交易发展较为成熟，目前我国尚未开展此项业务。2022年8月2日，广东省地方金融监督管理局印发《关于完善期现货联动市场体系　推动实体经济高质量发展实施方案》，明确将支持碳排放权期货品种在广州期货交易所上市，未来我国碳配额衍生品交易的规模和种类将逐步扩大。

① 碳远期　碳远期交易是指交易双方约定在将来某个确定的时间以某个确定的价格购买或者出售一定数量的碳配额，避免了未来价格波动带来的风险。碳远期一般在场外进行，碳远期合约属于非标准化的合约，存在一定的交易风险。

② 碳期货　碳期货的交易逻辑与碳远期完全相同，但碳期货一般在场内交易，合约是标准化的合约，以期货交易所为依托，信用风险较小。

③ 碳期权　碳期权是指在碳期货交易的基础上，增加了买方是否行权的权利。碳远期、期货无论未来价格如何变动，买卖双方都应履行合约进行交易，而碳期

权的买方可以在价格不合适时选择不行权，限制了买方在碳价低于约定价格时仍要交易的损失，而在碳价上涨时可以获得无限的收益。因此碳期权是买方收益无限、风险有限，卖方风险无限、收益有限的合约。

国外碳配额衍生品交易发展较为成熟，依托传统金融市场的优势，欧盟碳排放权交易体系在建立伊始就引入了碳金融衍生品，是目前全球规模最大、覆盖面最广、最有代表性的碳金融市场，涵盖碳远期、碳期货、碳期权，碳期货的交易规模占欧盟碳市场80%以上，也是目前世界上规模最大、运行时间最长的碳期货交易市场。美国区域温室气体减排行动均涵盖碳远期、碳期货、碳期权。英国全国碳交易市场等碳市场均涵盖碳期货、碳期权。新西兰碳市场只涵盖碳远期。三种碳配额衍生品交易对比见表4-27。

表4-27　三种碳配额衍生品交易对比

碳衍生产品	欧盟碳排放权交易体系	美国区域温室气体减排行动	英国全国碳交易市场	新西兰碳市场
碳远期	√	√		√
碳期货	√	√	√	
碳期权	√	√	√	

4.5　碳核查趋势及应对

真实准确有效的碳排放数据，是碳排放配额分配的重要依据。碳核查作为检验碳排放数据的重要环节，是企业准确核算碳排放的保障。与国外的碳核查工作相比，我国在核查标准、计算方法、监测技术等方面仍存差距，未来仍需向标准化、智能化方向发展。因天然气产业排放环节较复杂，碳核查工作的转型可能较其他行业面临更多挑战，未来应持续完善天然气行业排放标准、投入天然气行业各环节连续监测方法与设备研发、提高采集环节信息化程度，最终建立天然气行业全生命周期排放核算管理系统。

4.5.1　碳核查行业发展现状及趋势

广义的碳排放核查是以企业或集团为单位，计算企业在生产活动中各环节直接或间接排放的温室气体总量，编制成一份温室气体排放清单，形成企业碳排放报告的工作。目前的语境下，碳核查工作多指在相关标准的指引下，第三方机构客观审查企业碳排放情况的过程。规范且有监督的核查是建立碳排放权交易市场的基础，也是碳交易市场有效运行的保障。

2005年CDM确立以来，中国的碳核查行业进入了发展的快车道，企业发现碳减排项目的开发可为企业带来盈利，因而诸多CDM项目的开发推动了碳核查业务的发展。而后随着2009年哥本哈根大会未明确发达国家的减排目标，全球气候治理与CDM项目的开发蒙上了一层不确定性，CDM项目热度不及之前。随后，碳核查行业又经历了CCER的启动与关停等事件，碳核查业务热度起起落落。直至2020年"双碳"目标公布，中国碳核查机构再次呈井喷式发展，相关标准也逐渐建立完善，但与国外先进碳核查行业相比存在一定差距。

与国外碳核查工作相比，中国目前的碳核查行业在技术层面仍存在标准不全、数据质量不高、信息化智能化水平较低等问题。

① 标准方面　目前碳核算工作多数借鉴联合国政府间气候变化专门委员会（IPCC）的核算方法与准则，但由于各地实际条件不同造成针对性和精确性较差。对于碳排放量大多根据排放因子开展核算，面向化石燃料燃烧排放，排放因子可使用自测值或标准提供的缺省值（即默认值，指事先给定的参数），在具体场景下的标准排放因子测定仍需要大量的工作。

② 数据质量方面　2022年3月，生态环境部公布了中碳能投等机构碳排放报告数据弄虚作假等典型问题案例，受到多方关注。部分企业存在伪造编造检测报告、伪造编造自有化验室的元素碳检测原始数据以及系统性编造数据等违法行为，类似的行为较为隐匿，第三方核查机构难以对材料的真实性开展深入的甄别活动。针对数据质量问题，外国碳核查行业正通过增加数据源等形式从侧面对数据质量进行多次检验。如，英国商业能源与工业战略部定期通过大气测量和反演模型相结合对碳排放清单进行外部验证，及时查找和减少核算误差。类似的方法在中国尚没有大规模推广。

③ 信息化智能化水平方面　我国目前主要采用核算法来量化碳排放数据，并先后发布了电力、钢铁、水泥等24个重点行业企业的碳排放核算方法指南。相比于核算法，通过智能设备实现连续监测的方法可避免核算过程人为因素干扰造成的数据失真，而其目前在国内尚未实现大规模应用。而近年来，美欧国家已经开始重视碳数据的准确性，逐步采用直接测量和间接核算相结合的方法。例如，欧盟为欧洲全部大型火电厂和部分小型机组装备 CO_2 浓度测量装置和烟气流量计，对温室气体进行直接测定。美国《温室气体排放报告强制条例》规定，所有年排放超过2.5万t二氧化碳当量的排放源必须全部安装连续排放监测系统（CEMs），并将数据在线上报美国环保署。

随着数字化转型的深入，中国的碳排放核查将朝着标准化、信息化采集、智能化监测的方向发展。2021年9月，生态环境部发布的《碳监测评估试点工作方案》提出，聚焦区域、城市和重点行业三个层面，开展碳监测评估试点，到2022年底，探索建立碳监测评估技术方法体系，发挥示范效应，为应对气候变化工作提供监测支撑。2022年10月，市场监管总局等部门联合发布《建立健全碳达峰碳中和标准计量体系实施方案》，提出"新建或改造不少于200项计量基准、计量标准；加强碳计量监测设备和校准设备的研制与应用，推动相关计量器具的智能化、数字化、网络化"。

4.5.2　天然气行业碳核查发展趋势及应对策略

作为能源生产与利用的重点行业，天然气行业是节能减排的重点领域，也是碳核查的重要对象。因天然气行业涉及环节较多且排放过程复杂，碳核查工作的标准化、智能化发展可能较其他行业面临更多挑战。本节将对标电力行业，分析天然气行业在未来碳核查过程中可能面临的挑战及其应对策略。

① 天然气行业排放核查标准尚不完善，实测排放因子应用较少，缺省排放因子亟待更新。目前天然气产业链各环节中存在全文标准的仅有上游生产过程，可参考标准为《中国石油天然气生产企业温室气体排放核算方法与报告指南（试行）》。对于液化天然气进/出口站、地下储气库等环节，均缺乏相关标准。此外，天然气上游生产的过程中的开采、净化、储运等环节使用的排放因子也多为缺省值，少有企业采用实测值，而目前标准中的缺省值来源为2005年中国温室气体清单研究，亟待更新。与之相比，电力行业的排放核查标准已较完整，除2013年发布的《中国发电企业温室气体排放核算方法与报告指南（试行）》外，2022年底，生态环境部还发布了《企业温室气体排放核算与报告指南　发电设施》与《企业温室气体排放核查技术指南　发电设施》，及时优化核算方法，更新计算参数，辅以数据质量控制计划。

② 天然气产业链业务环节较多，数据质量管理挑战性大。天然气产业链涉及勘探、开采、净化、液化、运输、下游利用等多个环节，要对整个过程中的排放进行碳核查将涉及数十个排放过程，即使是同一行业的不同企业也会由于工艺生产过程不同存在明显差异，使用一样的排放因子进行核算会导致较大误差，易出现参数选用和统计计算错误，甚至虚报、篡改数据等现象，对数据的质量管理水平要求较高。而碳核查较成熟的电力行业的排放来源较集中，排放源仅包括化石燃料燃烧产生的二氧化碳排放、购入使用电力产生的二氧化碳排放两类，核算流程较简单。

③ 工艺放空、逃逸排放、偶发事故等环节实时监测难度大，难以实现碳排放连续监测。天然气开采中所有设施类型（包括井口装置、单井储油装置、接转站、联合站及天然气开采中的井口装置、集气站、计量/配气站、储气站等）产生的工艺放空与逃逸排放量都较小，现有设备的检出限往往无法满足连续动态检测的需求。此外，偶发的天然事故中的排放监测也十分困难，这是由于天然气爆炸、泄

漏等事故往往会在短时间内带来大量的温室气体排放[1]，目前对于事故火炬温室气体排放中的流量数据仍采取估算的方式，难以对事故发生过程中的排放进行实时监测。而电力行业化石燃料燃烧产生的二氧化碳排放已形成了一套较成熟的燃料元素碳含量的测定标准，很多企业已采用元素碳含量的实测值进行碳核算，比使用缺省值更精准。

为顺应碳核查行业的发展趋势，天然气行业企业应采取如下措施：

① 完善天然气行业碳计量与核查标准体系。规范化的核算标准是碳排放核查的指南针，只有完善天然气行业碳核查标准，才能夯实碳排放监测核算基础。具体来说，应拓宽现有标准覆盖范围，针对工艺类型及对各种核查项目作出详细规定，统一核查标准。在参数测定方面，各企业应尽快完善排放因子测量装备与技术，争取实现自行测定排放因子，相关机构可组织对缺省排放因子进行更新并根据地区差异细化其适用场景，与企业合作建立天然气全生命周期排放核算管理系统。

② 提高采集环节信息化程度，确保源头数据合规真实。天然气产业涉及环节较多，因此可考虑引入信息化系统协助数据在环节之间流动。保障数据源头真实准确地采集和汇报数据，保障数据在上下游不同环节无偏和高效地流动。若进一步考虑引入区块链技术，将传感器等数据采集设备连入区块链，便可在收集数据之后对数据进行加密处理并传输至大数据存储平台，甚至允许数据自动进入碳交易所，后续与配额账户和CCER交易实现无缝衔接。

③ 加大天然气行业各环节连续监测方法与设备研发，提高碳排放实时连续监测能力。为了规避碳排放数据造假，从监测角度，应推进建立直接测量和间接核算相结合的碳排放计量技术体系，保障碳排放计量数据的合规、准确、真实与完整。在天然气领域，可开展天然气（含液化天然气）体积和热值计量测试技术研究，推进综合能源和能效智能感知、采集和监测技术研究和应用，争取在产业各环节建立连续监测体系，形成全生命周期排放核算管理系统。

---

[1] 如2022年9月北溪天然气管道爆炸泄漏，根据丹麦政府提供的官方最坏情况的估计，此次约有7.78亿 m^3 天然气泄漏，或成为人类历史上最大的温室气体排放。

CO₂

碳中和

第 **5** 章

碳成本下天然气与替代能源竞争力分析

5.1 城市燃气竞争力分析

5.2 工业竞争力分析

5.3 发电竞争力分析

5.4 交通竞争力分析

　　"双碳"目标下，我国能源结构调整加速了终端能源消费的转型升级，煤炭碳排放高但经济性仍在，清洁能源规模化发展，在能源结构中的占比逐步增加。在天然气终端消费中，天然气与其他能源的竞争日益凸显，并且天然气在终端消费的竞争力大小影响着天然气消费结构的变化及未来的发展空间。未来随着我国碳市场的逐渐成熟，"碳成本"对天然气终端消费的经济性影响会更加显著。

　　2022年11月，国家发改委发布《关于进一步做好原料用能不纳入能源消费总量控制有关工作的通知》，明确提出"用于生产非能源用途的烯烃、芳烃、炔烃、醇类、合成氨等产品的煤炭、石油、天然气及其制品等，属于原料用能范畴"，因此，天然气化工作为原料用能不纳入碳排放核算，天然气终端消费碳排放主要体现在城市燃气、工业、发电及交通领域。所以，本章分别对考虑碳成本下的城市燃气、工业、发电和交通领域中天然气与替代能源竞争力进行分析。

5.1　城市燃气竞争力分析

5.1.1　城市燃气领域用气现状及特征

　　近年来我国天然气消费快速增长，2022年消费量为3663亿m^3，其中城市燃气领域消费量为1321亿m^3，占比36.06%（图5-1），是天然气最主要的终端消费领域之一。结合我国城市燃气发展趋势分析，一方面我国社会经济快速发展城镇化率持续提高，2020年达到63.89%，另一方面受到环保政策推动，城镇居民用气"煤改气"受到政策大力支持，并且城镇居民用天然气一直属于优先保障的用气范围，

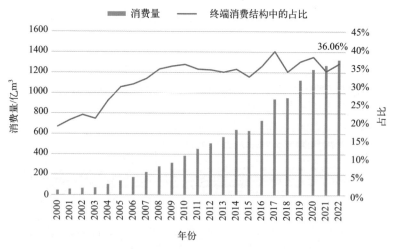

图5-1　城市燃气消费量及在终端消费结构中的占比

城镇天然气渗透率近年来快速上升，城市天然气用气人口持续增长，由2015年的2.86亿增长至2020年的4.13亿。同时，我国天然气行业发展迅速，天然气供应能力不断增长，促进人均消费水平增长，进一步推动城市燃气领域天然气消费量不断增长。

5.1.2　考虑碳成本的城市燃气天然气竞争力分析

城市燃气作为我国天然气主要消费领域，主要包括城镇居民和商业用气，具体分为居民炊事、家庭采暖、商业餐厨等用气场景。在这些场景，电能是天然气的主要替代能源，两者在功能实现、设备选择等方面均能较好地满足消费者的需要。因此，城市燃气领域的经济性分析主要针对居民炊事用燃气和采暖燃气，以餐饮业为主的商业用气作为燃料与居民用气在经济性分析上具有相似性，比较的替代能源是电能。

5.1.2.1　居民炊事热水和采暖场景

居民用气主要场景主要包括家庭炊事用气和分户式采暖壁挂炉用气。针对以上两种居民用气场景，设计燃气费用的计算模型及居民用气通常情景下的标准算例。

① 居民炊事及热水用能。家庭炊事热水选取适当规格（功率）的家用燃气炉灶和燃气热水器，假设一个家庭（3人）每月天然气消耗情况大概如下：炊事和热水每天使用天然气$0.6 \sim 0.8m^3$；考虑适当用气波动性，每户月燃气消费量约$12 \sim 18m^3$，年度消费量$144 \sim 216m^3$。

② 居民采暖用能。以分户采暖为主要研究对象。区别于集中供暖，分户采暖指家庭用户通过小型供热设备进行取暖，家庭主要取暖供热设备有燃气采暖壁挂炉、电采暖壁挂炉等。

以建筑使用面积/供暖面积$100m^2$的家庭单位为例，使用燃气壁挂炉采暖。假设一个家庭居住面积$100m^2$，分户采暖每天用气量$5 \sim 6m^3$，按一个取暖季120天计算，用气量$600 \sim 720m^3$。按等热值替代，计算替代天然气相应的电能量，如表5-1所示。

表5-1　天然气与电力等热值替代（居民生活用）

项目	炊事热水	分户采暖
天然气消费量	$144 \sim 216m^3$/年	$600 \sim 720m^3$/采暖季
等热值电力消费量	$1506 \sim 2260kW \cdot h$/年	$6280 \sim 7325kW \cdot h$/采暖季

注：1. 天然气热值$9000kcal/m^3$（$1kcal=4.1868kJ$）。

2. 以上测算过程未区分不同灶具和采暖炉的热效率差异，如考虑电力灶具和热水器热效率高于燃气灶具，电力消费量将低于目前的测算值。

3. 比较需要，测算过程采用100%热值替代进行计算。

按照北京市2022年的居民天然气阶梯气价，一般生活用气（炊事、生活热水）按年用气量标准，第一档$0 \sim 350m^3$，2.63元$/m^3$；第二档$350 \sim 500m^3$，2.85元$/$

m^3；第三档500m^3以上，4.25元/m^3。壁挂炉采暖用气三档气价与一般生活用气价格一致，按采暖季用气量分别为第一档0～1500m^3，第二档1500～2500m^3，第三档2500m^3以上。算例天然气价格取第一档2.63元/m^3。

同样，按照北京市2022年的居民生活用阶梯电价，按月用电量标准一档1～240kW·h，0.4883元/(kW·h)；二档241～400kW·h，0.5383元/(kW·h)；三档400kW·h以上，0.7883元/(kW·h)。算例对应天然气价格取第一档0.4883元/(kW·h)。

根据对应的天然气价格和电能价格测算表5-1中天然气和电力的消费支出，如表5-2所示。

表5-2　天然气与电能消费支出（居民生活用）

项目	炊事热水	分户采暖
天然气消费支出	378～568元/年	1578～1841元/采暖季
等热值电力消费支出	735～1103元/年	3066～3576元/采暖季

注：比较需要，测算过程采用100%热值替代进行计算。

根据算例设计的情形，选取北京天然气和电能价格，通过测算明显可知，在天然气与电力等热值替代的情形下，居民炊事热水和分户采暖，使用天然气较使用电能有明显的经济性优势。

5.1.2.2　商业餐饮场景

商业餐厨用的燃气灶具包括燃气灶、燃气蒸柜等。目前商业餐厨大锅灶和中餐炒菜灶各类炉灶以天然气和液化石油气（LPG）为主，部分蒸烤厨具可以选择用电。由于商业餐厨的用气差异较大，因此针对以上商业餐饮用气场景，设计燃气费用的计算模型及通常情景下的标准算例。

假设中等规模4灶餐饮部门用气量32m^3/天，年用气200天，全年用气量6400m^3。假设全部用电能替代，按等热值计算，全年用电量58604kW·h。

按照2022年北京市非居民管道气用户用气价格，采暖季3.22元/m^3，非采暖季2.87元/m^3，北京市电价分为高峰电价与平段电价，考虑商业餐饮用电的时段特点，采用（高峰电价＋平段电价）/2，为1.0301元/(kW·h)，与平时电价基本相当。商业餐饮用户天然气与电能消费支出如表5-3所示。

表5-3　天然气与电能消费支出（商业餐饮用户）

项目	商业餐饮用气量/用电量	费用支出
天然气	6400m^3/年	20608.00元（采暖季）/18368.00元（非采暖季）
等热值电力	66976kW·h/年	68992元/年

注：比较需要，测算过程采用100%热值替代进行计算。

根据算例设计的情形，选取北京市非居民管道气和非居民电价，通过测算明显可知，天然气较电力具有明显的经济性。除经济性外，天然气及电能的其他特点也会对用能选择产生影响，比如，在居民炊事、商业餐饮场景中，天然气大火力加工符合中餐的饮食习惯；而电能厨具在应用便捷性和安全性方面具有优势。

5.1.2.3 考虑碳成本后的经济性变化

城镇居民用户、一般工商业用户作为天然气和电能的终端消费者，将逐步纳入能耗管理和碳排放管理，随着我国碳减排要求的不断提高，终端能源消费用户必然要以一定形式承担相应的碳成本支出。对这两类终端能源消费使用天然气和电能所支付碳成本的比较，主要是基于天然气和电能在终端的碳排放水平的比较，同时考虑未来碳价的变化。

在碳排放水平的计算中，为了更符合终端的消费特点，使用天然气的碳排放，采用燃料含碳量进行计算；使用电能的碳排放，则采用电网的排放因子。

分别以年用气量不同水平的居民用户和商业用户为例，进行终端用户等热值天然气和电能的碳排放比较，见表5-4。

表5-4 终端用户等热值天然气和电能的碳排放比较

年用气量/m³	碳排放量/t	等热值替代电能/（kW·h）	碳排放量/t
300	0.57	3000	1.7
700	1.33	7000	4.067
6000	11.4	60000	34.86
10000	19	100000	58.1

注：天然气二氧化碳排放量1.9kg/m³，电能排放量581g/(kW·h)。

随着碳达峰目标趋近，以及碳达峰后向碳中和目标推进，长期来看我国碳价将呈现明显的上升趋势。根据清华大学张希良教授在2060年实现碳中和的情境下对我国碳价水平的预测[36]，分别选取碳价为300元/t及碳价500元/t两种情况进行分析，使用天然气和电能相应的碳成本如表5-5所示。

表5-5 终端用户碳成本比较

碳价300元/t				碳价500元/t			
用气量/m³	碳成本/元	用电量/（kW·h）	碳成本/元	用气量/m³	碳成本/元	用电量/（kW·h）	碳成本/元
300	171	3000	510	300	285	3000	850
700	399	7000	1220	700	665	7000	2033
6000	3420	60000	10458	6000	5700	60000	17430
10000	5700	100000	17430	10000	9500	100000	29050

可以明显看出，随着碳价的持续增长，终端用户承担的碳成本明显增加，碳成本在用能成本中的比例随之不断增大，因此碳成本的变化将影响终端用户用能选择。

在目前电网的碳排放因子条件下，在等热值情况下，天然气的碳成本显著低于电能。基于上文中居民餐厨热水和商业餐厨的天然气和电能经济性比较，目前天然气较电能有明显的经济性优势，叠加碳成本后，天然气经济性更加突出。但是随着电力结构的低碳化发展，未来终端电能的碳排放量持续下降，或者终端用户有更多机会选择绿色电力，也有助于终端电能碳排放量的下降。两者的碳成本比较将发生变化，终端用户将更加倾向于选择低碳的电力。

5.1.3　城市燃气领域天然气消费的变化趋势

根据城镇居民和商业用户作为能源消费终端使用天然气与电能的经济性对比分析，以及含碳成本的经济性对比分析，总体来看，在该领域天然气将长期具有经济性优势。

根据预测，随着国内经济长期稳定增长，未来我国城镇化水平将进一步提高至75%～80%，城市燃气的渗透率也将进一步提升，因此，城市燃气消费仍有较大提升空间[39]。但由于工业和发电板块用气量增量明显，城市燃气用气量占比将保持在30%左右，到2040年天然气消费量达峰前后，城市燃气领域用气量接近峰值，之后随着碳成本的提升以及终端用户减碳意识的明显增强和我国电能结构的绿色低碳化，城市燃气领域的用户选择电能的意愿将逐步明显，该领域天然气需求量呈下降趋势。

5.2　工业竞争力分析

5.2.1　工业领域用气现状及特征

工业是除城市燃气外天然气另一大终端消费领域。近十年，我国工业用气量平均增速15.6%，高于同期天然气消费总量11.9%的平均增速，是天然气消费增量的主要来源。近几年来，随着宏观经济整体向好，内外需不断增长推动国内生产扩张，以及工业"煤改气"及环保政策的大力推动，工业用气需求进一步得到增长，到2022年，我国工业用气量为1310亿 m³，占天然气消费总量35.8%（图5-2）。

工业用气的主要形式包括锅炉（用于供热）、窑炉（用于炉内燃烧）以及铁还原。其中，以陶瓷、玻璃生产为代表的非金属矿物制品业是工业领域第一大终

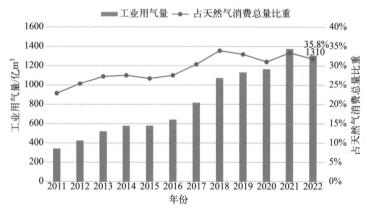

图 5-2　工业用气消费量及在终端消费结构中的占比

数据来源：中国能源统计年鉴、国家发改委

端用气行业。但由于天然气的价格波动性，煤改气对工业行业能源成本的影响较大，其中能源成本占产值更低的行业更有能力承担改造成本，且对天然气价格的变化敏感程度较低。对于已经接受煤改气的陶瓷、玻璃行业，实际燃料成本占总成本30%以上，对天然气价格波动较为敏感，当天然气价格上涨时，部分企业迫于生存压力，会出现煤替天然气的用能情况。但对于医药制造、电子设备等新兴工业产业，正处于行业快速成长期，主要利用天然气生产蒸汽，用于加热生产设备、消毒杀菌等环节，能源成本占1.5%左右，对天然气价格的承受能力较强，尽管总体用气规模较小，但近五年平均增速均保持在25%左右，是工业领域天然气消费终端的黑马行业。而钢铁行业是典型的高能耗、高碳排行业，在清洁能源转换的政策驱动下，钢铁行业产能置换可能直接向电、氢等新能源转换，天然气的应用空间并不明显。

5.2.2　考虑碳成本的工业天然气竞争力分析

陶瓷行业是工业用户中的重点用气行业。2022年，我国陶瓷产量73.1亿m^2，消耗能源4700万tce，其中消耗天然气约100亿m^3，占全国天然气消费总量的3%，占工业用气消费量约8%。且陶瓷行业所用燃料能源经历了煤炭、重油、煤制气、天然气的用能过程，二氧化碳排放量约2亿t/a，占全国总排放量的1.5%～2%。因此，工业领域的经济性分析主要以陶瓷行业用能为例，对比分析天然气与替代能源煤和电的经济性。

5.2.2.1　天然气与煤、电经济性对比

陶瓷生产工艺的主要用气环节为球磨制粉、喷雾干燥及一次烧成三项工艺[40]。

随着"煤改气"的深入推进，天然气作为清洁能源替代了一部分传统煤制气，2022年建筑陶瓷窑炉用燃料中天然气占比已达到60%以上。而从经济性上看，通过等热值换算法，按年产量2400t进行计算，在使用煤替代天然气的条件下，其每吨产品的能耗水平为1545.47kg（表5-6）。基于2022年上半年煤价1844元/t、气价3.68元/m³的水平计算，用煤较用气的单位燃料成本可节省约204元，年总成本可节省约50万元。考虑到煤价、气价的波动范围，在气价高于3元/m³时用煤的经济性更优，而当气价降低至2～3元/m³时用气的经济性优势更为显著。

表5-6 陶瓷行业用气与用煤经济性

煤					天然气				
价格/（元/t）	热值/（kJ/kg）	能耗/（kg/t）	单位燃料成本/元	年总成本/万元	价格/（元/m³）	热值/（kJ/m³）	能耗/（m³/t）	单位燃料成本/元	年总成本/万元
2200			3400.0	816.0	4			3320	796.8
1800	20908	1545.47	2781.8	667.6	3	38931	830	2490	597.6
1400			2163.7	519.3	2			1660	398.4

为推进实现"双碳"目标，陶瓷行业用能将继续向低碳、零碳能源转型，电力是替代天然气的优势能源。陶瓷行业中的电力能源应用关键在于窑炉设备的电气化，通过采用电烧辊道窑技术，将烟气量下降80%以上，综合节能可达到20%以上，按80%的绿电比例计算，碳排放量降低约85%。但从经济性上看，电窑炉的经济性要明显低于用气窑炉，用电窑炉的燃料成本约为用气窑炉的两倍（表5-7）。

表5-7 陶瓷行业用气与用电经济性（按年产量2400t计）

电					天然气				
价格/［元/（kW·h）］	热值/［kJ/（kW·h）］	能耗/（kW·h/t）	单位燃料成本/元	年总成本/万元	价格/（元/m³）	热值/（kJ/m³）	能耗/（m³/t）	单位燃料成本/元	年总成本/万元
1.0			8975.8	2154.2	4			3320	796.8
0.6	3600	8975.76	5385.5	1292.5	3	38931	830	2490	597.6
0.4			3590.3	861.7	2			1660	398.4

5.2.2.2 考虑碳成本后的经济性变化

陶瓷企业的二氧化碳排放主要来自化石燃料燃烧产生的排放、生产过程中碳酸盐分解产生的二氧化碳排放以及外购和输出电力、热力产生的排放。仅考虑燃料燃烧过程产生的碳排放差异，利用排放因子法计算不同能源的碳排放量。陶瓷行业主要能源 CO_2 排放因子如表5-8所示。

表5-8 陶瓷行业主要能源 CO_2 排放因子

能源	排放因子	单位
煤	2.953	$t\,CO_2/t$
天然气	2.015	$t\,CO_2/km^3$
电	0.581	$t\,CO_2/(MW \cdot h)$

　　选取2022年上半年各能源市场平均价格进行计算，考虑碳成本的情况下（与城燃领域碳成本参考依据相同），天然气的低碳优势随碳价增长愈发显著。如表5-9所示，在2025年碳价为68元/t时，使用煤作为燃料的经济性仍优于天然气，但差距与不考虑碳成本的情况下相比明显缩小。到2030年碳价增长至104元/t，使用天然气的成本已经低于煤，天然气成为陶瓷企业最优的能源选择。而电力能源由于受到上游供电碳排放较大的影响，在考虑碳成本的情况下并未展现出较好的经济性优势。在碳中和背景下，未来绿电应用比例不断上升，电力能源碳排放系数将呈下降趋势，若应用绿电进行陶瓷生产，电力能源的经济性会有所提升（图5-3）。

表5-9 考虑碳成本的陶瓷企业能源消费经济性（按年产量2400t计）

项目		煤	天然气	电
价格		1844.1元/t	3.68元/m^3	0.6元/（kW·h）
2025年 碳价68元/t	单位燃料成本/元	3160.34	3168.13	5740.07
	年总成本/万元	758.48	760.35	1377.62
2030年 碳价104元/t	单位燃料成本/元	3324.64	3228.33	5927.81
	年总成本/万元	797.91	774.80	1422.67
2040年 碳价287元/t	单位燃料成本/元	4159.81	3534.39	6882.14
	年总成本/万元	998.35	848.25	1651.71

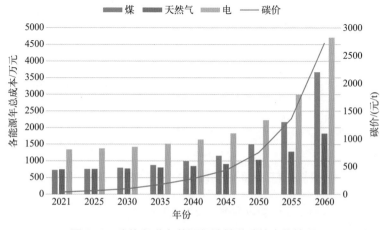

图5-3 陶瓷行业各能源经济性随碳价变化情况

5.2.3　工业领域天然气消费的变化趋势

通过对比陶瓷行业天然气与各燃料能源经济性可以发现，当前陶瓷行业用气经济性不及用煤，但在考虑碳成本的情况下，天然气将在2030年后表现出经济性优势，中短期内天然气消费在工业领域仍然有一定的增长空间。从具体工业行业来看，钢铁行业正处于产能置换阶段，氢冶金技术发展快速，钢铁企业倾向于利用自产焦炉煤气或氢气替代传统生产工艺中的煤，对天然气的消费需求不大；陶瓷、玻璃等行业"煤改气"已完成过半，受制于订单需求与成本价格等因素用气量上升空间有限；而光伏玻璃、电子设备、医药制造等新兴行业对天然气价格敏感性低，且产能处于快速上升期，将成为带动工业用气增长的主要动力。预计2030年以前，工业用气将保持6%～8%的增速稳定增长。

5.3　发电竞争力分析

5.3.1　发电领域用气现状及特征

近年来，我国发电用气量整体呈逐年增长趋势，见图5-4。2022年全年天然气发电用气量为600.3亿 m³，在天然气终端消费领域中占比低于城市燃气和工业用气，为16.39%。

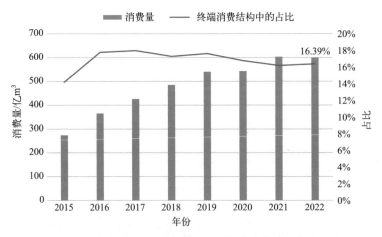

图5-4　天然气发电用气消费量及在终端消费结构中的占比

随着国家相关政策的推动以及燃气发电在环保、调峰等方面的优势显现，近年气电装机容量及增速见图5-5，气电装机在2011～2015年间高速增长，年均增

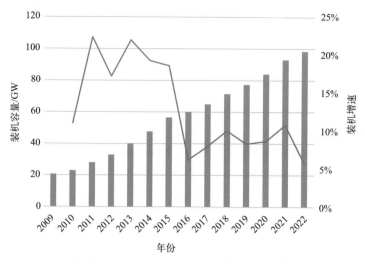

图5-5　2009 ～ 2022年气电装机容量及增速

速达19.87%，2015 ～ 2022年增速有所放缓但仍保持稳定增长，年均增速为8.23%
左右。气电装机由2015年的66.03GW增长至2022年的114.85GW，发电量由2015
年的1669亿千瓦时增长至2022年的2694亿千瓦时，气电装机容量与发电量的增加
推动发电用气领域天然气消费量持续增长。我国总体电源结构见图5-6，气电装机
在装机总量中的占比由2009年的2.75%提升至2022年的4.49%；煤电在装机总量
中的占比呈逐年下降趋势，2009年煤电装机占比超70%，至2020年已降至50%以
下；新能源装机快速增长，2022年风电、光伏装机占比分别达14.28%、15.34%，
电力系统加快向以新能源为主体的新型电力系统转型升级。

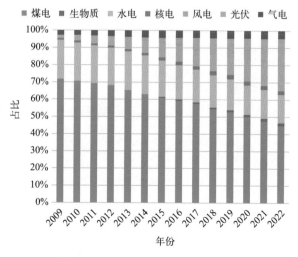

图5-6　2009 ～ 2022年电源结构

5.3.2　考虑碳成本的发电天然气竞争力分析

（1）天然气与煤电、新能源发电的发电成本对比

正常持续运行的天然气发电厂的发电成本主要包含折旧费、燃料费、运行维护费、税金，对电厂相关参数和指标进行确定和假设，构建成本测算模型。根据电力规划设计总院《中国电力发展报告2022》[41]，单位造价取2025元/kW，当气价为2.5元/m³时，利用时间取2600h时，度电成本为0.51元/（kW·h）。当气价为1.5～4元/m³、利用时间为1200～4000h时，气电度电成本为0.34～0.82元/（kW·h）。

燃煤电厂发电成本结构与燃气电厂基本相同，通过成本测算模型，根据电力规划设计总院《中国电力发展报告2022》单位造价取3705元/kW，当煤价为800元/吨时，利用时间取4600h时，度电成本为0.39元/（kW·h）；当煤价为500～1500元/吨、利用时间为4000～5000h时，煤电度电成本为0.29～0.62元/（kW·h）。

新能源发电主要包括风力、光伏发电等，其发电成本主要包含折旧费、运行维护费等。通过成本测算模型，根据电力规划设计总院《中国电力发展报告2022》，陆上风电单位造价为5500～6500元/kW，光伏发电单位造价为3600～3800元/kW，当风力、光伏发电利用时间取2200h、1200h时，计算可得风电度电成本约为0.21元/（kW·h），光伏度电成本约为0.23元/（kW·h）。当风力、光伏发电单位造价为5500～6500元/kW、3600～3800元/kW，利用时间分别为2000～3000h、1000～2000h时，风力、光伏发电度电成本为0.15～0.23元/（kW·h）、0.13～0.27元/（kW·h）。

天然气发电、煤电、新能源发电成本对比如图5-7所示。

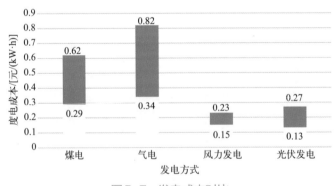

图5-7　发电成本对比

（2）考虑碳成本后的发电成本变化

2021年7月发电行业成为首个纳入全国碳市场配额管理的行业。碳排放配额分

配包括免费分配和有偿分配两种方式。初期以免费分配为主，根据国家要求适时引入有偿分配，并逐步扩大有偿分配比例。引入碳成本对前述成本测算模型进行改进，对不同碳价、不同有偿比例下的度电成本进行测算（碳成本参考依据与城燃领域碳成本参考依据相同）。气电、煤电碳排放相关参数[42]见表5-10。

表5-10 碳排放相关参数

气电碳排放系数/[t/(MW·h)]	不同等级煤电碳排放系数/[t/(MW·h)]		
	300MW等级以上常规燃煤机组	300MW等级及以下常规燃煤机组	燃煤矸石、煤泥、水煤浆等非常规燃煤机组（含燃煤循环流化床机组）
0.393	0.821	0.892	0.9627

数据来源：《2021、2022年度全国碳排放权交易配额总量设定与分配实施方案（发电行业）》。

天然气发电较煤电有明显清洁性，根据《2021、2022年度全国碳排放权交易配额总量设定与分配实施方案（发电行业）》中对煤电和气电碳排放平衡值的测算，气电度电碳排放约为煤电的40%～48%。不同碳成本下煤电、气电度电成本对比如图5-8所示，随着碳价增长和支付碳成本比例增加，煤电度电成本快速增加，当碳价为500元/t、有偿比例50%时气电与煤电度电成本相当。

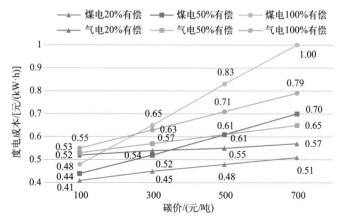

图5-8 不同碳成本下煤电、气电度电成本对比

注：以上测算基于煤价800元/吨，气价为2.5元/m³，煤电利用小时数取2021年平均值4586h，气电利用小时数取2021年平均值2814h

5.3.3 发电领域天然气消费的变化趋势

天然气发电成本受气价及发电时间影响较大，度电成本随气价的上涨而上涨，随运行时间增加而降低。考虑碳成本后，气电相较于煤电经济性改善，且未来以新

能源为主体的新型电力系统的建成，需要天然气发电这样更加清洁低碳、操作灵活的电源，为其提供调峰调频服务，保障大比例可再生能源结构下的电力供应安全，所以未来随着调峰电价的市场化，将会进一步提升燃气电厂的价格竞争力。

根据预测，未来我国气电装机逐年增加，预计到2030年约1.88亿kW，为2020年装机量的两倍；2060年天然气发电装机容量约3.07亿kW，为2020年装机量的三倍。气电在未来电力结构中，将承担更多的调峰、调频等辅助功能，年利用时间逐年下降，且发电量及发电用气需求呈现先增后减的发展趋势，在2045年左右达峰。天然气发电将成为中长期天然气需求增量最大的行业。

5.4 交通竞争力分析

5.4.1 交通领域用气现状及特征

天然气是交通领域的主要燃料之一，受政策和经济支撑等因素影响，交通领域用气量增长快速。2010～2020年，中国交通领域用气量从106.7亿立方米上升至354.29亿m³，年均增长12.8%。2020年，交通领域用气量同比增长3.75%，达到天然气消费总量的10.6%（图5-9）。但由于占据市场较大份额的燃油汽车以及快速发展的新能源汽车的存在，对天然气汽车的发展形成较大挑战，且天然气价格的波动也为其发展带来不确定性，天然气在交通领域的应用仍处于初级阶段。

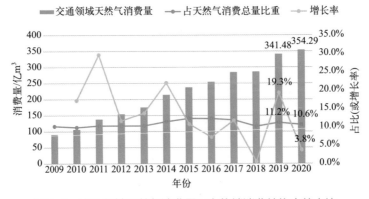

图5-9 交通领域天然气消费量及在终端消费结构中的占比

交通领域中，天然气作为燃料主要应用在船舶和汽车两大板块。LNG船舶的研究应用始于2010年，正处于加速布局期。截至2022年底，国内LNG动力船舶保有量达到约450艘，但在全国水上运输船舶总数中占比仅为0.2%，主要分布在长江、京杭运河及西江等内河流域。相比之下，中国的天然气汽车从20世纪50年代发展至今，已经实现了在全国范围内的广泛应用。2000年以来，随着天然气资源日益充足，天然气汽车也得到快速发展。截至2021年底，我国天然气汽车保有量已达702万辆，同比增长19.0%。2022年受气价高企影响，天然气汽车销量仅5万辆，保有量下降至664万辆，其中CNG与LNG汽车占比分别为87%和13%，CNG汽车逐步被新能源汽车替代，保有量出现下滑趋势，而LNG汽车保有量则在年均增幅32.4%的销量拉动下快速攀升。

5.4.2 考虑碳成本的交通天然气竞争力分析

LNG重卡是天然气在交通领域中最具代表性的应用，是未来交通用气增量的主要来源，也是交通领域实现有效减碳的重要切入点。因此，交通领域的经济性分析主要以重卡用能为例，对比分析天然气与替代能源柴油、电及氢的经济性。

5.4.2.1 天然气与柴油、电和氢经济性对比

燃油重卡是最传统的重卡车型，以柴油为动力来源，主要应用于长途货运，续航里程可达1000km以上。与燃油重卡相比，LNG重卡能够有效降低尾气排放中的二氧化碳、一氧化碳、碳氢化合物以及硫化物等有害物质，具有更强的清洁性。一般情况下，LNG重卡的续航里程达800～1000km，适合公路运输中城际长途客运和货运。

在不考虑基础设施等固定投资成本的条件下，选取总重49吨级重卡为例，假设车辆年行驶里程9万km、年平均运营300天、运营年限为10年，根据全生命周期总成本测算分析LNG与柴油重卡的经济性（表5-11）。当柴油价格为6.8元/L时，柴油重卡全生命周期总成本为276.8万元；当LNG价格在4.8～6.8元/kg波动时，LNG重卡全生命周期总成本为186.9万～248.1万元，LNG重卡经济性显著优于柴油重卡，且表现出油气价差越大经济性优势越强的特征。

表5-11 LNG与柴油重卡经济性比较

柴油					LNG					
价格/(元/L)	油耗/(L/100km)	燃料成本/(元/100km)	购置成本/万元	全生命周期总成本/万元	LNG液厂挂牌价/(元/t)	价格/(元/kg)	气耗/(kg/100km)	燃料成本/(元/100km)	购置成本/万元	全生命周期总成本/万元
6.8	40	272	32	276.8	6500	6.8	34	231.2	40	248.1
					6000	6.3		214.2		232.8
					5500	5.8		197.2		217.5
					3500	4.8		163.2		186.9

目前，电动重卡占我国新能源重卡的市场份额在90%以上。但从车辆性能上看，当前电动重卡主要车型续航极限能够达到500km，大多数车型集中在300km，每次充电时间为1～2h，因此电动重卡在续航能力和充电速度等方面存在较大局限性，主要应用在环卫、建筑等活动范围集中、路线相对固定的中近程运输中，对于需要长途运输的重卡而言，电动重卡并不具有很大的吸引力。

用同样的方法对比LNG重卡与电动重卡经济性（表5-12）。当电价在0.5～1元之间波动时，电动重卡的单位燃料成本为125～250元/100km，全生命周期总成本约为212.5万～325万元。尽管电动重卡的燃料成本低于LNG重卡，但从全生命周期来看，LNG重卡仍然具有经济性优势，当气价为6.8元/kg时，电动重卡只有在电价低于0.6元/（kW·h）时其全生命周期总成本才能低于LNG重卡。

国内燃料电池汽车刚刚起步，仍处于试验或示范运营状态。2021年燃料电池重卡销量只有779辆，虽然同比涨幅高达42.28倍，但占据新能源重卡的份额只有7.46%。燃料电池重卡同时具有燃油车和电动车的优势，有载重效率高、便于长途运输、便于低温启动、补能速度快四大优势，其技术路线更加符合重卡运营的基本要求，有望成为重卡电动化的主要技术路线。但现阶段氢气成本高、基础设施少等因素，使燃料电池重卡在实际应用中的竞争力还不清晰。

根据当前氢能补贴前后价格（补贴前约70元/kg，补贴后约35元/kg），并考虑到未来氢燃料价格仍有50%的成本下降空间，对LNG重卡与氢燃料电池重卡经济性进行对比（表5-13）。从当前水平看，LNG重卡较氢燃料电池重卡有极大的经济性优势，且短期内该优势将继续保持。但随着氢能技术提升与广泛应用，未来车辆购置成本、用氢成本均将大幅降低，氢燃料电池车的经济性也将不断提升，并超过LNG重卡。

5.4.2.2　考虑碳成本后的经济性变化

参考《2006年IPCC国家温室气体清单指南》、《省级温室气体清单编制指南（试行）》及《企业温室气体排放报告核查指南（试行）》中公布的数据，通过计算给出各能源碳排放系数（表5-14），利用排放因子法进行碳排放量核算，并考虑引入碳成本的经济性分析（碳成本参考依据与城燃领域碳成本参考依据相同）。

从表5-15可以看出，即使碳排放增加了传统化石燃料重卡的运营总成本，但LNG重卡仍然表现出较强的经济性优势，全生命周期总成本低于柴油重卡和电动重卡。而2050年以后，氢燃料电池重卡成本下降、碳价大幅上涨等条件推动下，氢燃料电池重卡经济性将更为凸显，并预计在2055年后超过LNG重卡（图5-10）。

表5-12　LNG重卡与电动重卡经济性比较

电动					LNG					
价格/[元/(kW·h)]	电耗/(kW·h/100km)	燃料成本/(元/100km)	购置成本/万元	全生命周期总成本/万元	LNG液厂挂牌价/(元/t)	价格/(元/kg)	气耗/(kg/100km)	燃料成本/(元/100km)	购置成本/万元	全生命周期总成本/万元
1	250	250	100	325	6500	6.8	34	231.2	40	248.1
0.8		200		280	6000	6.3		214.2		232.8
0.6		150		235	5500	5.8		197.2		217.5
0.5		125		212.5	3500	4.8		163.2		186.9

表5-13　LNG重卡与氢燃料电池重卡经济性比较

氢能					LNG					
价格/(元/kg)	气耗/(kg/100km)	燃料成本/(元/100km)	购置成本/万元	全生命周期总成本/万元	LNG液厂挂牌价/(元/t)	价格/(元/kg)	气耗/(kg/100km)	燃料成本/(元/100km)	购置成本/万元	全生命周期总成本/万元
70	11	770	150	843	6500	6.8	34	231.2	40	248.1
35		385		496.5	6000	6.3		214.2		232.8
25		275		397.5	5500	5.8		197.2		217.5
15		165		298.5	3500	4.8		163.2		186.9

表5-14 交通领域各主要能源碳排放系数

能源类型	柴油	LNG	电力	氢
碳排放系数	3.1863kg C/kg	2.4796kg C/kg	0.581kg C/(kW·h)	0kg C/kg

表5-15 考虑碳成本的LNG重卡经济性分析

年份	碳价/(元/t)	LNG 价格/(元/kg)	LNG 年碳排量/t	LNG 年碳成本/元	LNG 全生命周期总成本/万元	柴油 价格/(元/L)	柴油 年碳排量/t	柴油 年碳成本/元	柴油 全生命周期总成本/万元	电力 价格/[元/(kW·h)]	电力 年碳排量/t	电力 年碳成本/元	电力 全生命周期总成本/万元	绿氢 价格/(元/kg)	绿氢 购置成本/万元	绿氢 年碳排量/t	绿氢 年碳成本/元	绿氢 全生命周期总成本/万元
2021	42.85	6.3	75.9	3251.5	236.1	7	96.4	4128.6	288.1	0.6	130.7	5601.8	240.6			0	0	
2025	68			5159.8	238.0			6551.8	290.6			8889.6	243.9	35	150			496.5
2030	104			7891.5	240.7			10020.4	294.0			13595.9	248.6					
2050	751			56985.9	289.8			72358.9	356.4			98178.2	333.2	25	100			347.5

图5-10 碳价变化下各能源重卡经济性变化趋势

5.4.3 交通领域天然气消费的变化趋势

与其他能源相比，天然气在重卡行业具有更强的市场竞争力，未来交通领域用气需求将逐渐向重卡聚焦。目前由于技术和设备上的限制，中短期内天然气将成为柴油重卡的主要替代燃料，需求将进一步扩大。长期来看，随着碳减排要求更加严格，碳成本对汽柴油、天然气等化石燃料的影响更加明显，以及换电站、加氢站等基础设施建设和技术进步带动新能源车型成本下降，低碳的电动重卡、燃料电池重卡的竞争优势将不断提高，应用规模将持续快速增长。在政策和碳减排约束的推动下，氢燃料电池的竞争力将越来越强，在交通领域终端市场的占据能力呈上升趋势。

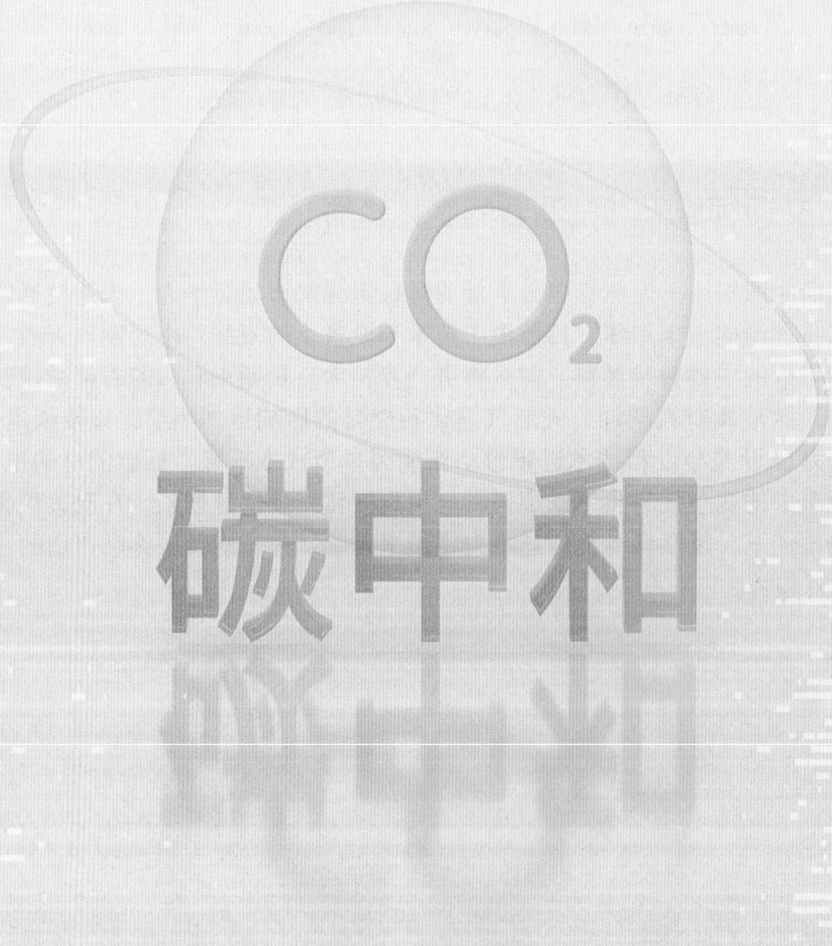
CO_2
碳中和

第 **6** 章

天然气碳中和
新技术新业态

6.1 液化天然气冷能梯级利用

6.2 掺氢燃气发电

6.3 二氧化碳捕集、利用与封存

6.4 生物质能开发、碳捕集与封
存（BECCS）

6.5 天然气分布式与新能源耦
合技术

　　天然气是化石能源中唯一的低碳、清洁能源，具有高效、优质、资源丰富和使用便利的优势，但是要想实现自身的低碳化发展以及在未来碳中和的能源供应场景中获得一席之地，需要不断创新、共享、融合，才能得到可持续发展。其与各类可再生能源可以形成良性互补，是目前最可行、最现实、最能被消费者接受的能源。天然气碳中和是"双碳"目标催生的天然气产业借助产业新技术与其他能源融合发展的新技术形态，也是在能源转型下由天然气产业发展而来的新业态。本章从天然气+冷能、天然气+氢能、天然气+CCUS、天然气+生物质和天然气+新能源几个技术形式展开论述，阐述天然气产业转型升级的融合发展路径。

6.1 液化天然气冷能梯级利用

6.1.1 利用概念

　　理论上来说，1t LNG的冷能转化率如果达到100%相当于240kW·h的电能，冷能回收利用能够节约巨大的电能。LNG冷能利用大致能分成两类。一类是直接利用主要包括：空气分离（空分）、冷能发电、BOG再冷凝、LNG制取液态氢气、二氧化碳低温捕集及液化、液化空气储能、电厂蒸汽轮机进口气冷却、电厂蒸汽机排气冷却、低温粉碎、海水淡化、轻烃分离等。另一类通过换冷站将LNG冷能传递给中间介质，间接使用LNG冷能，主要方式有：低温冷库、冷链物流、低温干燥（如冻干果蔬）、低温制冰、制雪、低温养殖（冷水养鱼）、低温栽培、数据中心供冷等。综合起来，LNG冷能利用方式见图6-1。经过几十年的发展，目前全球冷能利用项目最多、技术最成熟的是冷能空分和冷能发电。

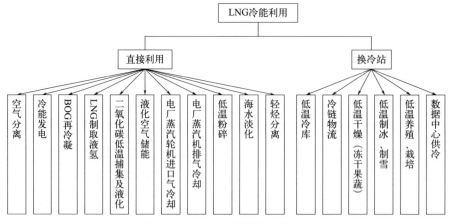

图6-1 LNG冷能利用方式示意

LNG 冷能利用主要是根据温度变化而定，提高LNG冷能温位使用范围的精确度可以增强冷能利用效率，将LNG冷能利用划分为4个温度段，约为-162 ～ -100℃、-100 ～ -70℃、-70 ～ 0℃、0 ～ 40℃。对于不同的气化站LNG冷能梯级利用方式不同，需要充分考虑周围的环境和可利用资源。对于大型气化站，LNG冷能利用第一级为空气分离或液化空气，LNG出口温度约为-100℃；第二级为发电、液态CO_2制取或制干冰，CO_2的液化温度为-70℃，干冰的生成温度为-78.5℃；第三级用于冷库、海水淡化；第四级用于空调系统或者供给管网用户。同时空气分离产生的液氧可以转化为臭氧用于污水处理，液氮可用于冷冻食品、橡胶粉碎、低温干燥。对于中小型气化站，空气分离设备复杂，且中小型气化站气化压力和所需能量小，因此空分不适用于中小型气化站。第一级为发电、液态CO_2制取或制干冰，第二级用于冷库、海水淡化，第三级用于空调系统。对于大型远洋LNG船舶，第一级为发电或船用消防液体CO_2制取，第二级用于冷库、海水淡化，第三级用于空调系统。许多LNG动力船或运输船白天不需要连续供大量的电能，因此LNG冷能梯级利用可以结合储能技术，在用电高峰时释放冷能，在非用电高峰时储存冷能，以平衡能源需求。

以上诸多利用方式中，单一的LNG冷能利用方式对应的温度范围都很窄，如果将LNG冷能单独应用于某个利用方式，可以预见它的能量利用率会很低，这必然会产生大量的能量损失。故而需要将LNG冷能按照温位区间进行梯级利用，LNG冷量的梯级利用可使LNG冷量更进一步利用。

6.1.2　利用技术现状

（1）冷能空分

空分技术经过100余年的发展，现已进入大型全低压流程的阶段，能耗不断降低。大型全低压空分工艺流程由空气压缩、预冷、净化、分离、产品输送等组成。低温精馏法通过结合深冷与精馏来实现O_2与N_2分离［在1个标准大气压（atm，1atm=101325Pa）下，O_2的沸点为-183℃，N_2的沸点为-196℃］，具有工艺成熟、运行安全、操作弹性大、空气分离产品纯度高及回收率高等优点，是目前空气分离领域应用最为广泛的生产技术。由于低温精馏法空气液化或精馏的温度均低于-153℃，因此常规低温精馏空分系统能耗高，若将LNG再气化过程与空气分离系统相结合，利用LNG冷能则可以减少空气分离系统中用于维持低温环境和生产液体产品所需的大量冷能，简化空气分离流程，减少建设费用，缩短空气分离设备启动时间，提高设备的生产效率（图6-2）。

利用LNG冷能的空分装置有以下优点：

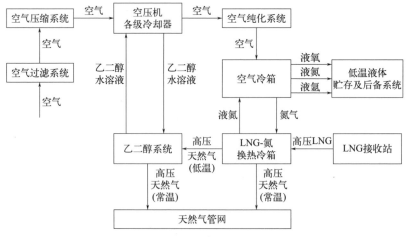

图6-2　冷能空分流程示意

① 空分温度与LNG温度区匹配度高，有效能利用程度高，可以在较低的能耗指标下得到大量的液态产品，节省电耗。传统空分流程的单位液氧耗电量为1.0kW·h/kg，而利用LNG冷能的空分流程的可低至0.4kW·h/kg。

② 可以缩短空分流程的起动时间，因为传统流程靠透平膨胀机产冷，冷能需要逐渐积累，而LNG则可以在瞬间释放出大量高品位的冷能，非常有利于空分系统的稳定性。

③ 系统中氮气内循环系统在比LNG温度更低的工况下提供冷量，满足高压下产品的沸点等工艺要求，同时将LNG与液氧系统分离开，避免工质泄漏可能引起的危险，提高了系统的安全性。

由于以上优势，空气分离已成为LNG冷能利用中最常用的技术之一，被世界多个国家广泛应用。

但冷能空分项目也面临以下挑战：

① 单个冷能空分项目并不能把LNG的冷量"吃干榨净"。LNG经空气分离装置换冷后的温度约-100℃，此时的LNG处于低温状态，仍然含有高品质的冷量，应考虑继续利用剩余的冷能开展下游的其他利用方向。

② 与市场和与大用户的距离对项目经济性影响较大。一方面，LNG接收站大多在远离城市的偏远位置，使冷能利用距离城市和用户较远，会影响项目的经济性。另一方面，接收站附近的土地多为优质的港口工业用地，土地成本高，对项目的经济性有一定影响。

③ 接收站外输负荷的波动制约了项目运行平稳性和利用效率。由于LNG产业下游用气负荷的不均性导致LNG冷量供应的不均性，往往导致空分项目不能"吃饱"，生产频繁启停，冷能利用率降低。

（2）冷能发电

① 冷能发电技术介绍　LNG冷能发电技术可将其中蕴含的20%以上的冷能转化为电能，从世界范围来看，冷能发电是利用LNG冷能最多的方式。目前大部分LNG接收站因考虑冷能发电技术不成熟以及项目收益率的原因，在气化器实际运行时将LNG气化后直接外输，并不对LNG冷能进行回收。近年来对冷能发电系统相关技术经济性研究的深入，为LNG冷能发电在LNG接收站中的实际应用创造了有利条件。采用冷能发电的冷能利用形式具备如下优点：

a. 工艺流程简单、产业链短、易于实施。

b. 冷能发电利用的温位比冷能空分低15℃左右，能更加充分地利用LNG冷能。

c. 系统无其他原料消耗，自能耗小。

d. 以接收站气化器设施为基础建设，增量投资小、占地少。

e. 产品不存在市场距离问题，与其他利用形式相比（如空分），冷能发电产品不需储存、运输问题，选址灵活性高。

f. 产品市场容量不足，风险较小，产生电力可由接收站消纳。

g. 操作弹性好。冷能发电装置基于常规气化器建设，与气化功能互为平衡、备用功能。

② 冷能发电主要技术路径　在目前回收LNG冷能的诸多方法当中，利用LNG冷能发电是应用较多、技术较为成熟的方法。用LNG冷能发电主要是利用LNG的低温冷量使工质液化，而后工质经加热汽化再在燃气轮机中膨胀做功带动发电机发电。主要有直接膨胀法、二次冷媒法、联合法、混合冷媒法和布雷顿循环方法等。

③ 冷能发电技术利用现状　冷能发电技术是一种能够就地消化且受外部条件限制小的冷能利用形式，可将其中蕴含的约20%的冷能转化为电能，且电能又可同时利用到接收站本身的用电需求中，因此冷能与电能的供需匹配度较高。目前日本的冷能发电技术最为成熟，在冷能利用中比例超过70%，已有多处装置在投产运行，其中多数采用了直接膨胀法、朗肯循环法及联合法。

我国的LNG冷能发电技术起步较晚，但近年来已取得大量研究成果，上海LNG接收站、舟山LNG接收站等已陆续开始了中间介质气化器（IFV）冷能发电装置的规划与建设。

目前已认可的冷能发电工艺包括直接膨胀法、二次冷媒法（朗肯循环）、混合冷媒法、联合循环法、布雷顿循环法、燃气轮机利用法及其他组合型工艺。其中直接膨胀法、二次冷媒法、混合冷媒法技术较为成熟，在国外已具有相应投产项目。

每个LNG项目需要根据自身的气化条件，在综合考虑装置发电效率、经济性、气化外输稳定性、系统可控性的前提下，采用最适合的发电方式。

几种冷能发电技术的优缺点及适用性比较如表6-1所示。

表6-1　冷能发电技术比较

发电方法	优点	缺点
直接膨胀法	工艺简单，设备少	冷能利用率低，发电功率小，损失外输压力
二次冷媒法（朗肯循环）	工艺成熟、简单，能耗低，投资小	高于冷凝温度的天然气冷能未能利用，冷能利用率较低
混合冷媒法	实现冷能梯级利用，冷能利用率高	混合冷媒存在不稳定性，存在水蒸气在冷却装置表面冻结的风险
联合循环法	发电效率较高	系统复杂，投资成本高，损失外输压力
布雷顿循环法	发电效率较高	系统复杂，投资成本高
燃气轮机利用法	热效率高	需近距离配套燃气电厂

在现存几种冷能发电技术中，利用二次冷媒法的低温朗肯循环发电装置工艺简单，投资较少，同时朗肯循环中不需外界功输入，减少了系统本身能耗。结合目前我国LNG接收站特点（如外输管网压力较高，普遍在7MPa以上，直接膨胀法和联合法不适用），以IFV装置为基础的低温朗肯循环冷能发电装置，增量投资小，对现阶段我国LNG接收站适用性较强。

（3）液态空气储能

液态空气储能项目属于用户侧储能项目，通过利用弃风弃光电能或电网夜间低谷电驱动压缩单元，冷能资源预冷的低温空气在多级压缩液化后储存于低温储罐，液态空气增压气化产生的高压常温气体驱动透平做功，带动发电机发电并网。在传统电力系统的设计基础上，充分考虑LNG接收站冷能资源，所形成的技术方案可有效提升电力系统灵活调节性和安全可靠性。

液态空气储能项目主要包括净化单元、压缩单元、液化单元、液空存储单元、气化单元和发电单元。

① 储能阶段　电能-液态空气　利用弃风弃光电能或电网夜间低谷电驱动压缩单元，将经过净化单元纯化后并经LNG预冷的低温空气进行多级压缩，高压空气流经液化单元的冷箱中进行多级预冷液化，液化冷量来自液态空气气化存储的冷量，液态空气进一步经过节流降压，以常压低温形态存储于低温储罐中，节流产生的气态空气返流至冷箱中回收剩余冷量。

② 释能阶段　液态空气-电能　液态空气经低温泵增压后，流经气化单元的冷箱中进行多级升温气化，同时将冷量存储于蓄冷器中，气化后的低温高压空气

经常温海水（可选太阳能光热或工业中低温余热）预热后，产生高压常温气体驱动空气透平旋转做功，带动发电机发电并网。

（4）燃气轮机冷能利用

燃气轮机循环电站具有热效率高、环境较友好、启停迅速、运行灵活等优点，得到广泛应用。燃气轮机是定容设备，其性能与其所处的环境温度密切相关。当环境温度升高时空气密度减小，进入压气机和燃气透平的空气质量减少使得燃气轮机的出力下降；环境温度升高还会使压气机的压缩比降低致使燃气透平的做功量减少；环境温度升高的同时压气机的耗功也在增大从而导致燃气轮机的出力进一步下降。通常环境空气温度每升高1K，其输出功率下降接近0.7%～0.9%。高温时段正是电网需要燃气轮机发挥其调峰性能而增加出力的时候，而燃气轮机机组却受到环境温度的影响而出力降低，不能充分发挥其调峰能力，通过冷却燃机压气机进气可以解决此困局。

燃气电厂利用LNG冷能的主要方式有两种，将LNG冷能用于燃气轮机入口空气的冷却和蒸汽轮机排汽的冷却，以达到提高机组出力和循环效率的目的。

燃气轮机的出力与进口空气的质量流量有着密切关系，进口空气的质量流量加大，燃气轮机的出力相应增加，因此进口空气温度直接影响着联合循环电厂的出力大小。例如，印度Dabhol液化天然气/燃气电厂，2台F级大型燃气轮机组成的S209FA联合循环发电机组，国际标准化组织（ISO）设计工况（气温为15℃）为787MW，在大气温度为35℃时出力仅为715MW，将进气冷却到7.2℃，出力达到815MW。考虑机组每年在各个温度点运行的时间，计算出在不同的大气温度点增发的电量，累加出机组全年增发的电量，再计算出投资回报，Dabhol电厂年增发电量达到1.96亿kW·h，投资回收期不到2年。目前世界上利用LNG冷能冷却燃气轮机进气已经投入运行的电厂还有波多黎各EcoElectrica电厂。对于蒸汽轮机排汽冷却方案，通过换热器将LNG气化时释放的冷能传送给海水，获得温度较低的海水，掺入电厂循环水，以降低电厂循环水的温度，从而获得更低的冷凝器真空，降低冷源损失，从而获得额外的汽机出力。因此，可采用不同的冷却介质（水、氟利昂、CO_2、甲醇、乙二醇）通过直接或间接的方法将LNG气化时释放的冷量，用于降低燃气轮机入口空气温度或用来冷却蒸汽轮机的排汽。

一般来说，通过冷却燃气轮机入口空气来提高联合循环出力的方法是受到电厂所在地的气象特征制约的。同时还受机组的年运行时间、LNG接收站气化量、工程实施的具体投资、实际的运行成本等多种因素的影响。如考虑燃机电厂与LNG接收站联合建设、共用公共设施、减少工程总体投资，则可提高经济效益。

该方法适合在常年高温、干燥的地区使用，在此状况下进口空气从30℃冷却到5℃，可增加电厂出力15%左右。燃气轮机的运行方式、年利用时间、当地的气象条件等都对冷能利用产生一定的影响，大型燃气轮机对LNG冷能的利用适用于炎热干燥地区带基本负荷的运行电厂。但在中国北方地区，该方法提高机组出力十分有限。

（5）低温粉碎废旧橡胶

橡胶在冷却至−180℃时将脆化，易于粉碎。利用LNG冷能是把冷能空分生产的−196℃的液氮用于废旧橡胶的粉碎，得到比常温粉碎更细微的粉末，且不存在微粒爆炸和气味污染的问题。利用LNG的冷能在低温下把废旧橡胶粉碎制成精细胶粉，胶粉直接或改性后可用于橡胶塑料制品、化工建材、公路交通等领域，不仅可以替代部分生胶，而且能够提高产品的某些性能，相比传统的常温粉碎生产精细胶粉的方法的能耗更低。

主要工艺流程是先把废橡胶送入液氮冷冻装置中，冷冻到−40℃以下，接着送入粉碎装置冲击粉碎，然后用分离装置筛出金属和纤维，将废胶块送入粉碎装置在冷冻中进行粉碎，再进入流体型粉碎机，在冷冻下细碎。从粗碎机出来的胶粉粒通过低温筛分装置，筛出的粗粒返回粉碎机中继续粉碎。该冷冻粉碎法可获得325目（0.03mm）以下的胶粉。

我国是一个生胶资源相对短缺的国家，几乎每年生胶消耗量的45%左右需要进口，寻找橡胶原料来源及其代用材料是十分迫切的任务。日本政府强制要求废旧轮胎的低温粉碎处理回收，使LNG冷能用于低温粉碎的工程能够实现盈利。而我国尚未形成强制性规定，即使发展低温粉碎，原料的收集、运输等成本也较高，预期经济性不乐观。

（6）冷冻冷藏

传统的大型冷库通常采用数百甚至数千千瓦的压缩制冷装备，消耗大量电能。在一般的食品冷藏中，冷库动力消耗占全厂总耗电量的80%以上。冷冻冷藏项目能耗低、占地少、投资较小、日常维护方便。LNG站和大型冷库基本设在港口附近，所以回收LNG冷能供给冷库是很方便的冷能利用方式。采用LNG的冷能作为冷库的冷源，将主要成分为氨、$CaCl_2$溶液和乙二醇水溶液的载冷剂冷却到一定温度后，其经管道进入冷库、冷藏库，通过冷却盘管释放冷能实现对物品的冷冻冷藏。另外，还可按LNG不同温度梯级，用不同的冷媒进行热交换后分别送入低温冻结库或低温冻结装置，能够提高冷能的利用效率。日本神奈川县根岸LNG接收站的金枪鱼超低温冷库，自1976年开始营业，至今效果良好。我国还没有LNG接收站项目将冷能用于低温冷库项目的应用。

虽然冷库使LNG的冷能几乎无浪费地得以利用，且不用制冷机，节约了大量的投资和运行费用，还可以节约1/3以上的电力。但一般的冷库只需维持在−65 ～

-50℃即可，而将-160℃左右的冷能全部用于冷库是不必要的，应考虑与其他冷能利用项目集成利用。且接收站附近的土地成本高，建设冷库需要的土地面积大，经济性未必乐观。

（7）制取液态二氧化碳和干冰

液体二氧化碳和干冰在工业和饮料食品行业有着广泛的用途。在金属焊接和铸造行业，可明显提高工件质量；在饮料食品行业，可以大幅改善饮料的品质风味。还可用于烟草行业的烟丝膨化、食品保鲜冷冻及食品添加、制药、制糖、印染、制酒、农林园艺、超临界萃取及科学研究等行业。

二氧化碳的液化可通过两种方法：第一种是传统工艺，将二氧化碳压缩至2.5～3.0MPa，再利用制冷设备冷却和液化；第二种是利用LNG冷能的低温液化工艺。通过第二种方法，容易获得冷却和液化二氧化碳所需要的低温，从而将液化装置的工作压力降至0.9MPa左右，不但电耗小（0.2kW·h/m³），而且生产的产品的纯度高（可达99.99%），和传统方法比可节约50%以上的电耗和10%的建设费。

LNG冷能制液体二氧化碳和干冰最大的弊端是液化二氧化碳所需的温度（-60～-50℃）与LNG冷能相差太大，冷能回收率低，只适合与其他回收利用项目联合使用。此外，LNG冷能液体二氧化碳和干冰生产装置需要选择建设在排放大量气态二氧化碳的工厂（如燃气电厂）附近，才能保证原料气态二氧化碳供应充足。

（8）轻烃分离

LNG中不同程度地含有C_{2+}以上的组分。利用LNG的冷量能够以较低的成本将天然气中的轻烃资源分离出来。要实现在LNG接收站高水平的轻烃分离工艺，需要满足以下条件：

① 进口LNG中所含的C_{2+}以上组分的比例具备回收价值，且LNG组分波动不大。

② 天然气管道在比较稳定的高压力下运行。

③ 轻烃分离装置能获得稳定的进料量，维持在较高的运行负荷。

轻烃分离上下游产业配套要求较高，投资较大，局限性较大。

（9）污水处理

冷冻法处理污水是一种新兴的高效污水处理方法，污染物在冷冻过程中会被排斥到冰下水体中，对水体中的污染物起到一定的浓缩作用。但冷冻法存在电耗高、成本偏高的问题。如果能把LNG冷能用于污水处理，有利于降低电耗和处理成本。

还有一种臭氧处理污水的技术。利用液态氧得到高纯度的臭氧，被处理的污水对臭氧的吸收率很高，这种方法与传统的过程相比可以减少约1/3的电力消耗，而且对污水的处理效果好。

目前该技术仅在研究阶段，尚无实施案例。

6.1.3　利用方案实例

某LNG项目冷能综合利用项目方案包括：LNG冷能空分项目、冷能发电项目、换冷站。以换冷站作为二级冷源，根据市场需要为冷库、冰雪世界、冷链物流、液态CO₂或干冰、大数据中心提供不同品质的冷能。具体部署见图6-3。

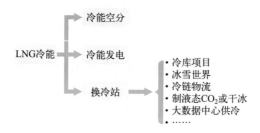

图6-3　LNG冷能综合利用项目方案

（1）冷能空分

根据产品方案的要求，为确保空分装置生产过程长周期安全稳定运行，本项目采用具有国际先进水平的空分技术。包括：TSA变温吸附净化空气、全精馏无氢制氩工艺和LNG冷能利用。

冷能空分工艺系统主要由空压和预冷系统、空气干燥系统、冷却换热和精馏系统、液化系统、贮存运输系统组成。

（2）冷能发电

从发电效率和经济性考虑，冷能发电装置的年运行时间应不小于8000h。以单台冷能发电IFV能力205t/h计算，最大可设置3台冷能发电装置；年运行时间约8505h。按照LNG冷能利用分配，除去冷能空分及换冷站所需LNG冷能外，本项目规划建设2套冷能发电项目，单套装置设计规模为3600kW。

在不同季节不同海水温度进行测算，预计单套冷能发电装置的实际发电功率为1956.7kW，取年平均发电时间335天，扣除装置自用电后的净发电量为1573.1万kW·h。根据历史数据，接收站负荷高于本项目装机容量，因此项目所发电量供接收站自用，采用并网不上网的模式。按照LNG接收站全年用电负荷来看，本装置所发电量接收站内可全部消纳。

（3）换冷站

换冷站项目将为下游低温冷库、冰雪世界等浅冷段用户提供冷能。由于LNG与冷库空气直接换热时温差达160℃，容易造成空气中水蒸气、CO_2等冻结，引起换热器堵塞，需要采用中间介质（冷媒）来进行换热。

LNG从接收站气化器之前的主管道上引出，与冷媒在冷凝器中进行热交换。LNG吸热气化成天然气，经过空气式气化器再次加热至常温后进入外输管网。冷媒在冷凝器内放出热量，由气体凝结成液体，经循环泵输送到冷库内的蒸发器中，吸收库内的热量蒸发成为气体回到冷凝器，从而完成制冷循环。

冷凝器等主要换冷设备设置在LNG接收站内。LNG在站内换热后直接气化进入天然气管道，携带冷能的冷媒通过管道输送到冷库。由于冷媒温度大大高于LNG，管道投资比LNG管道更低，且安全性更高（图6-4）。

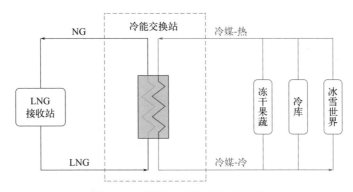

图6-4　换冷站项目冷能交换示意

NG是natural gas的缩写，指的天然气，即液化天然气经冷能交换站释放冷能后转变成的天然气

6.2　掺氢燃气发电

6.2.1　"双碳"背景下掺氢发电的意义

在过去22年中，全球燃机机组的安装数量增加了2倍，燃气发电市场保持持续增长但是增速不高。燃用混氢或者纯氢燃料使新型和现有燃机实现从化石能源向低碳能源过渡，对于燃机的未来市场前景具有重要意义。减少传统发电资产、控制碳排放的愿景推动了可再生能源发电的增长，但是可再生能源发电大量并网存在的一个问题是缺乏可调度性；如果不增加储能或增强灵活性电源发电能力，

可再生能源的增加会给电网造成压力。可再生能源快速发展时期，天然气发电作为调峰电源仍有较大发展空间，氢灵活存储及输送技术将会得到大力发展，为大功率工业燃机提供氢燃料，氢燃料燃机燃烧时不会产生任何碳排放，将是火力发电技术的重要发展方向。

　　储存波动的可再生能源是能源转型的主要挑战之一。可利用剩余的电力电解水生产氢气，从而将"绿氢"存储起来，并在后续需要用电的时候使用基于氢燃料燃机的燃气蒸汽联合循环进行发电。通过打通发电到制氢再到发电的所有技术环节，在可再生能源发电高峰时期，将多余电力制成氢气存储，然后在电力需求旺盛时又通过氢燃料燃机发电上网，从而实现真正的绿色能源。将新能源与氢进行耦合以减少大量新能源接入电网时因发电不稳定产生的冲击，是解决可再生能源波动性和不可控性问题的方法之一。美国国家可再生能源实验室正在通过整合风力发电、光伏发电和生产氢的电解槽系统，研究新能源发电转氢的技术可行性。ITM Power公司在欧洲有多个小型装置，已经实现通过可再生能源制取氢气进而发电。

6.2.2　燃机掺氢发电现状及趋势研究

6.2.2.1　燃机掺氢发电项目情况

　　燃机掺氢发电项目具体情况如表6-2所示。

表6-2　燃机掺氢发电项目情况

企业/国家	时间	国内外项目
通用电气（GE）	—	GE公司拥有数个使用含氢燃料的项目：根据原料（即煤、炼油厂底部）和气化过程的不同，合成气中的H₂含量可以从20%到50%（按体积计算）不等。使用E级和F级燃气轮机的多个IGCC（综合气化联合循环）装置在全球范围内已投入商业运行，包括Tampa电站、Duke Edwardsport电站和Korea Western Power (KOWEPO) TaeAn电站。韩国的大山精炼厂使用GE6B.03燃气轮机以70%氢燃料运行了20年。2010年，意大利国家电力公司（ENEL）在富西纳（Fusina）电厂使用一台11.4MW的GE-10燃气轮机以97.5%的氢燃料运行。同年，陶氏铂矿工厂在4台配备DLN-2.6燃烧系统的GE 7FA燃气轮机燃烧5%/95%按体积混合的氢气和天然气混合物
	2020年	GE获得美国俄亥俄州长岭能源码头燃氢燃机订单，将建立美国第一座氢气发电厂，并在十年内实现燃氢100%的能力。电站采用7HA.02机组，功率485MW，2021年8月电站投入商业运行，初始混氢比例5%
	2022年	20MW的Eight Flags CHP电厂使用Solar Turbines Titan 250燃气轮机，为Amelia岛提供约50%的电力，目前正在共同测试燃气轮机掺氢燃烧
西门子	2020年	与法国能源集团Engie、Centrax、Arttic、德国航空航天中心（DLR）、四所欧洲大学组成联合项目团队实施启动世界上首个在实际电厂应用中的完全集成的电-氢-电项目示范HYFLEXPOWER项目。在法国维埃纳河畔赛拉的Smurfit Kappa纸浆造纸工业基地，升级12MW的热电联产电厂的SGT-400燃机，使其燃烧天然气和氢气混合燃料发电。2022年，成功完成第一阶段试运行，试运行的掺氢比例将在2023年提升至100%

续表

企业/国家	时间	国内外项目
西门子	2020年	西门子与德国莱比锡市政公用事业公司签署了交付两台燃氢燃气轮机SGT800的合同，燃机将用于Bornaische街新建的CHPLeipzigSud电厂，电功率为125MW，热功率为163MW
三菱动力	2020年	与瓦腾福（Vattenfall）公司合作建设氢混燃机示范电站，目标是到2025年将位于荷兰的马格南（Magnum）联合循环电站中的1套440MW的M701F机组转换为100%燃氢机组
	2020年	从美国犹他国有山间电力公司获得了大型燃氢先进燃气轮机联合循环机组的首个订单，采用"JAC型"燃机，计划2025年燃烧氢气含量30%的混合燃料，2045年之前实现100%氢燃料运行
	2022年	宣布将建立一个高砂氢园区，在三菱重工株式会社（MHI）兵库县高砂机械厂的燃气轮机开发和制造基地，毗邻T-Point2联合循环发电厂验证基地，是世界上第一个从氢生产到氢发电的相关技术验证中心。目的是支持氢燃机的商业化，该中心预计将从2025年开始投用
	2022年	和佐治亚电力公司、电力研究所（EPRI）在佐治亚州士麦那的佐治亚电力公司麦克多诺-阿特金森电厂的M501G天然气涡轮机上验证了氢气和天然气混合燃料的部分和满负荷运行
	—	美国犹他州盐湖城氢能生产和存储利用燃氢燃机项目，将在2025年使用30%的绿色氢气，并在2045年之前使用100%的绿色氢气
瓦锡兰	2022年	与WEC能源集团、电力研究所（EPRI）等签约，将在美国密歇根州的A.J.米姆发电厂进行天然气掺氢燃料测试以减少电厂碳排放，计划将含氢体积分数25%的天然气氢气混合燃料用于瓦锡兰50SG燃气发动机
川崎重工	2020年	与日本新能源产业技术综合开发机构、株式会社大林组在"构建氢能社会的技术开发项目"中合作，以液态氢为燃料，利用川崎重工开发的燃烧技术，2020年5月～2020年底开展世界上首座采用预混燃烧的纯氢燃机示范电站调试运行，发电功率1.1MW，供热功率2.2MW
俄罗斯	2021年	俄罗斯联邦工业和贸易部副部长米哈伊尔·伊万诺夫表示，俄罗斯的首台燃氢燃气轮机的功率为65MW，预计将于2027年建成
国家电投	2022年	1月，依托湖北分公司荆门电厂在运天然气燃机机组（54MW），开展掺氢燃机联合循环、热电联供示范项目，实现15%掺氢燃机改造和运行。这是我国首次在重型燃机商业机组上实施掺氢燃烧改造试验和科研攻关。二期2022年底开展30%掺氢燃烧
	—	推进在西藏拉萨建设开展全球首个氢-氧综合利用的"风光电-氢-电热"示范项目，探索基于绿电-绿氢-纯氢燃机发电的"电-氢-电"模式
广东能源	2021年	广东省能源集团旗下的惠州大亚湾石化区综合能源站向GE及哈电集团订购含两台9HA.01重型燃气轮机的联合循环机组。项目投产后，两台燃机将采用10%（按体积计算）的氢气掺混比例与天然气混合燃烧，成为内地首座天然气-氢气双燃料9HA电厂。电厂于2023年正式投入商业运行

6.2.2.2　相关政策

2022年9月，美国能源部（DOE）发布《国家清洁氢能战略和路线图（草案）》，制定了支持行动：中期（2026～2029年）阶段，制定国家对氢掺混限制的指南；长期（2030～2035年）阶段，到2030年示范用于发电的纯氢燃料超低氮氧化物排放燃气轮机和低铂族金属含量燃料电池；启动至少一个清洁氢能中心，示范氢在清洁电网储能中的应用，并量化氢，支持到2035年实现零碳电网的机会。

2022年2月，欧洲燃料电池和氢能联合组织（FCH-JU）发布《欧洲氢能路线图：欧洲能源转型的可持续发展路径》，提出了部署氢能的阶段性目标：到2030年前实现将过剩可再生能源大规模转化为氢气、大规模氢气发电示范以及可再生能源 - 氢气发电厂。

2021年10月，日本第六版能源战略计划提出将氢和氨与天然气、煤粉等掺混作为燃料发电，到2030年达到日本发电量的1%。2021年12月，韩国政府宣布将2022年作为氢气氨气发电元年，预计投入400亿韩元用于相关供应及安全设备、燃烧试验装置等设备建设，制定"氢气和氨气发电指南"，推广有关技术在LNG发电站使用，在2024年后推动氢气氨气混合发电技术商用化。

我国目前尚处于燃气轮机国产化的关键阶段，"高参数燃氢燃气轮机"纳入《能源技术革命创新行动计划（2016—2030年）》的行动任务之一。

6.2.2.3　技术难点

干式低排放（DLE）技术有可能使燃气轮机以0～100%氢气低排放灵活运行。然而目前存在一些主要技术难点：

① 跟天然气相比，氢燃料具有更高的火焰传播速度、更短的点火延迟时间和不同的热声特性，自燃、回火和贫油熄火等燃烧动力学风险较高，尤其发生在瞬态运行期间将更加危险，增加燃烧器硬件损坏的风险。常规旋流式预混喷嘴在燃用富氢燃料气时容易在喷嘴内部发生自燃和回火问题，在先进、高效的燃气轮机中，需要越来越复杂的燃烧室设计（如多喷嘴布置）、实时可靠的监测控制系统以及其他方法来检测和防止燃烧动力学风险。

② 跟天然气相比，氢气具有更高的燃烧温度，NO_x排放较高。国内外团队积极研发基于贫燃料直接喷射（LDI）技术的富氢燃料气低污染燃烧装置，可以避免预混过程中的自燃和回火问题，但不均匀混合所导致的火焰局部高温会增加一定的NO_x排放。目前的燃机可以通过扩散燃烧方式燃烧纯氢，但仍然会产生NO_x排放。需要开发新的干式低排放技术或者增加烟气脱硝装置来达到国家及地方的排放限值要求。

③ 跟天然气相比，燃烧天然气氢气混合物会增加烟气中的含水量，更容易发生热腐蚀，使燃气轮机热通道部件的传热更快。需要采取措施避免腐蚀和改善热通道部件的冷却以避免部件过热。氢的沃泊指数（WI）低于天然气，氢气天然气混合后沃泊指数的变化越大，燃烧系统和相关控制所需的灵活性就越大。

6.2.2.4　主流厂商

全球主要燃机制造商三菱日立动力系统公司（MHPS）、通用电气（GE）发电公司、西门子能源公司和安萨尔多能源公司等均针对氢燃气轮机推出了自己相应的发展计划，进行富氢燃料甚至是纯氢燃料燃气轮机的研究、开发、优化、测试及示范工作（表6-3）。

表6-3　主流厂商掺氢燃机研究现状

厂商	燃氢能力（混合燃料中含氢量）	研究方向和进展
GE	航改燃机：0～85%。 B/E级燃机：0～100%。 F级燃机：0～65%。 HA燃机：0～50%	燃氢燃烧室技术："混合燃料和空气的小尺寸横流冲击射流"的先进预混功能应用于DLN-2.6e燃烧系统，可防回火、降低NO_x排放，氢含量约达50%；增材制造技术
三菱日立	29台燃氢燃气轮机，燃料来自炼油厂、合成气和COG工厂，氢含量30%～90%，总测试时间>350万h	3种类型的燃氢燃气轮机燃烧室：多喷嘴燃烧室、多集群燃烧室、扩散型燃烧室
西门子	航改燃机：扩散燃烧模式含氢100%；SGT-A65和SGT-A35 0～15%。 重型燃机：0～30%，SGT-9000HL 0～50%。 中型工业燃机：SGT-600至SGT-800 0～60%。 小型工业燃机：SGT-100和SGT-300 0～30%；SGT-400 0～10%	燃烧室设计：常规旋流稳定火焰结合贫燃料预混燃烧的干式低NO_x排放技术可以适应50%含氢量；增材制造技术
安萨尔多	AE94.3A燃机：0～25%，累计数十万等效运行小时。 H级燃机：GT26：0～30%，可扩展至0～45%；GT36：0～50%	H级燃机优化与进一步验证。 提供改造方案：①配备精益预混燃烧室的GE 6B/7E/9E机组天然气掺氢燃料中含氢：0～35% ②火焰筒燃烧室运用于GE、西门子和MHI的E/F级燃机低排放高灵活性改造，含氢：0～40%，已在7台GE F级燃机上应用
曼能源	THM系列：标准扩散燃烧系统0～60%；干式低排放燃烧系统0～20%。 MGT系列：0～20%	燃机改进与测试。 外部安装的筒形燃烧系统先进、可替换，保证燃料灵活性
索拉透平	Titan130和Taurus60：55%～60%，燃料为COG（含有H_2、CH_4、CO、CO_2和N_2）	目前正在研究应用现有SoLo NO_x燃气轮机和最新的燃烧系统技术，燃烧含氢5%～20%的氢气天然气混合燃料，主要需考虑对燃烧系统和机组的影响
贝克休斯	重型燃机的标准和精益预混燃烧器或航改型燃机的单环形燃烧器可燃烧较高氢含量的燃料，需要注入稀释剂以减少NO_x排放	致力于开发新型燃烧器：轻型工业燃机系列（NovaLT）配备了先导预混燃烧器，燃料允许含氢量：0～100%，NO_x排放随之变化

6.2.2.5　发展趋势

在技术上，燃氢燃气轮机主要朝着解决现有技术难点的方向发展，包括燃烧室设计、优化监测控制、降低氮氧化物排放、改善热通道部件等；混氢燃烧电厂主要朝着改造现有燃气电厂的方向发展，包括掺氢燃料供应系统设计、燃料管路辅机系统升级、阀门仪表更换、燃气探测系统改造、通风系统改造、合规改造等。

在应用上，不同规模的燃气轮机均有燃氢需求，可以用于集中式发电、热电联产和分布式能源等场景。在集中式发电方面，天然气掺氢发电未来主要应用于西北和中东部地区，在可再生能源丰富的西北地区可以实现电-氢-电模式，采用可再生能源富余电力制氢储存，然后天然气掺氢发电对电力系统调峰，在中东部地区则可以利用西北管道输氢、海水风电制氢或者本地可再生能源制氢。在大型热电联产方面，天然气掺氢未来主要应用于集中供暖和工业供热，在"双碳"目标的要求下，煤炭逐渐退出市场，天然气掺氢燃气轮机代替燃煤热电联产送入现有供热管网，可以降低碳排放，为燃气轮机热电联产创造发展空间。在分布式能源方面，主要应用燃气内燃机、微小型燃气轮机燃烧天然气掺氢混合燃料，为用户定制化生产电、冷、热。

在经济上，随着制氢、氢储存和氢运输的产业规模发展，以及天然气掺氢和纯氢管网的建设，可以预见氢能燃料成本将会下降，天然气掺氢发电的经济性将会提高。

6.3 二氧化碳捕集、利用与封存

二氧化碳（CO_2）捕集、利用与封存（CCUS）是指将 CO_2 从工业过程、能源利用或大气中分离出来，直接加以利用或注入地层以实现 CO_2 永久减排的过程[43]。CCUS 按技术流程分为捕集、输送、利用与封存等环节，CCUS 是实现净零碳排放的核心技术之一。

CCUS 作为一项有望实现化石能源大规模低碳利用的新兴技术，是未来减少二氧化碳排放、保障能源安全和实现可持续发展的重要手段，同时 CCUS 与新能源耦合的负排放技术是实现碳中和目标的重要技术保障[44]。

"十一五"时期以来，我国通过加强基础研究、关键技术攻关、项目集成示范，CO_2 捕集、运输、利用、封存等各技术环节发展迅速，取得了系列成果。尤其是燃烧前捕集、运输、化工利用、强化深部咸水开采与封存、集成优化类的技术近十年来发展迅速。与国际对比分析表明，我国 CCUS 技术与国际先进水平整体相当，但捕集、运输、封存环节的个别关键技术及商业化集成水平有所滞后。从整体规模看，虽然目前已投运项目规模普遍较小，但是我国正在规划的项目规模逐渐增大。在已投运的 CCUS 示范项目中，29 个在 10 万吨级及以下，仅有两个示范项目在 50 万吨级及以上，2022 年，中国首个百万吨级 CO_2 驱油项目齐鲁石化-胜利油田 CCUS 项目也正式开工建设。与国际先进水平相比，我国 CCUS 技术在大规模示范项目的整体规模、集成程度、离岸封存、工业应用等方面存在较大差距。CCUS 技术的能耗及成本因排放源类型及 CO_2 浓度不同有明显差异，通常 CO_2 浓度越高，捕集能耗和成本越低。

6.3.1　天然气行业相关碳捕集项目实例

6.3.1.1　国外 CCUS 项目发展现状

目前全球处于建设或运行阶段的万吨级以上 CCUS 项目共 31 个，其中位于美国的有 13 个、中国 5 个、加拿大 4 个、欧洲 4 个、中东 3 个、澳大利亚 1 个、巴西 1 个，项目规模在 6 万～ 700 万 t/a，处于开发后期或运行阶段的 CCUS 产业集群数量达到 24 个，其中大部分位于美国、英国和荷兰[45]。其中 CCUS 项目的主要捕集源为天然气加工过程，其他捕集源包括钢铁、化肥、甲醇、制氢、煤电等生产过程，大部分项目捕集到的 CO_2 用于提高石油采收率，这些项目多由大型油气公司投资建设，并在不同程度上获得了政府的资金或政策支持。

美国 2021 年新建多个千万吨级 CCUS 产业集群，最大的是"休斯敦航道 CCUS 创新区"，旨在利用多个 CCUS 工业碳源并在墨西哥湾近海地层每年封存 1 亿 t CO_2。北美地区依旧是全球 CCS 部署的领先者，2021 年宣布新建 40 个 CCS 项目。美国国家石油委员会在 2020 年《迎接双重挑战：碳捕集、利用和封存规模化部署路线图》的报告中预测：未来 25 年，CCUS 累计投资达到 6800 亿美元，其中包括 280 亿美元的基础设施投资，就业岗位达到 23 万个，CCUS 规模增至 5 亿 t/a，捕集、运输和封存的 CO_2 量相当于美国原油基础设施系统排放量的 75%。

自 2000 年以来，东南亚地区的能源需求增长了 80% 以上，石油、煤炭和天然气提供了 70% 以上的能源需求。CCUS 可以加快东南亚地区的能源转型，从当前以煤炭石油为主的能源结构过渡到符合未来气候目标的能源模式，具有重要战略意义。据国际能源署（International Energy Agency, IEA）预测，为实现《巴黎协定》气候目标，东南亚地区 CCUS 产业规模将在 2050 年发展到年捕集 2 亿 t CO_2 甚至更高。在 2025 ～ 2030 年期间，东南亚对碳捕集技术的投资将达到年均近 10 亿美元。在封存潜力方面，据估计，东南亚的枯竭油气田和盐水层二氧化碳储存能力超过 8000 亿 t，为大规模封存提供了巨大潜力。

中东地区人口数量不到全球人口的 1%，但每年生产的石油超过全球石油产量的 25%，中东各国人均碳排放占据全世界前四位，CCUS 技术将对中东国家能源转型起到关键作用。中东地区目前 CCUS 主要活跃于阿联酋、沙特阿拉伯和卡塔尔，阿布扎比阿联酋钢厂是 ADNOC Reyadah 项目一期，年捕集 80 万 t CO_2，目前项目第二期已启动，计划从 2025 年开始，每年再从 Shah 天然气处理厂捕集 230 万 t CO_2，用于提高原油采收率。沙特阿美乌斯马尼亚油田每年从哈维亚天然气凝析液工厂捕集 80 万 t CO_2 用于提高采油率。沙特基础工业公司（SABIC）位于朱拜勒的乙烯工厂CCUS设施每年捕集50万t CO$_2$，用于甲醇和尿素生产。卡塔尔燃料添加剂公司的甲醇工厂每年捕集量为20万t CO$_2$，卡塔尔天然气公司在拉斯发拉凡天然气液化厂的CCS设施碳捕集量为210万t CO$_2$/a，预计2025年将升至每年500万t。

据全球碳捕集与封存研究院发布的《全球碳捕集与封存现状报告》显示，2021年是自记录以来CCS项目增长最快的一年，并且是连续增长的第四年。

报告称，CCS项目计划数量的增长势头比以往更加强劲。开发中的项目能力从2020年底的7500万t/a上升到2021年9月的1.11亿t/a，增长了48%。

2010年至2021年9月商业CCS设施计划（按捕集能力）见图6-5。

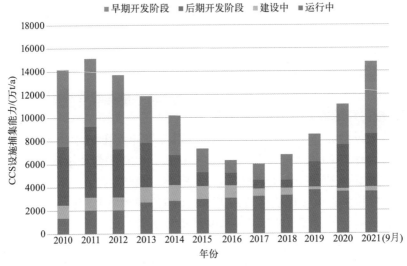

图6-5　2010年至2021年9月商业CCS设施计划（按捕集能力）

全球所有处在不同阶段的项目连续四年呈向上趋势，总捕集能力增长了32%。2021年新增71个商业项目，全球处于不同阶段的商业项目增加到135个。其中，27个项目已投入运行，捕集能力达4000万t/a。CCS项目也越来越多样化，其应用涵盖了发电、液化天然气、水泥、钢铁、氢气生产等领域[46]。

尽管过去一年计划中的CCS项目加速推进，成果喜人，但现实依然很严峻。因为，到2050年之前，还需要大量的CCS设施，至少要在目前运行中的27个项目之上增加100倍，到2050年，需要将CCS设施能力从4000万t/a增加到5.6亿t/a以上，这大约需要6550亿至12800亿美元的资本投资[47]，否则难以实现《巴黎协定》中设定的目标。

6.3.1.2　中国CCUS项目发展现状

在科技部指导下，2013年11月6日，由企业、研究院所和大学组成的CCUS

产业技术创新战略联盟成立，推动CCUS技术及产业的创新与发展，中国石化、华能、神华、国家电投等企业已在国内建成多个示范项目[48]。截至2022年底，中国已投运和规划建设中的CCUS示范项目已接近百个，其中已投运项目超过半数，具备的CO_2捕集能力约400万t/a，注入能力约200万t/a，分别较2021年提升33%和65%左右。碳中和目标提出以来，中国已投运和规划建设中的CCUS示范项目规模明显扩大，10万吨级及以上项目超过40个，其中50万吨级及以上项目超过10个，多个百万吨级以上项目正在规划中。

中国CO_2捕集源覆盖燃煤电厂的燃烧前、燃烧后和富氧燃烧捕集，燃煤电厂的燃烧后捕集，煤化工的CO_2捕集以及水泥窑尾气的燃烧后捕集等多种技术。CO_2封存及利用涉及咸水层封存、驱油提高采收率（EOR）、驱替煤层气（ECBM）、地浸采铀、CO_2矿化利用、CO_2合成可降解聚合物、重整制备合成气和微藻固定等多种方式。

目前中国CCUS示范项目的CO_2捕集源涵盖电力、油气、化工、水泥、钢铁等多个行业，其CO_2利用方式以地质利用为主，但化学与生物利用项目也在逐年增加。受捕获成本和捕获后CO_2封存、利用问题影响，缺乏大规模多种技术组合的全流程工业化示范。

2022年，中国首个百万吨级CO_2驱油项目齐鲁石化-胜利油田CCUS项目开工建设，该项目由齐鲁石化CO_2捕集和胜利油田CO_2驱油与封存两部分构成。齐鲁石化新建了100万t/a液态CO_2回收利用装置，在碳捕集过程中，主要通过深冷和压缩技术，回收齐鲁石化第二化肥厂煤制气装置尾气中的CO_2，提纯后液态CO_2纯度可以达到99%以上。胜利油田运用超临界CO_2易与原油相混的特性，在碳利用和碳封存环节中，向附近73口油井内注入CO_2以增加原油流动性，大幅提升石油开采率，同时，CO_2通过置换油气、溶解与矿化作用实现地底封存。未来这两部分协同作用，将不断提升能效水平，实现CO_2高效回收利用，项目落成后，预计未来15年可增加产油量296.5万t，每年CO_2减排量达到100万t。

电力行业和工业是中国CCUS示范发展的重点。天然气发电+CCUS的部署将逐渐展开，于2035年达到峰值后保持不变，当年减排量为0.2亿～1亿t/a[49]（图6-6）。未来气电机组结合CCUS技术和工业领域天然气锅炉（窑炉）结合CCUS实现低碳化利用改造是释放CCUS减排潜力的重要方式。

经济成本是影响加装CCUS的主要因素。其中技术成本主要涉及捕集、运输、封存、利用这四个主要环节。预计至2030年，CO_2捕集成本为90～390元/t，2060年为20～130元/t；CO_2管道运输是未来大规模示范项目的主要输送方式，预计2030年和2060年管道运输成本分别为0.7元/（t·km）和0.4元/（t·km）。2030年CO_2封存成本为40～50元/t，2060年封存成本为20～25元/t。固定成本是CCUS技术的前期投资，涵盖了设备安装、占地投资等。以火电为例，安装碳捕集装置

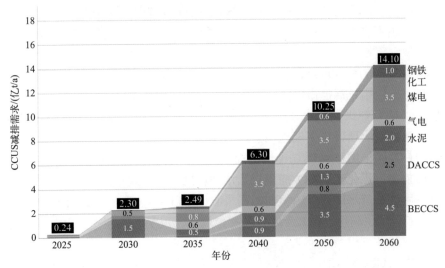

图6-6　中国CCUS减排贡献需求（取中值）

导致的成本增加为0.26～0.4元/(kW·h)。总体而言，装机容量大的电厂每度电成本、加装捕集装置后增加的发电成本、CO_2净减排成本和捕集成本更低（表6-4）。目前在一家钢铁厂安装年产能为10万t的CO_2捕集和封存设施的成本约为2700万美元。在宝钢（湛江）工厂启动一个CO_2年捕集能力为50万t的CCUS项目（封存场地在北部湾盆地，距离工厂100km以内），需要投资5200万美元。宝钢（湛江）工厂进行的经济评估显示，综合固定成本和运行成本，总减排成本为65美元/t CO_2。

表6-4　2025～2060年CCUS各环节技术成本

项目		2025年	2030年	2035年	2040年	2050年	2060年
捕集成本/(元/t)	燃烧前	100～180	90～130	70～80	50～70	30～50	20～40
	燃烧后	230～310	190～280	160～220	100～180	80～150	70～120
	富氧燃烧	300～480	160～390	130～320	110～230	90～150	80～130
运输成本/[元/(t·km)]	罐车运输	0.9～1.4	0.8～1.3	0.7～1.2	0.6～1.1	0.5～1.1	0.5～1
	管道运输	0.8	0.7	0.6	0.5	0.45	0.4
封存成本/(元/t)		50～60	40～50	35～40	30～35	25～30	20～25

6.3.2　碳捕集技术

根据不同的作用原理和CO_2的分离过程作用在燃料燃烧的不同阶段，目前国际上的碳捕集研究路线主要分为三种：燃烧前捕集（pre-combustion capture）、富氧燃烧捕集（oxy-fuel combustion）以及燃烧后捕集（post-combustion capture）。不同 CO_2 捕集策略的选择主要取决于相关策略的优缺点、原料气中 CO_2 的浓度以及原料气流的压力等。

6.3.2.1 燃烧前捕集

燃烧前捕集技术涉及燃料与氧气或空气和/或蒸汽发生反应，产生主要由一氧化碳和氢气组成的"合成气"或"燃料气"。其中，一氧化碳在催化反应器中与蒸汽反应，产生 CO_2 和更多的氢气，然后通过物理或化学吸收过程分离 CO_2。其中，"合成气"或"燃料气"的主要成分为 60%～80% 的氢气和 20%～40% 的 CO_2。燃烧前捕集主要用于天然气联合循环（NGCC）和一体化气化联合循环（IGCC）等工艺中，且技术趋于成熟。该技术具有清洁环保优势，所产生的氢气生成水，或分离出来形成产品，用于交通运输、储能等领域。

6.3.2.2 富氧燃烧捕集

富氧燃烧捕集技术是利用 90% 左右纯氧和被循环回炉的部分烟气来燃烧燃料的过程，该部分被循环回路的烟气可以有效控制火焰温度。富氧燃烧产生的烟气主要由水和 CO_2 组成，烟气中 CO_2 浓度高达 80%，因此该过程相比燃烧前碳捕集与燃烧后碳捕集更容易捕集 CO_2。由于燃烧发生在富氧与循环烟气中，烟气中的氮氧化物含量非常少，从而有效减少了温室气体排入空气。

6.3.2.3 燃烧后捕集

燃烧后捕集技术是指将燃烧设备（如锅炉、燃机等）中的烟气通过物理吸收法、化学吸收法、吸附法、膜分离法等方法将其他气体成分中的 CO_2 分离，对其进行吸附后形成高浓度的 CO_2 气体用于储存和运输。与燃烧前碳捕集和富氧燃烧碳捕集相比，燃烧后碳捕集装置可以直接添加到现有的工艺流程中，几乎不需要进行改造。目前，绝大多数都只能采用燃烧后烟气捕集的方法进行 CO_2 分离。

燃烧后 CO_2 捕集技术主要包括物理吸收法、化学吸收法、吸附法、膜分离法和低温分离法或组合使用，其中，化学吸收法技术相对成熟，已实现多项燃煤电厂示范应用。

（1）物理吸收法

物理吸收法是利用对 CO_2 有较大的溶解度、选择性以及强稳定性的有机溶剂做吸收剂，在加压时有机溶剂与 CO_2 不会发生化学反应，仅仅在吸收剂中溶解量增大，反之，降压时 CO_2 释放，是一个简单的纯物理过程，且在吸收的过程中物理吸收法服从亨利定律。其包括：加压水洗、Flour 法、Seloxol 法、Purisol 法和低温甲醇洗等。由于物理吸收法主要通过压力的改变使CO_2在溶剂中的溶解度发生变化来达到脱除CO_2的目的，所以一般采用高压吸收法或低温吸收法，通过低压或降温解吸的方法进行CO_2捕集，所需能量较低。

在具有较高CO_2分压的工业尾气中比较适用，但在低CO_2浓度的情况下没有理想的分离效果。物理吸收法的关键是选择适宜的溶剂，优良的吸收剂应具有对CO_2溶解度大、选择性好、沸点高、无毒性、无腐蚀、稳定性好等特点。常见的物理吸收剂有低温甲醇、聚乙二醇二甲醚、碳酸丙烯酯等。

（2）化学吸收法

化学吸收法是指使烟气中的CO_2与反应吸收塔内的吸收剂通过逆流接触并发生化学反应的过程，在发生化学反应的过程中二者形成一种弱联结的中间体化合物，然后将吸收CO_2后的溶液通入解吸塔中加热，使CO_2释放并收集，解吸后的溶剂再返回吸收塔循环利用，进而达到捕集二氧化碳的目的。氨水、离子液体、醇胺溶液等是在化学吸收法中常用的吸收剂。这些繁多的吸收剂，优点各不相同。氨水溶液相比于其他溶剂，再生能耗低，具有较高的吸收效率和吸收容量，此外，还能将反应后生成的副产物进行资源化利用；另一种醇胺吸收剂存在着再生耗能高、吸收剂易发生氧化降解反应、设备易被腐蚀、CO_2吸收容量较小以及吸收速率较低等问题。但是，醇胺溶液脱碳技术已经非常成熟，在燃煤电厂烟道气CO_2燃烧后捕集系统中，很快便可以进行大规模的应用。目前的离子液体主要分为功能型离子液体和聚合型离子液体两种，传统离子液体的限制能够被明显突破，这大大降低了损耗，并提高了商业化应用水平。相比于其他捕集方法，化学吸收法的选择性更具优势且吸收效率高，CO_2的处理量更大，因此得到了广泛深入的研究和应用，在商业领域具有极大的潜力。

（3）吸附法

吸附法是指在一定的条件下先通过吸附剂对烟气中的CO_2进行有选择性地吸附，然后通过改变一定的条件，如温度和压力，解吸CO_2，从而达到CO_2分离的目的。吸附的过程分为化学吸附和物理吸附两大类。其中活性炭、沸石、分子筛、硅胶等是最为常见的几种吸附剂。吸附剂的吸附能力主要取决于吸附剂的表面积大小以及操作压力、温差以及吸附剂的材料种类。吸附法按照吸附原理的不同可分为变压吸附法（PSA）、变温吸附法（TSA）、变温变压吸附法（PT-SA）以及真空变压吸附法（VSA）等。由于对温度的调节与控制过程非常缓慢，因此变温吸附法在工业生产中一般很少被采用。而变压吸附再生时间短、能耗低、不存在腐蚀降解问题因而在工业上被普遍采用；同时操作简单、能耗低、产品纯度高、易实现系统自动化及维护成本低都是变压吸附法具有的优点。

（4）膜分离法

膜分离法是指利用不同种类气体在不同压力驱动下，通过膜表面上吸附能力的差异以及膜内溶解-扩散的强弱特点，使渗透率大的气体和渗透率小的气体分别集中在膜的两侧，从而达到对CO_2进行分离的目的。同时，气体分离膜能够通过从其他排气中分离CO_2来实现捕集。按照膜材料的不同，主要分为无机膜、有机膜以及膜接触器，其中两种最可行的方法分别是溶液扩散法和分子筛分法。压力差是膜分离的主要推动力，一般在常压下进行操作，其能耗较低，操作安全且弹性大，稳定性是无机膜最大的优点，它可以在苛刻环境下应用，比如说高温和高压，但是目前膜分离法仍然有一些亟待解决的难题，如湿润性、耐久性、选择性与分离纯度等。因此，该方法尚未实现大规模工业应用。

（5）低温分离法

低温分离法是采用低温冷凝分离CO_2的一种物理捕集方法，通过多级压缩和冷却的方法，将CO_2在烟道气中进行液化并分离出来，油田采出气或烟气在多次压缩与冷却后，会引起CO_2的相变，从而实现分离CO_2的目的。低温分离法适用于具有高浓度CO_2的气体，特别适用于油田现场采出气的捕集。低温分离法可以生产高纯、液态的CO_2，对于管道输送十分方便，且技术可靠，装置简单；不过系统运行能耗高、设备占地面积广、分离效果差等是其还未解决的问题。对低浓度CO_2气体的低温分离技术的研究更是主要的技术难点。

6.3.2.4　燃气电厂碳捕集技术

（1）燃气电厂烟气的特点

燃气电厂烟气中的二氧化碳源自于天然气的燃烧发电，天然气作为相对清洁的化石能源，与空气燃烧后生成的二氧化碳浓度比传统燃煤电厂烟气中的浓度更低，摩尔分数一般为5%左右，仅为燃煤电厂的一半甚至更低。燃气电厂烟气中低浓度的二氧化碳无疑对碳捕集技术提出了更高的要求，捕集难度更大，特别体现在能耗和运营成本的升高。但同时，燃气电厂烟气中硫化物、氮氧化物和固体颗粒杂质的含量很低，甚至比燃煤电厂烟气预处理之后的还要清洁，所以对装置材料和试剂的腐蚀性低，可保证后续碳捕集工艺持续稳定进行（表6-5）。

表6-5　燃煤电厂预处理烟气和燃气电厂烟气的组分对比

组分	单位	燃煤电厂脱硫脱硝预处理后的烟气	燃气电厂烟气
N_2（体积分数）	%	70~75	73~76
CO_2（体积分数）	%	10~15	4~5

续表

组分	单位	燃煤电厂脱硫脱硝预处理后的烟气	燃气电厂烟气
H_2O（体积分数）	%	8～15	8～10
O_2（体积分数）	%	5～6	12～15
SO_2（标准状况）	mg/m³	<50	<1
NO_x（标准状况）	mg/m³	<50	<30
灰分（标准状况）	mg/m³	<30	<1

（2）二氧化碳吸收法的原理

吸收法捕集二氧化碳的原理是通过吸收剂对二氧化碳有一定的吸收能力，使得烟气在穿过吸收剂时，二氧化碳停留在吸收剂体系中，而其他组分不受吸收剂的影响，达到预期的分离效果。吸收剂的吸收能力可以体现为对二氧化碳的溶解度，在吸收过程中，调节工艺参数尽可能提高吸收剂对二氧化碳的溶解度；在解吸过程中，吸收了二氧化碳的吸收剂在特定条件下降低了对二氧化碳的溶解度，二氧化碳重新以气态的形式从吸收剂体系中解吸，从而回收高纯度的二氧化碳。以上为二氧化碳物理吸收法的原理。化学吸收法的原理与之类似，此时吸收剂对二氧化碳的吸收能力体现在能够与二氧化碳进行化学平衡反应，反应生成的中间产物在解吸过程的条件下，又重新生成气态二氧化碳和可以重复循环使用的吸收剂。

以醇胺类吸收剂中的一级乙醇胺（MEA）为例，对二氧化碳的吸收平衡反应可分成两步：

$$HOCH_2CH_2NH_2 + CO_2 \rightleftharpoons HOCH_2CH_2NH_2^+COO^-$$

$$HOCH_2CH_2NH_2 + HOCH_2CH_2NH_2^+COO^- \rightleftharpoons HOCH_2CH_2NH_3^+ + HOCH_2CH_2NHCOO^-$$

总的吸收化学反应式为：

$$2HOCH_2CH_2NH_2 + CO_2 \rightleftharpoons HOCH_2CH_2NH_3^+ + HOCH_2CH_2NHCOO^-$$

因此，MEA的理论吸收能力（或二氧化碳负载）为0.5mol CO_2/mol MEA。实际过程中，根据反应速率、吸收剂和二氧化碳气液两相的传质情况、反应平衡进度等因素，且实际醇胺类的吸收剂通常为质量分数30%的水溶液，MEA的实际吸收能力要低于此理论值。

由于该吸收平衡反应为放热反应，提高反应温度可使二氧化碳解吸过程发生。一般醇胺类化学吸收剂的解吸过程的反应温度在120℃左右。

（3）吸收剂种类

由上述介绍可知，吸收剂的种类和选择对整个二氧化碳吸收/解吸过程具有重要意义。根据对二氧化碳吸收性能体现的不同，可以分为物理吸收剂（调节溶解度达到对二氧化碳的吸收和解吸）和化学吸收剂（与二氧化碳发生可逆平衡反应）。

常见的物理吸收剂包含：甲醇（Rectisol®）、聚乙二醇二甲醚（Selexol™）、N-甲基吡咯烷酮（Purisol®）、碳酸丙烯酯等。（括号内为商品名实例）通常情况下，物理吸收剂具有稳定性高的特点，可通过调节温度和压力改变对二氧化碳的溶解度，达到吸收和解吸的效果，但物理吸收剂的缺点为对二氧化碳的溶解度较低，吸收速率慢，需要对吸收过程增压提高溶解度，在应用中的表现不如化学吸收剂。

根据和二氧化碳发生化学反应类型的不同，化学吸收剂可大致分为：氨水类、氨基酸盐类、碳酸钾类、离子液体类、新型合成胺类、醇胺及混合胺和相变吸收剂等。相较物理吸收剂，化学吸收剂的吸收速率快，吸收能力强，但同时解吸过程一般伴随着温度升高，会造成较大的能耗。工业应用较为广泛的化学吸收剂类型为混合醇胺类，通过和质量浓度为30%的MEA水溶液的吸收性能对比（再生能耗为捕集每吨二氧化碳消耗3.5～4.0GJ），进而优化混合胺吸收剂中各组分的配比。胺类吸收剂配制的典型思路为：增加哌嗪、低级醇胺等活化剂的浓度，可提高吸收速率，增加高级醇胺的浓度可提高二氧化碳的吸收总量。由于吸收反应速率较快的哌嗪和乙醇胺与二氧化碳反应生成的产物相对稳定性较高，与高级醇胺（MDEA等）相比在解吸时需要更多的能耗。高级醇胺虽然吸收能力强，与吸收反应速率快的小分子醇胺比，每摩尔醇胺能够吸收更多的二氧化碳，但是由于其大分子的空间位阻，吸收反应速率低，但同时解吸所需的能耗也较低。所以吸收剂内各组分的浓度需要针对待处理烟气的特点进行合理优化，使得吸收剂在反应速率、吸收能力和再生能耗方面均有最优的表现。

由于化学吸收剂在解吸过程中需要通过加热升温使二氧化碳从吸收剂中解吸，所以吸收剂再生过程产生的能耗相当高。以醇胺类吸收剂为例，胺的质量分数一般不超过30%，所以在解吸过程中，大部分升温的热量都用于加热吸收剂中的水。而且在解吸装置内，再沸器对水加热气化，热量由高温水蒸气带入，与吸收了二氧化碳的吸收剂（或称富液）进行热量交换，水的相变潜热进一步提高了吸收剂的再生能耗。在此背景下开发出的相变吸收剂可以大幅度降低再生过程的能耗。此类吸收剂在吸收了二氧化碳之后产生相变分层，再生过程仅对二氧化碳富集的一项进行加热，而非对全部体系加热，从而提高了热能的使用效率。

（4）二氧化碳化学吸收法的工艺流程

与燃煤电厂碳捕集吸收法类似，燃气电厂烟气二氧化碳的化学吸收法包含烟气预处理、二氧化碳吸收和解吸以及二氧化碳精制提纯液化。以质量浓度30%的MEA水溶液为吸收剂的简化工艺流程模拟如图6-7所示。

① 烟气预处理　在烟气特点部分已经提到，相比传统燃煤电厂的烟气，天然气燃烧发电后的烟气中SO_2和NO_x的含量低，杂质和固体颗粒少。预处理的目的是去除烟气中的酸性气体杂质如SO_2、NO_x以及固体颗粒物、烟尘和一定的水蒸气等。SO_2和NO_x除具有一定的腐蚀性之外，更重要的影响在于会氧化吸收解吸过程中的化学吸收剂，致使总体上对二氧化碳的捕集性能降低，还需要额外补充吸收剂，造成不必要的经济损失。此外，对烟气进行水洗预处理可降低待处理气体的温度，达到吸收过程的工艺条件。燃气电厂烟气的清洁程度优于燃煤电厂预处理之后的烟气，所以对预处理部分的要求较低。

② 二氧化碳吸收和解吸　完成水洗降温预处理后的烟气在吸收装置中与吸收剂发生化学反应。传统的吸收装置为吸收填料塔，吸收剂和烟气按照一定的气液比在塔内进行传质传热和吸收反应。液态吸收剂和烟气在吸收塔内的流动方向相反时，会比同向流有更好的吸收效果。此情况下，液体溶剂靠重力由塔顶流向塔底，而烟气则从塔底反向升至塔顶。

上升至吸收塔顶部的清洁尾气完成吸收过程，达到排放要求，经冷却脱水后排至系统外环境中。吸收了二氧化碳的吸收剂称为富液，经贫富液换热器升温后，进入解吸塔，用于二氧化碳解吸和吸收剂的再生。解吸塔包含顶部的冷凝器和底部的再沸器。经再沸器加热的高温水蒸气在解吸塔内上升的过程中使富液的温度升高，根据化学平衡反应方程式，即吸收过程的逆反应，发生二氧化碳解吸和吸收剂的再生。解吸后的二氧化碳伴随着水蒸气上升至塔顶冷凝器，经冷却降温后，液体回流至吸收塔中，较为纯净的气体二氧化碳进入后续精制提纯液化系统。再生后的吸收剂称为贫液，经吸收塔塔釜再沸器流出后，至贫富液换热器进行热交换，之后再进一步冷却回流至吸收塔进行循环利用。需要注意的是，回流的贫液中依旧含有少量的二氧化碳并没有被完全解吸，整个系统需要补充蒸发流失的水分和微量的吸收剂，使得进入吸收塔的吸收液的组分保持在相对稳定的浓度。

③ 二氧化碳精制提纯液化　从解吸塔冷凝器中流出的混合气体的二氧化碳含量一般在95%左右，其余气体主要为水蒸气。该混合气体从解吸塔顶流出后先被引入缓冲罐中，之后经过冷却除湿器，与低温冷媒进行换热，冷凝分离出混合气体中的水分后，进入压缩机增压。加压的二氧化碳经过活性炭净化后，利用分子筛进一步脱净高压二氧化碳中的饱和水。脱水程度达到要求的高压二氧化碳气体进入冷凝器中，再次借助低温介质实现二氧化碳冷凝液化，液化后的二氧化碳进入提纯装置，依据精馏原理，保证液态二氧化碳的纯度达到目标要求。根据最终二氧化碳应用的需求，得到工业级（纯度≥99.9%）或食品级（纯度≥99.99%）

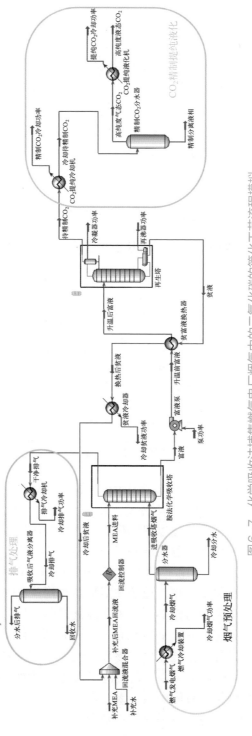

图6-7 化学吸收法捕集燃气电厂烟气中的二氧化碳的简化工艺流程模拟

的二氧化碳产品。

6.3.2.5　天然气制氢碳捕集技术

氢气以能量密度高、零污染、可灵活与其他二次能源切换为特点，被称为"人类终极能源"，在"双碳"目标的背景下，愈发在能源领域发挥重要作用。天然气作为洁净的化石能源，以天然气制取氢气是制氢领域的一个重要分支，目前国内已经开展了不同规模的试验和示范，表现出良好的市场前景，面对"双碳"目标，其未来仍然具有巨大的潜力。但天然气制氢会伴随二氧化碳的排放，若不采取任何烟气处理措施，那么最终得到的氢气则属于"灰氢"。配合二氧化碳捕集工艺的天然气制氢系统生产的氢气可称为"蓝氢"，具有更高的社会效益，所以二氧化碳的捕集是天然气制氢工艺中不可或缺的重要环节。

（1）天然气制氢过程中二氧化碳捕集的点位及相应的捕集方法

捕集天然气制氢过程中生成的二氧化碳，前提是需要知道二氧化碳通过天然气重整催化反应产生的位置。此类型系统的示意图如图6-8所示，水煤气转换反应装置（water gas shift）出口端中的混合气体主要包含反应生成的主产物氢气、二氧化碳、副产物一氧化碳、未反应的甲烷天然气和微量的氮气。此混合气体经过变压吸附装置（pressure swing adsorption，PSA）分离出高纯度的氢气产品，剩余的其他气体回流至蒸气重整环节（steam reforming），但不与天然气重整的物流混合，仅与碳基化合物燃料（通常同样是天然气）混合燃烧，为重整吸热反应提供反应所需热量。燃料燃烧反应同样生成二氧化碳，混合天然气制氢反应转化的二氧化碳一起由烟气（flue gas）排出。所以，整个天然气制氢过程中产生二氧化碳的途径为反应转化和燃料燃烧。反应生成的二氧化碳会经过PSA前端、PSA后端，最后由烟气排出；燃料燃烧生成的二氧化碳则直接由烟气排出（图6-8）。

因此，天然气重整制氢工艺过程中潜在的二氧化碳捕集点有三处，即变压吸附PSA装置前（Step 1）、PSA装置后的解吸气（Step 2）和反应装置出口处的烟气（Step 3）。三处气体的组分和条件信息在表6-6中列出。除了气体成分和温度压力条件的不同，二氧化碳的浓度在三处潜在捕集点也相差较大。在PSA前端，由于气体压力较大，捕集难度相对较低，可以利用其高压条件，采用变压吸附法脱除气体中的二氧化碳，避免了对待处理混合气体的升压，能耗大幅降低。PSA后端的解吸气压力低，但是分离出氢气后的该混合气体中二氧化碳浓度最高，适合减压变压吸附法（VPSA）。然而，以上两处的二氧化碳仅为天然气制氢转化生成的部分，并不包含燃料燃烧生成的烟气，大约占整个系统的二氧化碳排放总量的60%～80%。烟气处的捕集点可以最大程度地捕集二氧化碳，但是二氧化碳浓度

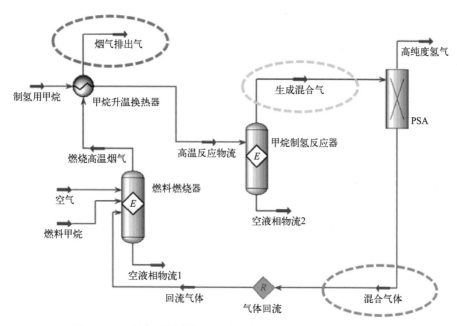

图6-8　天然气重整制氢流程中二氧化碳的潜在捕集点位示意

在此处最低，难度相对较高，且对于膜分离法和变压吸附法还需要对烟气进行一定程度的增压，能耗较大（表6-6）。

综上所述分析，二氧化碳捕集点位的确定需要根据对捕集率的要求、对制氢系统的改动和捕集方法等因素综合考虑。表6-7对比了常用的碳捕集方法，下面的章节主要介绍烟气处的膜分离法。

表6-6　天然气制氢过程中二氧化碳潜在捕集点位的气体信息

项目		PSA前端	PSA解吸气	烟气
压力/MPa		1～2	0.02	常压
温度/℃		40	40	100
组分（体积分数）/%	CO	1.2	2.4	—
	CO$_2$	18.8	38.9	15.4
	H$_2$	77.3	52.9	—
	CH$_4$	1.9	4.0	—
	N$_2$	0.1	0.07	59.2
	O$_2$	—	—	22.6
	H$_2$O	—	—	2.1（Ar 0.76）

表6-7　四种常用的二氧化碳捕集方法的对比

项目	低温法	吸附分离法	吸收法	膜分离法
技术成熟度	高	中	高	中
投资成本	中	高	高	中
适用CO_2含量	≥60%	40%～80%	≤15%	≥5%

（2）膜分离法

目前全世界对生产"蓝氢"的碳捕集率没有明确的定义。从最大限度地捕集制氢系统排放的二氧化碳这方面考虑，本小节重点介绍天然气制氢系统烟气处膜分离法的捕集原理和工艺。

① 膜分离的原理　膜分离法捕集二氧化碳的原理比较简单，即依靠膜材料对不同气体的渗透速率的不同，达到实现气体分离的效果。膜的性能主要体现为对单一气体的渗透速率和对不同气体的分离因子。渗透速率反映了气体分离膜的渗透能力，常用 单 位 是GPU ［1GPU=10^{-6}cm³(STP)·cm^{-2}·s^{-1}·cmHg^{-1}=$3.346×10^{-10}$mol·m^{-2}·s^{-1}·Pa^{-1}］。一种特定的膜材料对不同气体的渗透速率不同，渗透速率的比值即为分离因子。例如二氧化碳和氮气的分离因子等于50意味着膜材料对二氧化碳的渗透速率是对氮气的50倍。

② 膜材料的分类　膜材料的类型一般分为三种：多孔膜、致密膜和促进传递膜。气体穿过多孔膜达到分离的效果是通过膜的孔径和气体分子平均自由程的关系实现的。只有当膜的孔径与气体分子平均自由程大小相近时，多孔膜材料才能体现出一定的分离效果。大分子气体无法或很难穿过膜的孔径，而小分子气体则不受孔径大小的约束，可以自由穿过。孔径的内壁有时也具有一定的吸附作用，根据对不同气体的吸附作用力强弱的不同，也可实现混合气体的分离。混合气体穿过多孔膜的分离过程可用努森扩散机理描述，在此状态下，气体通过多孔膜的流量和气体的分子量的平方根成反比。属于多孔膜的材料主要有沸石分子筛、金属-有机框架、碳膜等。致密膜多以聚合物为原料制成，对混合气体的分离原理可按照溶解扩散机理解释。气体首先从气相溶解到膜中，在膜内从一端扩散至另一端，再从膜中吸出至渗透侧。由于气体在致密膜中的溶解度较低，满足亨利定律，即气体在膜中的浓度与其在气相中的分压成正比。气体在膜中的分子扩散过程符合菲克定律，渗透通过膜的通量与浓度梯度成正比。致密膜的制造成本低廉，适合工业化应用，常见的致密膜主要有聚二甲基硅氧烷（PDMS）、聚酰亚胺（PI）、醋酸纤维素（CA）、聚苯醚（PPO）和聚砜（PS）。促进传递膜是在致密膜的基础上，对聚合物材料改性，在膜内添加功能性基团，可与特定的待分离气体（如二氧化碳）发生可逆反应，从而达

到强化传质的作用。例如为了从混合气体中更好地分离出二氧化碳，可在膜的载体上添加氨基、羧酸根和吡啶基等反应基团，实验表明添加基团后的膜的分离性能显著改善，渗透速率提高的同时，分离因子也随之升高。

③ 膜分离关键参数　温度的升高可以提高分子扩散速率，然而在常规膜分离的工作环境中，温度的改变范围有限，即常温至60℃左右，对气体分子在膜内的扩散并没有明显的改变。压力相较于温度，对气体膜分离过程起到的作用有时比较明显。根据溶解扩散机理，待处理气体侧压力的升高，可以提高在膜内的溶解度；截留端与渗透侧的压力差决定了两端气体的浓度梯度，是分离过程主要的推动力。然而对于不同材质的分离膜，通过改变压力造成的性能变化并不相同。例如，对于一种含有球形微孔二氧化硅的混合基质膜，待处理混合气体内二氧化碳的分压从33kPa升高至165kPa时，二氧化碳与甲烷的分离因子则由28提升至32。对含同种材料二氧化硅的离子液体混合基质膜，操作压力由6bar（1bar=10^5Pa）升高至20bar时，此分离因子从48提升至66。但是一些对二氧化碳分离效果好的膜对压力的改变并未做出反应，如在常压到3MPa的常规操作压力区间，渗透速率和分离因子并未有明显的变化，甚至当操作压力提升较高时，从0.7MPa到12.3MPa，碳分子筛膜对二氧化碳的渗透速率反而从110GPU下降至88GPU，二氧化碳与甲烷的分离因子也从60下降为55。对于此现象的一种解释是，高压对膜造成了塑化，材质的改变造成了渗透速率和分离因子的降低。表6-8列出了一系列常见的膜材料的性能供参考。

表6-8　一些气体分离膜的渗透性能

材料种类	CO_2渗透速率/GPU	分离因子 CO_2/N_2	分离因子 CO_2/O_2	分离因子 CO_2/H_2O
聚氧乙烯型复合膜（Polaris™）	1000～2000	49～60	19～22	
聚环氧乙烷和聚对苯二甲酸丁酯复合膜	>2000	>80		1
聚乙烯醇/聚烯丙胺类	1200	500	75	1
环氧乙烷基聚合物膜	500～1000	50～100	20～40	0.8～1
橡胶类聚合物PDMS复合膜	3713	90		
聚醚砜类复合膜	1725～2420	46～100		

④ 气体膜分离工艺　对于低浓度二氧化碳的混合气体，二氧化碳的捕集通常需要多个膜组件达到捕集率和纯度的要求。多个膜按照多级多段式共同协作完成气体分离的过程。上一级膜与下一级膜的连接常伴随气体的增压环节，因为上一级的渗透气需要提高压力才能进入下一级的膜组件中。对于同一级膜，上一段截留侧的高压气体进入下一段的膜中，一般不需要增压。多级多段的设计要根据膜

材料的选择和其对不同气体的分离性能决定。

⑤ 天然气制氢系统烟气处膜分离法捕集二氧化碳的流程　如图6-9所示，简化的膜分离法捕集二氧化碳的工艺与天然气制氢系统耦合，用于捕集烟气处的二氧化碳。碳捕集流程主要包含烟气预处理、低温脱水、气体膜分离和二氧化碳的液化提纯。

通过第一步烟气的水洗降温，可使气体从100℃降至常温。温度降低后的烟气中的一部分水蒸气冷凝为液态，分相后与烟气分离。冷却后的烟气通过增压，进入低温脱水环节将烟气中几乎所有的水蒸气冷却脱除。低温脱水步骤重要的原因在于用于二氧化碳分离的膜材料一般对水蒸气也具有很高的渗透性能，无法将烟气中的水蒸气通过膜分离过程与二氧化碳分离。脱水后的增压烟气进入气体膜分离环节。图6-9中所示，此流程包含三个膜组件，经过一级一段膜初步过滤后的截留气进入一级二段膜进行进一步的分离，而渗透气进入下一级膜，即二级膜。由于二级膜的截留气和一级二段膜的渗透气中包含一定量的二氧化碳，对这两股气体需要进行循环回流处理，混合后的气体回流至烟气预处理部分的气体增压前端，与烟气混合后一同进入压缩机。一级二段膜的截留气的主要成分是氮气和氧气及微量的二氧化碳，满足排空的标准。二氧化碳含量较高的二级膜渗透气将进入液化提纯步骤，此时二氧化碳的浓度已达到约95%，经过多级压缩、多级冷却和低温精馏后，液态二氧化碳的浓度可提升至99.5%以上，满足后续作为工业应用的商品气，对二氧化碳捕集系统提供一定的经济补偿。

6.3.2.6　LNG接收站碳捕集技术

LNG接收站中，烟气排放源主要为浸没燃烧式气化器（SCV）、火炬等。在LNG接收站开展烟气碳捕集，优先选择燃烧后碳捕集方法，结合接收站大量LNG冷能，优选利用冷能的低温碳捕集方法。

现有低温碳捕集技术主要包括低温填充床技术、反升华技术、外部冷却回路低温碳捕集技术、斯特林冷却碳捕集技术、低温蒸馏碳捕集技术、CryoCell碳捕集技术等。由于制冷成本高，利用低温法开展碳捕集无法推广应用，仅限于实验室模拟与试验。

在LNG接收站，LNG气化并升至常温的过程中，1t LNG可释放约864 MJ的冷能，冷能资源丰富。然而，当前我国LNG接收站对LNG气化过程中产生的冷能未能充分利用。基于中国海油LNG产业特色，开发建设成本与运行成本相对较低的低温耦合碳捕集技术，符合国家绿色低碳发展需要。目前，气电集团已经开展基于LNG冷能的低温+膜、低温+吸附工艺与装置研究，其CO₂捕集率均可达90%以上，纯度可达95%以上。

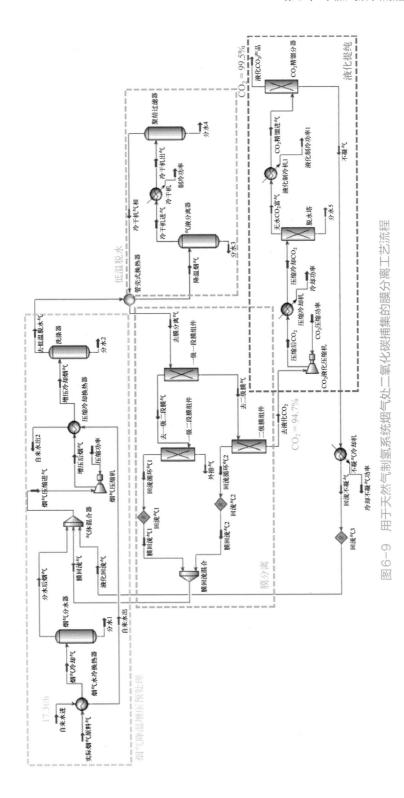

图6-9　用于天然气制氢系统烟气处二氧化碳捕集的膜分离工艺流程

6.3.3　二氧化碳利用技术

我国能源结构转变过渡期长，碳排放必不可少。碳达峰后的去峰过程的碳利用环节不可或缺，碳捕获利用与封存技术可能是未来能源产业大规模减排CO_2最重要的技术选择。能源行业部署碳利用技术要综合考虑碳排放（捕集）、碳利用（转化）方式及碳产品输出等环节，将减排、利用及经济效益等三个方面协同考虑，以降低减排成本并规避风险。

低能耗、高附加值资源化利用是加速CCUS技术商业化的关键途径之一。但目前碳利用技术存在如下难题：

① 碳源分散、碳汇难度大，二氧化碳排放源多且分散，涉及电力、煤化工、水泥等行业，且森林、海洋碳汇总量有限。

② CO_2大规模资源化利用技术尚不成熟。现有碳转化利用整体规模有限，缺乏有效转化利用路线，二氧化碳的液化与封存多，利用少。不少碳利用技术仍在验证过程，经济性不明显，项目投入成本远高于购买碳配额价格。

③ 大规模捕集、运输、利用、封存、监测全产业链商业模式不健全，碳利用政策支持力度有限，国内在制定相关税费、补贴等支持政策方面还不够完善。

④ 中国的碳利用技术研发应用还处于早期阶段，缺乏高价值利用途径。

碳利用技术包括直接利用技术及转化利用技术，比较典型的直接利用技术有二氧化碳驱油技术、碳萃取工艺等，转化利用技术则包括采用电化学、光化学、生物化学等技术，即以二氧化碳为原料生产燃料、化工品及碳酸盐工业品等。

① 二氧化碳驱油技术　二氧化碳驱油技术就是把二氧化碳注入油层中以提高油田采油率的技术。该技术适用油藏参数范围较宽，在能达到混相的条件下，CO_2具有极高的驱替效率，能大幅度提高油井的生产能力。美国是世界上利用CO_2驱油技术最成熟、项目最多、驱油效果最好的国家。我国的CO_2-EOR技术探索始于20世纪60年代，在室内实验机理研究的基础上，大庆油田、胜利油田、江苏油田等进行了先导性实验，取得了一定进展。

② 藻类吸碳转化技术　在农业和水产养殖系统中使用二氧化碳来种植和收获藻类。藻类是非常有效的光合生物，可大量消耗二氧化碳，同时藻类生物质可用于加工并转化为燃料和化学品、鱼类和动物等食物、土壤补充剂以及其他特殊精细产品。

③ 碳燃料和化学品技术　将二氧化碳转化为有价值的化学中间品，用于生产燃料、化学品和精细化学品。转化途径可以包括热化学、电化学、光化学、非平衡等离子体化学和微生物介导的方法。大部分转化路径都需要催化剂或集成工艺来降低驱动这些系统所需的能量。目前积极发展二氧化碳催化转化技术是兼顾经济发展和遏制温室效应的重要途径。甲醇作为生产高附加值化学品且便于运输的

重要中间体，是现代经济发展中重要的化工原料，二氧化碳加氢制甲醇技术是碳资源高效循环利用的有效途径。

④ 碳矿化技术　二氧化碳反应生成无机产品，例如碳酸盐水泥和骨料、碳酸氢盐和其他无机化学物质。矿化发电将二氧化碳作为一种潜在的能源和资源，是将二氧化碳矿化反应化学能直接转化为电能输出的二氧化碳减排新途径。

碳利用相关技术的发展已有几十年的历史，目前西方发达国家，包括美国、欧洲和加拿大等国家，均制定相关政策并投入大量经费支持碳利用技术的发展，并且已经开展了丰富多样的碳利用技术研发与攻关，取得了较大的进展。以美国能源部为例，该机构开展系统性的碳利用技术资助已有近10年时间，相关项目在燃料生产、矿物质、塑料制品、化工品生产、水泥制品及驱油等方面均有显著性研究成果。2016年，美国能源部、国防部高级研究计划局先后推进二氧化碳再利用策略开发。

中国的碳利用技术研发应用还处于早期阶段，预计随着碳达峰要求的提出将逐步迎来快速发展期。中国的碳利用技术起步晚，国内目前主要的碳捕集与利用工程示范项目中，二氧化碳利用量较少，技术储备不够充分。

中国有世界上最大的电力行业，产生的碳排放量约为整个欧盟的总排放量，以燃煤电厂等高强度碳排放源为代表的电力行业的低碳转型是实现碳达峰及碳中和承诺的关键，预计将面临空前的减排压力，但同时会迎来巨大的发展机遇。碳捕集与碳利用（CCU）技术的整合有望匹配燃煤电厂的减排需要，同时可通过碳利用技术实现必要的经济收益来平衡减排成本。

二氧化碳的资源化利用与燃煤电厂的有效结合要在结合中国国情和电厂实际的基础上，通过技术指标和经济性指标来评定和选择。但是，目前中国的资源化利用尚需进一步加强技术路线选择、技术储备与论证、技术评价体系等方面的工作。

6.3.4　二氧化碳封存技术

6.3.4.1　二氧化碳封存分类

二氧化碳的封存技术实际上就是把二氧化碳存放在特定的自然或人工"容器"中，利用物理、化学等方法，将二氧化碳封存百年甚至更长的时间。碳封存一般分为海洋封存和地质封存。

（1）海洋封存

海洋封存是指将CO_2通过轮船或管道运输到深海海底进行封存。海洋面积占地球表面积的71%，是陆地表面积的两倍多。海洋的固碳能力远远超过陆地生物圈和大气，它所固定的碳约是陆地生物圈的20倍，是大气的5倍，因此海洋在全球碳循环中扮演了相当重要的角色，对CO_2的吸收具有不可估量的潜力。Marchettil在1977年首次提出了CO_2海洋封存的设想，由此拉开了海洋碳封存研究的序幕，他提出将不同途径收集来的CO_2以气体、液体、固体3种形式分别注入深海区域，使其在深海特定的高压低温条件下自动形成十分稳定的固体水合物，从而实现CO_2长期的封存隔离。经过4年的探索发展，CO_2海洋封存方法在理论与技术层面均取得了巨大的进展，加快海洋碳封存的速度、提高海洋吸收CO_2的能力是众多研究的关键所在。目前的方法主要是海洋水柱封存、海洋沉积物封存、CO_2置换天然气水合物封存。

海洋水柱封存方法首先要利用管线和船舶将捕集的CO_2以一定的速度注入海水中。海洋水柱封存的原理是依靠海洋中存在的不同种类的离子和分子，主要是由HCO、CO、$H-CO_2$、溶解态CO_2等构成的相对稳定的缓冲体系，通过一系列的物理反应或化学反应对CO_2进行溶解和吸收，最终达到封存的目的。一些学者通过实验室模拟研究了海洋封存二氧化碳最佳注入深度与液滴大小的关系，但这项研究仅处于实验室模拟阶段，并未在实践中得到验证。实际上，注入深度不同，达到的封存效果会产生很大差异：当CO_2注入海洋的浅水区时主要以气态的形式存在，随注入时间和注入量的增加，在水深小于500m的范围内连续注入的CO_2会形成大量的羽状流，这些羽状流富含CO_2气泡，一部分逐渐溶解于周围水体中，一部分在完全溶解前逐渐上浮而排放到大气中。当CO_2的注入深度加大，到达$1000 \sim 2500m$的范围时，不管是气态还是液态的CO_2都会溶于海水中。当CO_2注入海洋的深水区时，液态CO_2的密度已经明显大于海水，通常会下沉至海洋底部，在海底的低处形成CO_2——"碳湖"，此时的深度一般大于3000m。相比之下，气态、液态、固态3种相态中固态CO_2最稳定、密度最大且不易分解逸出，将其施放于深海中后会自动向海底沉降，因此固态CO_2是海洋水柱封存方法中封存效率最高的相态。图6-10展示了CO_2的海洋水柱封存。

近年来对CO_2在海水中溶解时间的数值模拟结果表明，CO_2海洋封存的效果不仅与其水合物的溶解机制有关，而且还取决于海水深度、海底边界层的动力学特征，海水pH值以及CO_2在海水中的特性等。首先，扩散型海水相比慢混合型海水更有利于CO_2的存留，即CO_2在深层海水中的存留时间比浅层和中层海水中的存留时间更长。其次，有研究指出CO_2在海水中封存之后仅能在一定时期内稳定存在，这个时期取决于海洋循环的周期，在海洋循环的过程中，CO_2很可能随着海洋环流而变化迁移最终离开海洋水体返回大气圈，即海洋循环周期会在很大程度上影响碳封存的长久效果。一些研究者也明确指出海洋循环的周期大概为1000年，注入深海的CO_2在经历一系列漫长的转移转化之后最终将重返海洋表层或离开海洋水体和大气建立新的平衡。鉴于此，已有众多专家学者开始研究如何更加经济高效

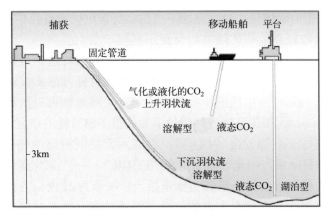

图 6-10　CO_2 海洋水柱封存示意

地生成 CO_2 水合物并将其输送到适宜的海洋深处进行封存，从而尽量延长封存时间，提高封存效率。

　　海洋沉积物封存与海洋水柱封存有本质的区别。前者的原理是将 CO_2 通过管线注入海床巨厚的沉积层中，由于 CO_2 的密度大于沉积层中孔隙水的密度，利用此特性，CO_2 可封存于沉积层的孔隙水之下（图 6-11）。Koide 等于 1997 年最早提出利用海洋沉积物来储存 CO_2，并建议了 3 种不同深度的沉积物，即浅水区海底（<300m）、深海底（300 ～ 3700m）和超深海底（>3700m），CO_2 在深海高压低温的条件下，可在海洋沉积层中形成一种晶状水合物，外表上类似于冰。这种晶状水合物在海水中的溶解速率非常小，因此能减轻 CO_2 对海洋生态系统中各类生物的影响。此外，CO_2 水合物的形成可以明显减小沉积层的孔隙度，甚至堵塞孔隙，导致渗透率的降低，进而增强密闭性，改善 CO_2 的封存效果。海洋沉积物的岩石类型主要是砂岩和玄武岩，高渗砂岩可直接封存 CO_2，玄武岩富钙、镁、铁，能与

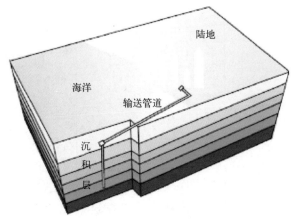

图 6-11　CO_2 海洋沉积物封存示意

CO_2反应生成稳定的碳酸盐，且反应速率很快。海洋沉积物封存CO_2同时兼具多重优势，封存安全性较高，相比陆地封存更是具有一些明显优势，比如储层分布广泛，远离人居区等，可能更加容易为公众所接受。人们对这一封存方法普遍充满信心，认为封存时间可达一千年甚至几千年，这种封存方法不仅对海洋生态环境的影响较小，对人们日常生活的影响也微乎其微。同时也可以预见，海洋沉积物封存的成本非常高，大规模实施应用仍然需要做很多细节性的研究工作。

20世纪末，Ohgaki等提出了CO_2置换海底水合物沉积层中CH_4的设想。美国能源部在相关的科研报告中也曾明确定义"EGHR"——二氧化碳置换强化开采天然气水合物。天然气水合物在地球上储量巨大，被誉为21世纪的新能源。海底天然气水合物（可燃冰）虽然有丰厚的储量，但通过海上作业对其开采时，很容易因为甲烷气体的瞬间释放而同时释放大量的能量，进而引发一些严重的地质灾害，比如海底滑坡、海底地震等。CO_2置换天然气水合物的优势在于，当CO_2置换取代CH_4时，一方面减少了CO_2的含量，另一方面维护了海底水合物沉积层的稳定性，兼具环保价值和经济价值。

国内外相关领域对于CO_2置换天然气水合物的系列研究表明，CO_2置换天然气水合物的反应能够自发进行，且不受热力学和动力学条件的严格限制，这为该方法封存CO_2提供了可靠的理论和事实依据。在一定的温度下，CO_2水合物保持稳定所需的压力明显小于可燃冰，因此向海底天然气水合物层中注入气体可促使可燃冰分解，分解之后产生的水与CO_2气体也可以结合生成更稳定的CO_2水合物，这个过程中所释放的热量还可以继续维持分解作用。然而，该技术发展的主要制约因素是置换反应速率小。如图6-12所示，在CO_2置换CH_4的过程中，置换效率不会达到100%（理论最大值为75%）。宋光春等研究了温度和压力对CO_2置换甲烷水合物的影响，认为相对于压力来说，温度对置换速率和置换效率的影响更加直观和

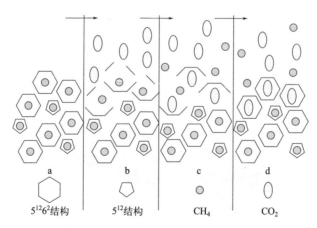

图6-12　CO_2分子置换CH_4分子示意

明显，建议在实际开采过程中，可采取适当增加置换时间和提高置换温度的措施，将置换与降压注热相结合，或使用CO_2乳化液置换等方法来提高置换效率。吴传芝等在总结天然气水合物的各种开采技术时，也提出了CO_2置换开采法与加热开采法联合应用的建议。目前系统装置的研究已经比较成熟，已有的利用CO_2置换CH_4开采海底天然气水合物的系统主要由以下5个部分构成：深水钻井平台、采气隔离管道、压缩系统、分离系统和供热系统。但实际上利用此方法来实现天然气水合物的商业化开采仍然有很大的差距。

虽然海洋封存理论上潜力巨大，但其封存成本很高，且在技术可行性和对海洋生物的影响上尚未有所定论，因此该技术仍处于理论研究阶段，因此，目前的二氧化碳封存以地质封存为主。

（2）地质封存

地质封存是经由输送管线或车船运输至适当地点后，通过把二氧化碳注入各种不同的地质体中（一般封存深度在地表800m以下），使二氧化碳在超临界状态下封存于地下，该方法可在一定条件下实现对二氧化碳的永久性封存。理论研究和实践表明，当前可进行二氧化碳地质封存的地质体主要有油气藏、深部咸水层、玄武岩、不可采煤层等。

油气藏由于其自身良好的封闭性（可长时间将油气封存），与其他地质体相比，二氧化碳封存于其中的泄漏风险最小，并且由于油气藏中已部署了生产井和注入井，对二氧化碳进行封存也更为方便；另外，这一方法不仅可以减缓CO_2的排放，还可以提高原油产量、天然气采收率等，经济效益也更好；因此油气藏封存可分为枯竭油气藏封存、二氧化碳驱油提高采收率两种方式。

利用油气藏对二氧化碳进行封存，选择之一是将其封存在枯竭油气田中，这是二氧化碳最为理想的埋存地点。19世纪末，挪威开始在枯竭气田封存二氧化碳，其在北海海床上建立的气田地层封存二氧化碳项目，至今仍无因地震等因素造成二氧化碳泄漏的事件发生。当前，世界范围内已投运的具有代表性的枯竭油气田二氧化碳封存项目见表6-9。

表6-9　枯竭油气田二氧化碳封存项目

项目	年份/年	封存深度/m	封存构造类型	概况
West Pearl Queen	2022	2000	枯竭油田	美国首次现场试验，共注入二氧化碳超过2000t
Otway Basin	2005	2050	枯竭气田	澳大利亚最大的二氧化碳地质封存示范项目
Total Lacq	2006	4500	枯竭气田	法国第一个进行CCS全套运作的项目
Milovan Urosevice	2010	2000	衰竭气田	首次结合应用地震监测技术

从表6-9可以看出，利用枯竭油气田封存二氧化碳是一种安全且永久性的措施，而且早在10多年前美国等国家就开始尝试使用该方法，但截至目前，世界范围内利用枯竭油气田封存二氧化碳的项目依然屈指可数。这主要是由于受到地域及埋存条件等因素的限制，且封存的经济性较差。因此，虽然枯竭油气田是最理想的二氧化碳埋存方式，但依然无法得到真正的大规模推广应用。

二氧化碳驱油提高采收率（CO_2-EOR）技术是对二氧化碳进行附属封存的技术（图6-13）。与枯竭油气藏封存二氧化碳不同，该技术是将二氧化碳注进还在生产的油井中，通过高压注入，使二氧化碳和原油形成混合物，在封存二氧化碳的同时，将油驱替出来，通过提高原油采收率来提高原油产量。

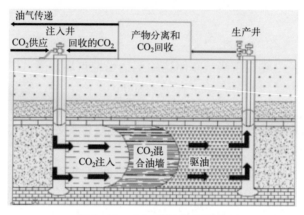

图6-13　CO_2驱油技术原理

作为一种油气上游技术，注CO_2提高原油采收率已经有几十年历史。虽然该技术并不属于前沿技术，但是在CCUS受到广泛关注的今天，与其他类型CCUS项目相比，CO_2-EOR项目确实显得"与众不同"。显然，由于CO_2增油所得收入可以部分或完全抵消碳捕集成本，因此发展CO_2-EOR项目是富有吸引力的选择。

近年来，全球大型二氧化碳驱油封存示范工程项目数大幅度增长。根据全球碳捕集与封存研究院（Global CCS Institute）统计数据分析得出，全球目前共有289个CCS项目（分布在34个国家），正在运行的CCS项目有63个（分布在16个国家），其中商业运行项目共33个，项目个数排名前三的国家为美国、中国和加拿大（图6-14）。正在运行的项目中有69%的项目用于CO_2-EOR项目（图6-15）。据国际能源署统计和预测，未来全球二氧化碳驱油项目数和驱油产量将持续增加，预计到2040年，全球二氧化碳驱油产量将达到150万桶/日，为首要的提高原油采收率技术。

据已有研究成果，我国深部咸水层CO_2地质储存潜力占总潜力的98%以上，远远大于其他储存介质，是实现规模化CO_2地质储存的主力。根据水的矿化度对地下水类型进行的划分如下：地下淡水是指总矿化度小于1.0g/L的地下水；地

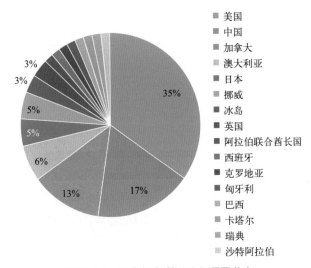

图6-14　正在运行的CCS项目分布

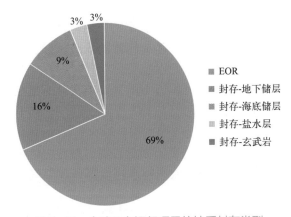

图6-15　全球正在运行项目的地质封存类型

下微咸水是指总矿化度在1.0～3.0g/L之间的地下水；地下咸水是指总矿化度在3.0～10.0g/L之间的地下水；地下卤水是指总矿化度大于50.0g/L的地下水。出于工、农业多部门、多行业用水对矿化度要求较为宽泛和本着保护地下卤水资源等方面考虑，确定深部咸水含水层地下水矿化度介于10～50g/L，既不能作为工农业用水，也不满足地下卤水液体矿矿化度要求，为当今技术、经济条件下"不可利用"的咸水含水层。针对深度，如前所述，储层的深度应满足CO_2以超临界流体态的形式储存于地下，也就是说埋藏深度必须大于800m，同时也应考虑注入成本，深度必须有最大限度，一般设为3000m。因此，深部咸水层可定义为深度介于800～3000m，水的矿化度介于10～50g/L的地下含水层。

煤具有典型的双孔结构特征，在煤层中注入CO_2既可有效地封存温室气体，还可驱替和提高煤层气产量，有广阔的应用前景，所以CO_2在煤层中的封存一般结合煤层气的开采，即注CO_2提高煤层气采收率（CO_2-enhanced coal bed methane recovery，CO_2-ECBM），利用CO_2在煤岩的吸附能力高于CH_4的原理，通过向煤层注入CO_2，使其与煤层中存在的CH_4形成竞争吸附，并将CH_4从煤的基质表面置换出来，同时孔隙中注入CO_2还可降低CH_4的有效分压，加速了煤层CH_4的解吸，从而提高煤层气的采收率（图6-16）。

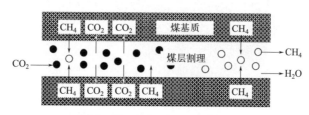

图6-16　CO_2-ECBM机理

CO_2-ECBM技术的有以下大优点：

① CO_2-ECBM技术在提高煤层气采收率的同时可间接促成CO_2封存，减少温室气体排放，在全球碳减排要求越来越高的背景下，有利于对化石燃料的低碳化开发利用，也有利于争取到政府政策支持。

② CO_2-ECBM不会改变现有开发方案的主要工艺，而是在原计划的达产高峰后再选择对产量衰减的煤层气井进行注CO_2挖潜改造，有利于保持已批复建设投资计划的相对稳定性。

③ 维持煤层气长开发周期，需要不断延长现有设施的使用寿命，维护成本过高，通过注二氧化碳提高煤层气采收率技术可以提高煤层气产量，缩短煤层气开发周期，降低煤层气开发成本。

但CO_2驱替煤层气封存技术目前还尚未成熟，部分技术问题有待解决，还需要进一步研究，如注入CO_2会导致煤层渗透性降低，使CO_2无法继续注入。此外，不可采煤层的判定受特定时期经济和技术条件限制，随着经济技术发展，不可采煤层可以转变为可采煤层，而一旦注入CO_2未来就难以被重新开采利用。

因此，二氧化碳封存的主要目标为油气藏封存、咸水层封存。

6.3.4.2　二氧化碳地质封存机理

CO_2地质封存就是利用当地层温度高于31.1℃、压力高于7.38MPa时，CO_2进入超临界状态的性质进行封存。超临界CO_2密度近于液体，约为标准大气压下的400倍，使得封存空间大大减少。黏度近于气体，与液体相比，要小两个数量级，具有较大的溶解能力。

注入地层中的二氧化碳一般以3种形式存在（图6-17）：一是分子形式，注入的二氧化碳在储层中受浮力作用存在于盖层下，经扩散后形成二氧化碳层或成气态束缚于孔隙空间或吸附于颗粒表面 [图6-17（a）～（c）]；二是溶解形式，随着封存时间增长，二氧化碳逐渐在地层水中溶解，在地层中得到长期封存 [图6-17（d）]；三是化合物形式，地层的压力、温度使得二氧化碳与矿物反应生成化合物，从而使二氧化碳得以封存 [图6-17（e）]。

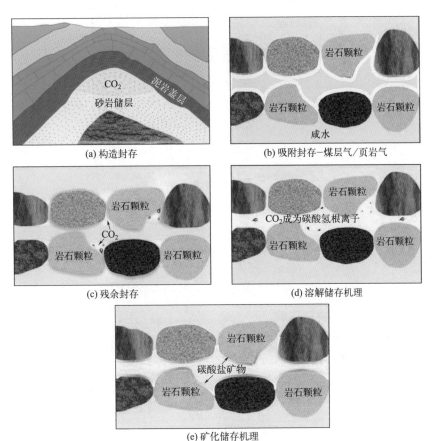

图6-17 CO_2封存机理

最常见的是CO_2以分子形式封存于岩石孔隙中，封存时间最长的是矿化封存，其封存时间可以达到上万年的时间（图6-18）。

煤对气体的吸附和解吸是以范德华力为作用力的物理吸附，是一个完全可逆但解吸滞后的过程，CH_4从纳米级别的煤岩基质中降低压力挣脱范德华力而解吸，经微孔隙流入厘米级别的割理和裂缝，再从井筒中开采出来（图6-19）。不同气体分子与煤之间作用力的差异，导致煤对不同气体组分的吸附能力有所不同，H_2和N_2在煤基质的吸附能力不如CH_4，而CO_2、H_2S和SO_2在煤基质的吸附能力要高于甲烷。

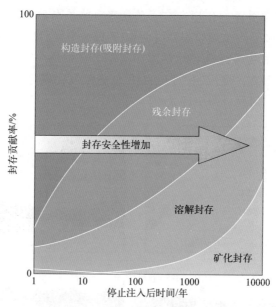

图6-18　各种封存方式的封存贡献率

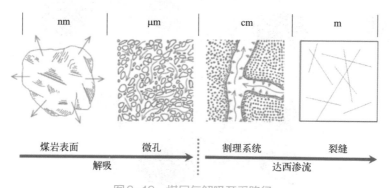

图6-19　煤层气解吸开采路径

CO$_2$在煤基质的吸附能力高于甲烷，如果在煤层注入CO$_2$，CH$_4$和CO$_2$的二元气体竞争吸附，CO$_2$将优先吸附在煤基质，替换吸附能力低于CO$_2$的甲烷，将CH$_4$从煤表面由吸附态置换为游离态，这样可以应用注入CO$_2$来提高煤层气的采收率；除此之外，注入的CO$_2$降低了煤层中游离态CH$_4$的分压，加速了吸附态CH$_4$的解吸，从而提高了煤层气的采收率（图6-20）。

在实际执行过程中，通常是通过新钻井或改造已有的开发井为专门的CO$_2$注入井，通过将一定流量和压力的CO$_2$注入煤层中，CO$_2$在煤层中与CH$_4$发生充分的二元气体竞争吸附，CH$_4$解吸扩散到裂缝中，随后通过邻近的煤层气开发井将地下裂缝中的游离气开采出来（图6-21）。

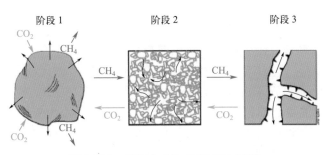

图6-20　煤岩中CO_2置换CH_4过程

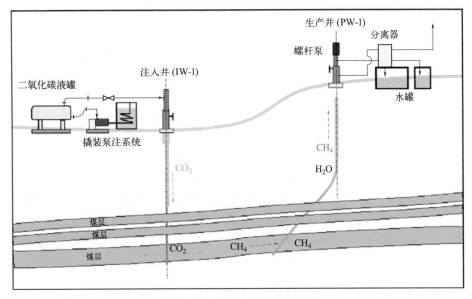

图6-21　CO_2-ECBM示意

6.3.4.3　二氧化碳地质封存量评价

（1）油气藏封存量评价

对于中国油藏，一般具有以下3个特点：a.高含水。中国大多数油田都是采用注水开发，目前，很多油藏都处于高含水阶段，有些油藏含水率能达到90%；b.非均质性强。中国油藏是陆相沉积，具有渗透率低、非均质性强等特点，严重影响注气的波及系数；c.最小混相压力高。中国油藏中原油的特点是黏度高、胶质和蜡含量高、凝固点高，导致多数油藏原油最小混相压力过高。在确定CO_2在油藏中埋存潜力时，需综合考虑溶解、CO_2波及体积、驱替机理等因素。

①理论埋存量。对碳收集领导人论坛（CSLF）提出的计算方法进行改进，考虑CO_2在油和水中的溶解。

$$M_{CO_2,t}=M_{CO_2,\text{驱油}}+M_{CO_2,\text{水}}+M_{CO_2,\text{油}} \tag{6-1}$$

式中，$M_{CO_2,t}$ 为 CO_2 在油藏中的理论埋存量，10^6t；$M_{CO_2,\text{驱油}}$ 为 CO_2 驱油过程中的埋存量，10^6t；$M_{CO_2,\text{水}}$ 为 CO_2 在水中的溶解量，10^6t；$M_{CO_2,\text{油}}$ 为 CO_2 在油中的溶解量，10^6t。各埋存量不同情况下的计算方法不同。

a. 注水开发油藏的理论埋存量计算方法。该方法基本的假设条件为二氧化碳被注入油藏中直到储集层压力恢复到原始储集层压力，即油气采出所让出的自由空间都用于二氧化碳的埋存，同时二氧化碳在注入过程中会溶解到原油和水中。计算公式如下：

$$M_{CO_2,\text{驱油}}=\rho_{CO_2,r}\left[R_f Ah\phi(1-S_{wi})-V_{iw}+V_{pw}\right] \tag{6-2}$$

$$M_{CO_2,\text{水}}=E_f\rho_{CO_2,r}(Ah\phi S_{wi}+V_{iw}-V_{pw})\times m_{CO_2,\text{水}} \tag{6-3}$$

$$M_{CO_2,\text{油}}=E_f\rho_{CO_2,r}Ah\phi(1-S_{wi})\times(1-R_f)\times m_{CO_2,\text{油}} \tag{6-4}$$

式中，$\rho_{CO_2,r}$ 为 CO_2 在油藏条件下的密度，kg/m³；R_f 为注水开发原油的采收率，%；A 为油藏面积，m²；h 为油藏厚度，m；ϕ 为孔隙度；S_{wi} 为油藏束缚水饱和度；V_{iw} 为注入油藏的水量，10^9m³；V_{pw} 为从油藏产出水量，10^9m³；E_f 为 CO_2 波及系数；$m_{CO_2,\text{油}}$ 为 CO_2 在油中的溶解度；$m_{CO_2,\text{水}}$ 为 CO_2 在水中的溶解度。

b. 二氧化碳驱油藏的理论埋存量计算方法。美国是开展利用二氧化碳提高采收率技术最多的国家，美国的经验表明，注入的二氧化碳大约有40%的量被采出。Bachu S 等人据此建立了利用二氧化碳提高石油采收率时二氧化碳突破之前和突破之后在油藏中的理论埋存量计算方法。在此基础上，考虑到注入水和采出水问题以及二氧化碳在油藏流体中的溶解问题，建立如下计算方程。

$$M_{CO_2,\text{驱油}}=\rho_{CO_2,r}\left\{\left[(1-a)R_f+aR_h\right]Ah\phi(1-S_{wi})-V_{iw}+V_{pw}\right\} \tag{6-5}$$

$$M_{CO_2,\text{水}}=E_f\rho_{CO_2,r}(Ah\phi S_{wi}+V_{iw}-V_{pw})\times m_{CO_2,\text{水}} \tag{6-6}$$

$$M_{CO_2,\text{油}}=E_f\rho_{CO_2,r}Ah\phi(1-S_{wi})\times[1-(1-a)R_f-aR_h]\times m_{CO_2,\text{油}} \tag{6-7}$$

式中，R_h 为注入一定体积 CO_2 时原油的采收率，%。

② 有效埋存量：

$$M_{CO_2,e}=C_e M_{CO_2,t}=C_m C_b C_h C_w C_a M_{CO_2,t} \tag{6-8}$$

式中，$M_{CO_2,e}$ 为油藏中 CO_2 有效埋存量，10^6t；$M_{CO_2,t}$ 为理论埋存量；C_e 为各因素综合影响的有效埋存系数；C_m 为流度不同造成影响的有效埋存系数；C_b 为浮力作用造成影响的有效埋存系数；C_h 为油藏非均质性造成影响的有效埋存系数；C_w 为含水饱和度造成影响的有效埋存系数；C_a 为地下水体造成影响的有效埋存系数。

（2）深部咸水层封存量评价

对深部盐水层CO_2埋藏容量的计算研究最早开始于20世纪90年代，现已衍生了很多计算方法，目前所用的方法有：早期假设法、面积法、容积法、容量系数法、溶解度法和圈闭法（埋存机理法）。不同的计算方法在参数取值过程中所考虑的各种影响因素范围及影响程度是不一样的。早期假设法所涉及的各种假设条件，虽然具有诸多不足之处（如只有盐水层中构造圈闭才能作为埋存CO_2的存储空间），但所有深部盐水层CO_2埋存潜能的探索对后来的计算研究起到了举足轻重的启蒙和指导作用，1992年Koide等提出的面积法得到应用和发展。面积法所采用的参数值是一个整体概念，没有针对储层的具体岩石物性，如孔隙度、有效厚度及非均质性的影响等，预测值的准确性不是很高。体积法与容量系数法相比所选取的参数个数较少，参数值的获得较为容易且参数的取值准确性较高，计算简单方便，但相对于CO_2盐水层埋存这一复杂的地质化学过程来讲，其考虑因素少，故对埋藏容量估测结果可靠性有一定影响。容量系数法是以深部盐水层CO_2埋存机理为基础推导而来的，基本涵盖了埋存过程中各种可能影响埋存容量的因素，理论上计算结果准确性最高，但由于计算公式中各个参数取值很难确定，且至今没有任何一个机构或个人能对一个具体的深部盐水层给出确定的或一定范围的容量系数值。埋存机理法是体积法与溶解度法的综合，是具体化的容量系数法。理论上，相对于其他方法，它是较严谨的一种计算方法，但所涉及参数众多，各参数的影响因素广泛，因此增大了利用埋存机理法预测埋存量的不确定性（表6-10）。

表6-10　CO_2在深部咸水层中封存量的计算方法

序号	方法名称	计算公式	特点
1	面积法	假设参与计算的盐水层是密闭的，基质及孔隙流体的压缩性作为储层空间来源。$V_{CO_2}=A \times ACF \times SF$ 式中，V_{CO_2}为CO_2的储存能力，kg；A为盆地面积，m^2；ACF为盐水层覆盖系数；SF为储存系数，kg/m^2	采用的参数值是一个整体概念，没有针对储层的具体岩石物性，如孔隙度、有效厚度及非均质性的影响等，预测值的准确性不是很高
2	容积法	$V_{CO_2}=Ah\phi(1-S_{wi})$ 式中，V_{CO_2}表示干层中的CO_2埋存体积，m^3；S_{wi}为束缚水饱和度；A为盐水层面积，m^2；h为盐水层厚度，m；ϕ为孔隙度	选取的参数个数较少，参数值的获得较为容易，且参数的取值准确性较高，计算简单方便，但相对于盐水层埋存这一复杂的地质化学过程来讲，其考虑因素少，故对埋藏容量估测结果可靠性有一定影响
3	容量系数法	常规容量系数：将盐水层划为残余饱和度圈闭控制区、构造圈闭控制区和溶解度圈闭控制区3个区域，引入容量系数C，表示圈闭内可用于埋存CO_2的容积空间比例系数，包括CO_2气体部分（C_{CO_2}）和在地层水中的溶解部分（$C_水$） $C=C_{CO_2}+C_水=S_g+S_w X_w^{CO_2}\rho_w/\rho_{CO_2}$ 式中，S_g为含气饱和度；S_w为含水饱和度；$X_w^{CO_2}$为二氧化碳在盐水中的溶解度	以深部盐水层埋存机理为基础推导而来的，基本涵盖了埋存过程中各种可能影响埋存容量的因素，理论上计算结果准确性最高，但由于计算公式中各个参数取值很难确定，且至今没有任何一个机构或个人能对一个具体的深部盐水层给出确定的或一定范围的容量系数值

序号	方法名称	计算公式	特点
3	容量系数法	有效容量系数：通过将残余饱和度圈闭控制区体积比例系数折合成构造圈闭控制区的体积比例系数，再与溶解圈闭容量系数相加得到 $$C_{eff}=(a+b)\times(S_g^{struct}+S_w^{struct}X_w^{CO_2}\rho_w/\rho_{CO_2})+cX_w^{CO_2}\rho_w/\rho_{CO_2}$$ 式中，a 为构造圈闭控制区体积比例系数；b 为残余饱和度圈闭控制区折合成构造圈闭控制区后的体积比例系数；c 为溶解圈闭控制区体积比例系数	
		埋存量计算：$V_{CO_2}=AD\phi\rho_{CO_2}(C_{eff}+m)$ CSLF法：$V_{CO_2}=AhN/G\phi\rho_{CO_2,r}S_{eff}$ 其他容量系数法：$V_{CO_2}=S_fAhS_g/B_{g,CO_2}\phi\rho$ $V_{CO_2}=Ah\phi S_{eff}\rho_{CO_2,r}$ $V_{CO_2}=V_rN/G\phi E\phi$	
4	溶解度法	将 CO_2 在深部盐水层中的埋存全部视为溶解圈闭埋存 $V_{CO_2}=AD\phi\rho_{CO_2,r}CX_w^{CO_2}\rho_w/\rho_{CO_2,r}$ $V_{CO_2}=Ah\phi[\rho_sW_s(CO_2)-\rho_oW_o(CO_2)]$	只考虑单一因素，结果可能偏小
5	埋存机理法	将盐水层埋藏 CO_2 的容积按埋存机理分别进行求解，各部分相加得到埋存量，应包括自由气、残余气、溶解气和矿化气，但准确评价矿物埋存潜力尚需进行深入研究 $V_{自由气}=\rho_{CO_2}(p,T)V_{trap}\phi(1-S_{wi})$ $V_{残余气}=\rho_{CO_2}(p,T)\Delta V_{trap}\phi S_{CO_2}$ $V_{溶解气}=AD\phi\rho_w x_S^{CO_2}$ $V_{总}=V_{自由气}+V_{残余气}+V_{溶解气}$	相对于其他方法，它是较严谨的一种计算方法；但涉及的参数也较多，可将其简化为体积埋存量和溶解埋存量之和

6.3.4.4　二氧化碳地质封存条件评价

评价一个油气圈闭，主要考虑其生、储、盖、圈、运、保等六个要素，但评价一个油田封存二氧化碳只需考虑储（储集空间）、盖（良好的盖层）、运（运移之通道）、保（后期稳定的地质条件）等四个要素。

（1）储层地质评价

CO_2 封存储层需要关注的问题包括：①储层的沉积相类型与沉积背景；②储层的埋深、厚度和三维几何形态和完整性；③储层的物性（孔隙度、渗透率）和非均质性。储层的 CO_2 地质储存能力评价必须在综合应用沉积学、区域地震地层、地球物理测井等方法查明沉积体系、沉积相及储集体分布的基础上，开展储集层储集性质的研究。

CO_2 气体分子直径小，活动能力强，对储层物性的要求不如原油等液体那么严格，但对盖层要求比油层高。作为一个良好的 CO_2 储存空间，首先必须具有良好的埋存能力和注入能力，这种能力取决于储层性质。

储层性质研究包括盆地区域地层格架与储层分布、储层的沉积类型、储层的埋深、厚度、几何形态及完整性、储层成岩作用特点、物性（孔隙度、渗透率）和非均质性等。对CO_2地下封存来说，深度处于$800 \sim 3000m$，厚度越大、物性越好、非均质性不严重的地层越好。

对深部咸水层来说，水文地质条件也至关重要。类比水文地质条件对煤层气赋存、运移影响研究成果，将水文地质控制CO_2地质储存的作用形式分为3种：水力运移逸散作用、水力封闭作用和水力封堵作用。水力运移逸散控气作用常见于导水性强的断层构造发育地区，通过导水断层或裂隙、沟通储层与含水层，水文地质单元的补给、径流、排泄系统完整，含水层富水性与水动力强，含水层与CO_2地质储层水力联系较好，在地下水的运动过程中，可以携带CO_2运移而逃逸地表。水力封堵控气作用常发生于不对称向斜或单斜中，在一定压力差条件下，CO_2从高压力区向低压力区渗流，如果含水层地表接受补给，顺层由浅部向深部运动，则CO_2向上扩散时将被地下水封堵，致使CO_2得以封存。水力封闭控气作用发生于断裂不甚发育的宽缓褶皱或单斜地层中，而且断裂构造多为不导水性断裂，特别是一些边界断层，具有挤压、逆掩性质，成为隔水边界，储层上部和下部存在良好的隔水层（盖层），CO_2地质储层内咸水体与上覆、下伏含水层无水力联系，区域水文地质条件简单，含水层水动力较弱，地下水径流缓慢甚至停滞，地下水以静水压力、重力驱动方式流动。水力封闭控气作用一般发生在深部，地下水通过压力传递作用，对CO_2构成水力封闭。当水文地质条件为水力封闭控气作用时，场地为"好"；水文地质条件为水力封堵控气作用时，为"一般"；水文地质条件为水力运移逸散控气作用时，为"差"。

（2）盖层地质评价

盖层封闭能力除了受其微观封闭能力的影响外，还要受宏观展布面积大小的制约，因此，对盖层封闭能力评价时，既要考虑盖层的微观封闭能力，又要考虑其宏观发育特征。

① 盖层岩性特征　从盖层的几种封闭机制可以看出，只要某套岩层中流体的排替压力大于注入下伏储层中超临界状态CO_2的压力均可作为盖层。常见的盖层主要是页岩、泥岩、盐岩、石膏和硬石膏等。泥质含量对盖层封闭性影响较大，其含量增加会降低岩层的孔隙度和渗透率，降低岩层的优势孔隙半径大小而增加排替压力，从而增强封闭能力。

② 厚度和分布连续性　据Hubbert研究，几英寸（in，$1in=0.0254m$）厚的泥岩就可以封盖住几百米高的油柱，也就是说盖层厚度对封堵油气来说要求较低。但盖层较薄时，往往分布不稳定，对大规模CO_2地质储存不利。因此，从CO_2地质

储存角度看，盖层越厚越有利。厚度大也不易被小断层错断，不易形成连通的微裂缝。此外，厚度大的泥岩，其中的流体不易排出，从而形成异常压力，导致封闭能力的增加。Grunau认为，当蒸发岩厚度大于20m，页岩厚度大于50m时可以明显提高盖层的封闭能力，可以说当盖层排替压力不够时，加大厚度可以弥补这一不足。

③ 塑性及成岩阶段　不同的岩石具有不同的塑性。在通常的地质条件下，常见盖岩可塑性排列顺序是盐岩、硬石膏、富含干酪根页岩、黏土质页岩、粉砂质页岩、碳酸盐质泥岩以及燧石。泥质岩处于不同的成岩阶段，具有不同的封闭能力。

④ 断裂发育特征　贯穿盖层的断层能够破坏盖层的完整性，张性断层可能成为CO_2逃逸通道，从而引起CO_2泄漏。泥岩中具有超压或微裂缝对其封闭能力影响很大，若泥岩中开启裂缝发育，且密度又大，则其封闭能力就低；若泥岩中发育的是紧闭的裂缝，且密度又小，则其封闭能力较强。因此，在盖层评价中必须重视欠压实和微裂缝的研究，以便对盖层的封闭能力作出正确的评价。

⑤ 主力盖层之上的"缓冲盖层"　CO_2地质储存泄漏通道分为人为泄漏通道、地质构造泄漏通道以及跨越盖层和水力圈闭泄漏通道3类。CO_2一旦突破主力盖层，需要之上的"缓冲盖层"提供一定的封闭能力，从而减少或阻止CO_2的逃逸，提高CO_2地质储存的安全性。

6.3.4.5　二氧化碳封存条件评价方法

在前期研究的基础上，中国油气公司已掌握了CO_2在油、气、水层中的封存机理，并优选出各类储层封存条件的主要评价指标，确定"一票否决"指标，并基于层次分析法，建立封存条件评价方法。相关评价指标及层级如表6-11所示。

表6-11　层次分析法的评价指标及层级

一级评价指标	二级评价指标	三级评价指标
地质封存条件评价指标	地质稳定性	构造应力场的稳定性
		受地震影响程度
		活动断裂带
	储层性质	深度
		岩性
		厚度
		物性
		渗透率变异系数
		分布连续性

续表

一级评价指标	二级评价指标	三级评价指标
地质封存条件评价指标	盖层性质	岩性
		厚度
		物性
		连续性
	地层水性质	矿化度
		驱动类型
		流动深度

对于二氧化碳地质封存来说，地质条件的密封性至关重要，因此在进行储层封存条件评价时，若存在影响地层密封性的因素，则将被"一票否决"，即构造不稳定、断裂发育、盖层渗透率高。另外，针对咸水层二氧化碳封存，水层的深度和矿化度也必须满足要求，即深度大于800m，矿化度在10～50g/L之间。

在封存量评价方面，由于目前封存量的评价方法众多，计算结果差异也较大，因此，在对比各种油气藏、深部咸水层二氧化碳封存量评价方法不同的同时，根据二氧化碳的主流封存机理，优选了更为全面的评价方法。根据CO_2地质封存计算参数不确定性强的特点，为使评估结果更为科学、准确，引入了蒙特卡罗模拟方法，可得到封存量的P10、P50、P90数值，对封存资源量的认识更为全面。

6.3.5 二氧化碳储运技术

CO_2储存和运输是连通碳源和碳利用或碳封存地的关键纽带，目前常见的陆地CO_2输送方式有管道、公路槽车、铁路火车输送，海上CO_2输送则主要靠船舶运输。CO_2的输送方式的选择是由不同的工程项目目的、不同的地理环境、不同的输送距离、经济成本等因素决定的。我国CO_2输送多为罐车、液相和气相管输方式。因此，在碳捕集、运输项目剧增的同时，研究大规模、长距离CO_2管道输送技术迫在眉睫。管道运输被认为是最节约成本的输送方式，尤其在输送大量CO_2，且输送距离比较远时。但要实现管道输送，需要铺设合适的长距离管道，这在建设初期成本太高。储罐输送主要使用汽车、火车、轮船等交通工具进行运输，操作过程灵活，所以仅适用于短距离、小量的运输，且对小量运输最节约成本。

管道输送CO_2根据相态的不同又可分为：气态输送、低压液态输送、密相态输送、超临界输送、超临界-密相态输送，其输送特点和适用范围各不相同，可根据具体的线路状况、气体流量及基础设施条件综合确定。但理论研究和实际工程经验表明，对于大规模、长距离的商业化碳输送，管道输送密相或超临界态的CO_2具有显著优势[50,51]。在管路输送液态CO_2过程中，由于温度和压力的变化导致液态CO_2发生相变，可能气化为气态CO_2，也可能形成固态干冰。在不同温度和压力变化时，CO_2的相态也会变化进而引起物性参数（如密度、动力黏度、比热容、热导率等）的变化。

根据CO_2的储存状态不同，可分为CO_2液态储存和固态储存。在CO_2储存及汽化过程中都要用到二氧化碳低温储罐（槽），为了保证CO_2以$-23 \sim -30℃$的液态存在，需为储罐（槽）配备制冷机以提供能冷。低温液态CO_2储罐是由内外容器组成的真空粉末绝热型双层容器，根据其结构的不同分立式和卧式两类。近年来，CO_2储液站作为CCUS领域的一项新技术逐渐发展起来。由于其具有储运量大，便于管理、高效率、气质纯和经济性高等优点，有望替代二氧化碳气瓶技术[52]。固态CO_2俗称"干冰"，气态CO_2经过强制制冷、脱模处理等工艺即可得到干冰。受工艺的限制，且在低温制冷（$-78℃$以下）、固态CO_2的液化、液态CO_2的汽化等方面经济性较差，CO_2固态储存方式得不到普及[53]。

6.4　生物质能开发、碳捕集与封存（BECCS）

生物质能因具有资源可永续利用、促进循环经济发展、贡献清洁能源和材料、低/零碳排放等特点，得到了广泛的关注。自2006年我国第一部可再生能源法开始实施以来，可再生能源得到了长足发展。尽管在理论上生物质能具有巨大的优越性和潜能，但从过去发展历程来看，生物质能行业发展速度和规模远远落后于风能和太阳能，主要原因是原料收集困难、成本高，转化技术不经济，附加值没有发掘、产品特性未被全面认可等。2020年我国提出"双碳"目标，生物质能发展迎来了新的历史机遇，其不仅具有能源产出形式多样（如电、液、气和固）的特点，而且更为突出的是生物质能可以进一步实现碳负排放，即BECCS（bio-energy with carbon capture and storage），这是其他新能源所不具备的特征。从现阶段来看，我国在生物质发电、液化和气化领域，初步具备了发展BECCS的基础。

（1）BECCS的概念

碳捕集、封存及再利用技术CCUS（carbon capture, utilization and storage）是目前作为应对全球气候变化的关键技术路径之一，即将CO_2从工业过程、能源利用或大气中分离出来，直接加以利用或注入地层以实现CO_2永久减排。而将生物质能开发、碳捕集与封存（carbon capture and storage, CCS）的结合就形成了

BECCS。在IPCC第五次评估报告和《全球升温1.5℃特别报告》中都提出BECCS技术是未来有望将全球升温稳定在低水平的关键技术[54]。根据捕集的CO_2的最终用途，生物质能碳捕集技术又可以分为BECCS和BECCUS，是CCS/CCUS中的一类特殊技术，与传统CCS/CCUS技术的区别是可实现CO_2负排放。

BECCS技术过程：植物通过光合作用将大气中的CO_2转化为有机物储存在植物体内，并以植物生物质的形式积累，这部分生物质可直接用于燃烧产生能量，或者经过生物化学转化生成天然气或氢气等其他高价值清洁能源。在生物质燃烧或化学合成过程中排放出的CO_2，被认为是植物生长期间所储存的CO_2，因此整个过程属于"净零排放"；后续利用碳捕集技术捕获释放出的CO_2，将其进一步压缩、纯化、冷却处理后，加压通过管道输送，最后注入合适的地质构造中永久储存[55]，或者捕集后的CO_2被转化利用，这两种过程都属于"负排放"，其流程示意图见图6-22。实际上，BECCS打通了CO_2从地球大气、生物圈、能源与环境直至地下存储的流动通道，以碳负排放途径维护着整体碳平衡。

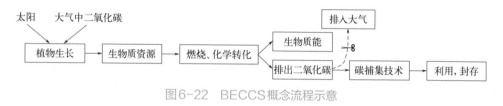

图6-22　BECCS概念流程示意

（2）BECCS的优势

"化石能源利用+CCS/CCUS"技术只能对化石燃料利用过程中释放的CO_2加以捕集，就全过程而言，并未减少当下大气中的CO_2的含量。BECCS与其他能源系统相比负排放是其最大的特点，生物质能在一定程度上可以替换化石燃料，用于交通和工业原料等，所以生物质电厂、炼油厂或气化厂等均可采用BECCS技术来实现CO_2捕集和封存，最终实现负排放；其次，相对于其他的负排放技术，如空气直接捕获和储存、海洋施肥、植树造林、生物碳固存等，经过系统分析与评价认为，从碳潜力和碳成本两方面折中来看，BECCS的负排放潜力更大，BECCS技术是未来有望将全球升温稳定在低水平的关键技术。有学者建立全球能源研究模型，预估BECCS在2050年可以负排放近100亿t CO_2；BECCS能源系统技术适宜在如中国、印度和巴西等人口众多、生物质资源丰富的发展中国家推广，大力发展液体燃料、发电和固体燃料，将能为全球CO_2负排放做出极大的贡献。发展中国家需要积极发展经济，因此面临着巨大碳排放压力，而BECCS的负排放可以去除大气中的CO_2，相当于补偿了这部分的CO_2排放量，利于给发展中国家创造更大刚需碳排放指标。发展中国家在发展经济的道路上兼顾BECCS，也避免了过去的那种先发展再治理的旧模式。

6.4.1　全球BECCS发展历程及预测

BECCS的理念在20世纪90年代首次被提出，目前从全球来看仅处于研发和示范阶段，还不具备大规模商业化运行的条件。1992年到2006年期间，全球学者在此方面研究较少，自2007年起，相关研究论文呈现明显增长趋势，从1992年至2022年，全球共发表与BECCS领域相关的研究论文6426篇[56]。BECCS领域发文量排名前10位的国家依次为美国、中国、印度、英国、德国、巴西、瑞典、意大利、西班牙和加拿大。从以上情况来看，随着全球温升控制压力的增加和全球气候变暖问题的日益凸显，BECCS的相关研究也逐渐受到高度关注，研究热度持续上升，研究成果数量也稳步增长。

据IEA统计，截至2020年，全球共有BECCS项目13项，主要分布在北美、欧洲和亚洲，应用的主要类型为乙醇工厂、生物质发电、垃圾焚烧等领域。其中正在运行的BECCS项目约为7个，大部分项目因为经济性问题已被取消或中止。正在运行的7个项目均为发酵工厂、垃圾焚烧厂和发电厂，分布在美国、加拿大、荷兰、英国和挪威。他们靠种植玉米为主的农产品来生物捕获大气中的CO_2，然后将所收获的农作物发酵生产乙醇，发酵工厂集中排出的CO_2利于捕集，成本较低。2016年，法国液空公司在挪威投资建设了1座生物天然气工厂，以当地食品废弃物（年消耗6万t）和畜禽粪便（年消耗5万t）为原料生产生物质气，供发电、供热和当地公交车使用；生产的沼渣通过进一步加工成有机肥料返回当地蔬菜和水果基地；提纯沼气获得的CO_2通过捕集后，用于蔬菜基地大棚内作物培育，另外一部分CO_2通过深度提纯供应食品和化学企业使用。

BECCS成本差异大，同为生物质能利用项目，如发电碳捕集成本约88～288美元/t，发酵制乙醇约为20～175美元/t[57]。与均价约60美元/t的大型燃煤电厂碳捕集成本相比，BECCS捕集成本较高。

联合国政府间气候变化专门委员会（IPCC）、国际能源署（IEA）等研究机构认为BECCS技术是必需的负碳技术。IPCC《全球升温1.5℃特别报告》指出，在实现1.5℃温控目标的四种情景中，全部都应用了BECCS技术。IEA《世界能源技术展望2020——CCUS特别报告》预测，2030年后，BECCS技术开始大规模应用；2050年、2070年，BECCS技术将分别抵消全球能源系统碳排放的7%、30%，约10亿t CO_2、27亿t CO_2；到2070年，全球1/4的生物质能利用将采用BECCS技术。生态环境部环境规划院《中国二氧化碳捕集利用与封存（CCUS）年度报告（2021）——中国CCUS路径研究》预测，2035年后，我国BECCS技术开始大规模应用；到2040年、2060年，应用BECCS技术将分别完成碳减排总量的8%～21%、

30% ～ 33%，约 0.8 亿～ 1 亿 t CO_2、3 亿～ 6 亿 t CO_2。

6.4.2 中国BECCS技术发展现状

目前中国在这一领域的研究较少，主要是一些研究机构和高校开展了BECCS相关理论研究和模型试验探索，但尚未建设BECCS示范项目。我国是一个资源消耗和碳排放的发展大国，也逐步认识了BECCS应对气候变化的重要意义，未来随着BECCS技术进步和经济效益的提升，BECCS的减排效应将会得到进一步显现。

6.4.2.1 政策引导清晰

自从我国提出了"双碳"目标以来，国家在能源转型、工业绿色低碳发展等行业进行了顶层设计。2019 年 12 月，国家十部委联合发布的《关于促进生物天然气产业化发展的指导意见》明确提出到 2025 年生物天然气年产量超过 100 亿 m³，到 2030 年超过 200 亿 m³[58]；2021 年 9 月发布的《关于完整准确全面贯彻新发展理念做好碳达峰碳中和工作的意见》，提出积极开展低碳零碳负碳技术研发应用；2022 年 6 月发布的《"十四五"可再生能源发展规划》，将加快发展可再生能源、实施可再生能源替代行动，提升为推进能源革命和构建清洁低碳、安全高效能源体系的重大举措，是我国生态文明建设、应对气候变化的主导力量。在生物质能发展规划篇章里明确指出"探索生物质发电与碳捕集、利用与封存相结合的发展潜力和示范研究"，可见在国家层面关注到了生物质能在发电、清洁供暖、气化和液化方面的巨大潜力，并也明确了开始积极探索BECCS技术。

6.4.2.2 资源禀赋优异

我国是一个拥有 14 亿人口的大国，一些农产品产出量位于世界前列，相应的每年产出的作物秸秆、畜禽废弃物、林业剩余物、城市有机垃圾、能源作物等均是发展生物质能的优质资源。我国各类生物质资源量如表 6-12 所示。

表6-12 我国资源总量及制备生物天然气资源量的估算　　　　单位：亿 t/a

资源类别	资源总量估算	生物天然气原料可用量估算	总量估算说明
作物秸秆	9	0.5 ～ 0.7	按粮食产量和草谷比推算
畜禽废弃物	40	10 ～ 12	按畜禽数量及生长周期推算
林业剩余物	1.9	0.8 ～ 1.1	按林产三剩物统计
城市有机垃圾	2.3	0.3 ～ 0.5	按城镇居民人口
能源作物	13	5 ～ 6	1.8 亿 hm² 边际土地面积及作物产出率

在较为理想的假设下，若将上述秸秆和畜禽废弃物总量全部用于沼气生产，那么沼气年产量将可达到约5000亿m³。若沼气全部用于替代天然气，那么其减排潜力约为6亿t CO₂。将沼气提纯产出的CO₂及燃烧后产生的CO₂全部捕集和封存，则其CO₂总减排潜力约为9.8亿t/a[53]，减排量接近我国年排放总量的10%。

6.4.2.3　产业基础形成，发展方向明确

随着"双碳"目标时间节点的临近，碳移除技术研发推广、碳市场交易将会变得更加活跃，在将来更为苛刻的减排任务下，BECCS将得到推广和示范，一定规模的实际项目落地也将成为可能。BECCS技术由前端的生物质能开发和后续的CCS两个环节组成，各环节技术的成熟程度将影响BECCS的商业化水平。由于我国目前生物质能开发利用方式（如直燃发电、厌氧消化和致密成型技术）都已投入商业化运营，所以后端CCS的新技术、新工艺和新材料更新活跃。可见，我国的生物质能发电、生物乙醇、生物天然气和固态燃料等领域将会成为我国开展BECCS项目试点的主要领域。

以BECCS技术思路开发生物质综合能源站的设想，即以生物质资源开发生物质气并对产出CO₂进行捕捉和利用。利用当地生物质资源通过厌氧发酵产出沼气，沼渣和沼液制取有机肥料，沼气经过提纯后得到生物天然气，可作为化石天然气的替代，而沼气提纯后产生的CO₂经过进一步纯化后与由生物质制氢产出的氢气进行反应，制取绿色甲醇。这样一个具备BECCS属性的新型生物质综合能源站的主工艺路线就基本形成，技术路线见图6-23。既可实现贡献绿色能源，还同时利用了过程中产生的CO₂转化为其他产品，完全实现了碳负排放。

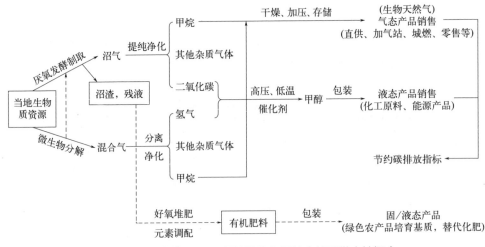

图6-23　具备BECCS属性的生物质综合能源供应站概念

6.4.2.4 BECCS需要协同发展

BECCS是一种新型的负排放技术，具有鲜明的优势，但该项技术也同时受到诸多制约因素影响，如生物质资源量、生物质能转化技术经济性、CCS技术成熟度和政策稳定延续性等。此外，BECCS发展过程还可能受到群体认知、工业化技术水平和生态需要的影响。根据IPCC第五次评估报告，使用BECCS作为满足2℃温升控制目标的关键技术，需要全球约3%的淡水资源，以及7%～25%的农业用地面积，生物质液体燃料的快速发展是否会对全球粮食安全造成不良影响等。由此可见，BECCS的开发规模与社会、生态、土地资源、水资源以及生物多样性等也是息息相关的。BECCS技术的应用有助于协同实现我国应对气候变化、能源安全和碳减排等多重目标，但另一方面，也需要同时考虑其对应的负面影响及负面影响的可承受力。

6.5 天然气分布式与新能源耦合技术

6.5.1 天然气分布式能源与新能源耦合系统

天然气分布式能源是指以天然气为燃料，通过冷热电三联供等方式实现能源的梯级利用，并提高综合能源利用效率，在负荷中心就近实现能源供应的现代能源供应方式。天然气分布式能源站主要包括燃气内燃发电机组、余热锅炉、燃气锅炉、溴化锂吸收式机组等。

天然气分布式能源耦合系统有多种耦合方式，其中与可再生能源的耦合，包括太阳能、风能、地热能、生物质能以及其他低热值燃料的耦合，构成了若干种新型分布式能源系统，其系统架构见图6-24。天然气分布式能源与可再生能源耦合可以克服可再生能源发电技术不稳定、不均衡的缺陷，提高系统可靠性、稳定性及效率。

6.5.1.1 天然气分布式能源与地热能耦合系统

以天然气为主要能源，以地热源为辅助能源，对天然气和地热源进行综合利用，为能源供应系统提供支持和补充，实现资源利用最大化，其系统架构见图6-25。燃气机组产生的高温烟气驱动余热锅炉提供蒸汽，用溴化锂吸收式机组和地源热泵对地热能提温以满足热能与冷能需求，利用余热提升极端天气下热泵系统低温侧温度可提高系统效率，同时耦合系统可保证冬夏季地泵系统向地下的放热量一致，提高系统稳定性。系统中电力部分由天然气分布式能源提供，同时可采用并网不上网方式，通过外电网来补充分布式能源系统不足以提供的电力。

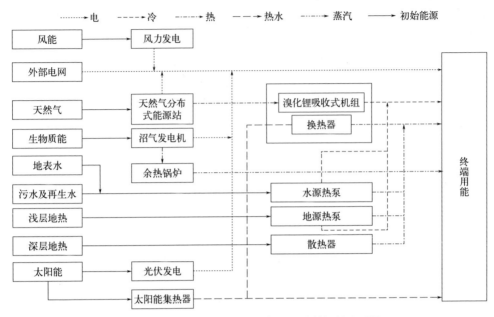

图6-24 天然气分布式能源与可再生能源耦合系统

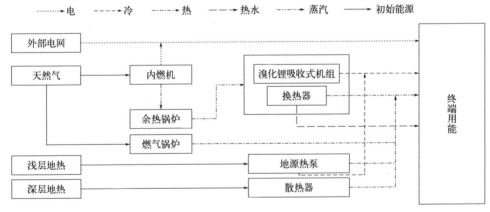

图6-25 天然气分布式能源与地热能耦合系统

6.5.1.2 天然气分布式能源与太阳能耦合系统

天然气分布式能源可与太阳能构成耦合系统，其系统架构见图6-26。在该系统中，太阳能可以是发电系统，通过燃气发电机组对其电压或频率波动进行调节，形成稳定的电力供应，同时通过天然气分布式能源满足热能及冷能供应；太阳能也可以是太阳能集热热水系统，为终端提供热能，耦合天然气分布式能源作为热能补充，同时满足电能及冷能供应，通过外电网补充分布式能源系统不足以提供的电力。

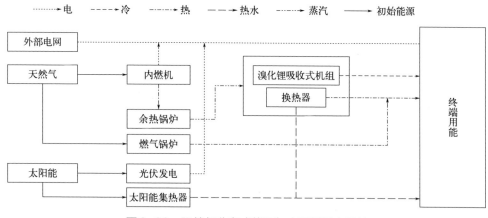

图6-26 天然气分布式能源与太阳能耦合系统

6.5.1.3 天然气分布式能源与风能耦合系统

天然气分布式能源可与风能构成耦合系统，其系统架构见图6-27。在该系统中，通过天然气分布式能源满足热能及冷能供应，风能为发电系统，燃气内燃机机组发电作为电力补充，对风力发电的波动性进行调节，同时可采用并网不上网方式，通过外电网来补充分布式能源系统不足以提供的电力。

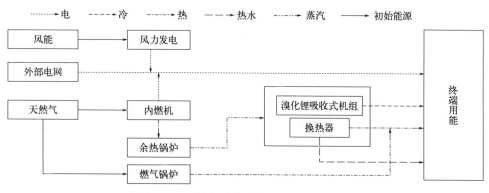

图6-27 天然气分布式能源与风能耦合系统

6.5.1.4 天然气分布式能源与生物质能耦合系统

天然气分布式能源可与生物质能构成耦合系统，其系统架构见图6-28。在该系统中，可以直接将生物质在锅炉中直接燃烧，生产蒸汽带动蒸汽轮机及发电机发电，与燃气机组发电系统进行耦合；也可以在气化炉内通过热解气化技术和氧化法等将压制原料转换为可燃气体，为燃气机组提供原料气，满足燃气内燃机发电机组燃料需求。

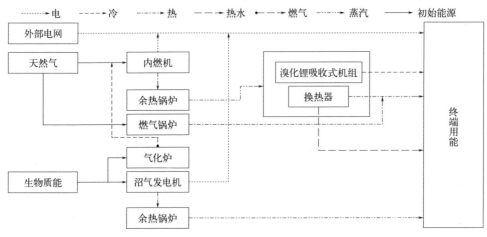

图6-28　天然气分布式能源与生物质能耦合系统

6.5.2　天然气分布式发电与新能源耦合案例

6.5.2.1　湖北省麻城市人民医院分布式能源＋太阳能光伏发电项目

湖北省麻城市人民医院分布式能源＋太阳能光伏发电项目为麻城市人民医院新院区提供部分电力需求和全部的冷、热量和热水需求，项目发电机按照"并网不上网"的运行方式设计，除能源站自耗电外，其余电能供医院使用。项目主要于医院地下空间建设天然气分布式能源站一座以及容量为156kW的屋顶分布式光伏电站一座。天然气分布式能源站主要包括2台0.8MW级燃气内燃发电机组和2台对应的烟气热水型溴化锂机组、4台电制冷机组以及3台燃气锅炉。项目年发电量720万kW，年供冷量1600万kW·h，年供热量640万kW·h[59]。

6.5.2.2　台升实业天然气分布式多能互补能源项目

台升实业天然气分布式多能互补能源项目是中机智慧在浙江省嘉善台升实业有限公司厂区内投资8000余万元建设的新型环保能源综合利用项目，二期工程已于2018年正式投产运行。项目利用生物质能、天然气、光伏等清洁能源形成多能互补、能源循环梯阶利用的能源站，主要设备清单见表6-13。该项目向台升实业厂供电力1800万kW·h/年，供蒸汽9.75万t/a；其中分布式能源系统年综合利用效率为81.91%[60]。

表6-13 项目主要设备清单

序号	主要设备	型号规格	数量
1	LNG储罐	50m³	1个
2	天然气内燃机发电机组及系统	2000kW、50Hz、10.5kV	3套
3	余热锅炉	1t/h	3台
4	天然气锅炉	10t/h	1台
5	天然气锅炉	20t/h	1台
6	生物质锅炉	20t/h	2台
7	地磅	100t	1个
8	木材破碎机	—	3台
9	制粒机	2t/h	3条
10	生物质成型燃料自动上料系统	—	1套
11	锅炉给水处理装置	15t/h	2套

6.5.2.3 台州湾新区天然气分布式能源站

2021年6月29日，台州湾新区与华润燃气（香港）投资有限公司成立台州东发分布式能源有限公司，旨在为台州湾新区提供一揽子综合能源解决方案，建设分布式能源利用站及配套管网、光伏发电、分散式风电、充电桩、综合能源服务中心等[61]。

该分布式能源利用站及配套设施总投资约为10亿元。一期计划建设天然气分布式能源站两座，20t/h蒸汽锅炉4台，15t/h蒸汽锅炉1台及配套蒸汽管网，屋顶光伏若干。二期计划建设50MW的天然气分布式能源站一座，30t/h蒸汽锅炉2台及配套蒸汽管网，楼宇式分布式能源站若干。最终形成以天然气分布式能源站为基础，光伏、储能电站、分布式风电、氢能、天然气等多种能源融合，为新区企业及区域内用户提供优质的热力、天然气、直供电等高效清洁能源。

通过以上案例分析，分布式天然气发电与太阳能和生物质能的融合发展模式较为成熟，这种综合能源融合模式克服了常规单一分布式能源系统能源利用效率低、经济性不高、环保效益不明显等缺陷，可达到更好的能源、经济和环境效益。

CO₂

碳中和

第 **7** 章

油气企业
碳中和之路

7.1 石油公司低碳发展行动方案

7.2 天然气企业碳减排措施

作为传统化石能源，石油和天然气一向是碳排放"大户"。加快调整生产方式减少碳排放，已成为大型石油公司的共识。作为在碳中和战略布局方面处于全球领先地位的石油公司，英国石油公司（以下简称"bp"）、壳牌、道达尔等都提出了分阶段实现净零碳排放的战略路径以及相应的行动方案，并建立了碳排放指标体系。本章在介绍国内外典型石油公司低碳发展方案的基础上，提出天然气产业链上游通过优化流程、提高流程中的能效，中下游依靠战略层面布局新兴技术的途径来实现碳减排的目标。

7.1　石油公司低碳发展行动方案

7.1.1　国外典型石油公司

全球能源正向清洁、低碳、多元化转型，石油行业将在碳约束收紧、需求增速稳中趋缓、替代加快等多重因素角力下生存、变革与发展。在此背景下，近年来，以bp、壳牌、道达尔等为代表的国际石油公司加快转型，此处选取上述三家公司进行战略分析。

7.1.1.1　英国石油公司

bp总部位于伦敦，在全球超过65个国家从事生产和经营活动，2021年原油产量和储量均居全球第二，天然气产量和储量均居全球第三，是全球油气行业的引领者。

（1）战略目标

bp以到2050年或之前成为一家净零公司，并帮助世界实现净零为远景，正转型成为专注于为客户提供解决方案的综合能源公司。bp承诺2050年或之前，所有运营业务以绝对减排为基础实现净零排放；石油和天然气生产项目以绝对减排为基础实现净零排放，销售的所有能源产品均实现净零排放。bp净零目标见表7-1。2025年和2030年bp战略重点目标见表7-2。

表7-1　bp净零目标

指标	衡量/范围	2019年	2025年	2030年	2050年或更早
净零操作	范围1,2	基线 54.4t CO₂当量	20%	20%	净零
净零生产	范围3	基线 361×10⁶t CO₂	10%～15% （20%）	20%～30% （35%～40%）	净零
净零销售额	平均生命周期碳强度	基准 79g CO₂当量/MJ	5%	50%	净零 （50%）

续表

指标	衡量/范围	2019年	2025年	2030年	2050年或更早
减少甲烷	甲烷强度	0.14%	0.20%	50%	
更多投资进入过渡期	转型增长投资	6.34亿美元	60亿～80亿美元（30亿～40亿美元）	70亿～90亿美元（约50亿美元）	

注：范围1指直接温室气体排放，范围2指电力产生的间接温室气体排放，范围3指其他间接温室气体排放[62]。括号内为之前目标[63]。

表7-2 2025年和2030年bp战略重点目标[64]

指标		2025年	2030年
具有韧性的油气业务	上游（单位生产成本）	约6美元/桶	—
	上游生产	约230万桶当量/d	约200万桶当量/d
	bp操作的上游工厂可靠性	96%	>96%
	bp操作精炼可用性	约96%	>96%
	生物燃料生产	约5万桶/d	约10万桶/d
	沼气供应量	约40万桶/d	约70mbar·L/s①
	液化天然气产品组合	2500万t/a	3000万t/a
便利零售与移动出行	每天客户接触点	>1500万美元	>2000万美元
	便利零售站点	约3000个	约3500个
	电动车充电点	>40000个	>100000个
低碳能源	制氢（净）	—	50万～70万t/a
	开发可再生能源最终投资决定	20GW	50GW
	可再生能源装机容量（净额）	—	约10GW

① 1bar=10^5Pa。

（2）举措和路径

① 优化油气业务结构 bp贯彻"具有韧性的油气业务"战略，通过资本运作对传统能源业务进行剥离，使原油产品营收占比不断下降，优化油气业务结构。天然气是石油产品的低碳替代，伴随天然气需求增加、价格上涨的趋势，bp天然气业务逐步扩张，将会成为相对优质的油气业务板块。

② 传统油气业务持续降低碳足迹，开发负碳技术 通过提升能源效率，集中设施电气化，减少甲烷逸散排放和采用CCS，2019年上游油气开发过程碳排放为3.61亿t，2021年减少5700万t（下降16%），预计到2030年下降40%，并在2050年前实现绝对零排放。

③ 投资低碳能源业务，为用户提供面向未来的综合能源和低碳解决方案 bp推行"低碳电力与低碳能源"战略，通过资本运作投资低碳能源相关项目，扩大

低碳电力与低碳能源的投入。其中：

在生物质燃料方面，预计2050年生物质燃料使用量将增加两倍以上，达到600万～700万桶/d，2050年生物质可持续航空燃料（SAF）将占航空燃料市场的30%。bp的目标是在2030年将生物质能源产量增加三倍，达到每天10万桶以上。

在清洁氢能方面，bp将争取到2030年占据全球10%的核心市场份额，在2027年实现1GW的蓝氢生产，每年采用CCS捕集CO_2达到200万t。2030年达到1.5GW的蓝氢生产能力，计划在欧洲、中东、澳大利亚建立七大世界级低碳氢能中心。

④ 数字技术提升运营效率　bp利用数字化技术一方面改善自身的生产运营，通过搭建碳足迹平台检测碳排放、提高公司以及上下游运营的透明度等举措推动碳减排，助力公司以及上下游净零排放。例如，bp搭建了云计算模型、建设检测设施，以此对工业火炬的能源消耗量、能源燃烧效率进行统计，计算公司二氧化碳与甲烷排放量。

另一方面，将公司自身的数字化技术应用经验进行拓展，转化为bp的相关业务，进一步建立公司数字化能力的同时助力全球碳中和。例如，bp利用数字化技术制定碳减排规划，为城市、企业和家庭提供能源规划以及碳减排规划服务，帮助其实现净零排放。

7.1.1.2　壳牌

（1）战略目标

在能源转型方面，壳牌承诺到2030年将运营过程碳排放量相比2016年下降50%；到2030年将销售的能源产品碳强度降低20%，建成250万个充电站，到2035年降低45%，到2050年成为净零排放企业。相应的三大战略目标：满足社会对更多清洁能源的需求，在能源转型中蓬勃发展；推进世界一流的投资，获得高回报和现金流；始终负责任地运营，为社会做出积极贡献。战略主题表述对比如表7-3所示。

表7-3　2019年前后壳牌公司战略主题表述对比

此前的战略主题	新战略主题
现金引擎（常规油气、天然气一体化、油品业务）：提供强劲的现金流和投资回报；具有竞争力和稳定性；支付股息和确保财务健康	核心上游（深水油气、页岩油气和常规油气）：聚焦产量和财务绩效，预计未来几十年将继续产生强劲的现金流；拥有强大的项目序列，提供了长期、稳定的增长机
增长优先项（深水油气、化工业务）：在优势领域，投资可负担的增长机会；在不久的将来实现自由现金流和回报；将成长为现金引擎	引领转型（天然气一体化、油品业务、化工业务）：已经处于领先地位的市场导向型业务；进一步增强领先地位，成为公司在能源转型中实现蓬勃发展的基石
未来机遇（太阳能、页岩油气）：保持战略平衡；在建立规模的同时管控其风险	新兴电力：重点关注商业模式创建，随着社会向更高水平的电气化转型，以满足不断变化的客户需求

（2）举措和路径

① 增加低碳产品比例

a. 可持续燃料　壳牌致力于投资、供应和合作，到 2025 年每年生产约 200 万 t 可持续航空燃料（SAF），到 2030 年，公司全球航空燃料销售额至少占全球航空燃料销售额的 10%。SAF 可以由可再生资源例如废弃油脂、城市垃圾以及氢和碳制成，公司正在与罗尔斯罗伊斯等制造商、Lanzatech 和 Vattenfall 等公司以及 AMEXGBT 合作，以增加 SAF 在航空领域的使用。壳牌正在开发用于航运的初始生物燃料组合，并于 2021 年在荷兰鹿特丹进行了首次生物液化天然气加注试验。

b. 制氢 + 加氢站网络　上海申能壳牌新能源有限公司，计划未来 5 年内在上海及长江三角洲地区建成 6 ～ 10 座加氢站。到 2030 年，其规模将扩展至覆盖长江三角洲地区 30 座加氢站，每天可以为约 3000 辆燃料电池卡车或公交车供应氢气——将成为壳牌在亚洲的首个加氢站网络。壳牌中国在张家口市投资建设 20MW 可再生电力制氢电解槽项目和加氢站，2022 年 1 月开始生产。该设施利用太阳能和陆上风能，每天可产生 8t 可再生氢，将提供约 50% 的脱碳氢供应，冬奥会期间为张家口 600 多辆氢燃料电池公交车供电。

② 碳捕集和封存（CCS）　2021 年，壳牌对 CCS 机会的运营成本和投资约为 1.46 亿美元，力求在 2035 年之前获得每年额外 2500 万 t 的碳捕集和封存（CCS）能力。至 2021 年底，加拿大 QuestCCS 项目自 2015 年运营以来已捕获并安全储存了超过 650 万 t 的二氧化碳；澳大利亚 GorgonCCS 项目（壳牌持股 25%，由雪佛龙运营，是世界上最大的 CCS 运营商）于 2019 年 8 月到 2021 年底已储存超过 500 万 t 的二氧化碳。

7.1.1.3　道达尔

道达尔自 1920 年成立至今，业务遍及全球 130 余国家，涵盖整个石油天然气产业链，包括上游业务（石油和天然气勘探、开发与生产，以及液化天然气）和下游业务（炼油与销售，原油及成品油的贸易与运输），是第四大国际性油气公司、第二大 LNG 运营商、第十大清洁能源企业。道达尔于 2021 年 5 月改名为道达尔能源公司，正式战略转型为一家多元化能源公司，致力于生产和提供更加廉价、可靠、清洁和广泛的能源。

（1）战略目标

为应对降低碳排放和增加能源供给双重挑战，道达尔能源率先将气候因素纳入集团整体发展战略。2020 年 5 月，道达尔能源宣布了新的绿色转型战略，通过拓展天然气业务、扩展低碳电力产业链，以及发展碳中和技术驱动其低碳战略发展，努力在2050年达到20%的油（含生油基油品）、40%的天然气（含生物天然气和氢）及40%的电力的能源结构，到2050年或之前实现全球业务的净零排放目标：

① 至2050年或更早，道达尔集团全球业务实现净零排放（范围1和2）。

② 至2050年或更早，集团欧洲所有生产业务及客户所使用的所有能源产品均实现净零排放（范围1、2和3）。

③ 至2050年，道达尔全球客户所使用能源产品的碳排放强度降低60%或以上（低于27.5g CO_2/MJ）。过渡阶段：到2030年降低15%，到2040年降低35%（范围1、2和3）。

（2）举措或路径

① 维持油气业务是能源转型的基础　石油仍是未来一段时间内全球能源消费中重要的组成部分。道达尔仍然重视在传统领域的投入，致力于其核心的油气业务，维持油气业务是转型的基础，其为该公司提供所需的现金流。在维持油气业务中，全力降低碳排放，持续采取以下举措：一是道达尔重视提升传统能源效率，道达尔为所有工业设施设定了每年降低1%能源强度的目标；二是将消除伴生气作为其优先工作任务，将所有形式的燃烧减少80%，并承诺在2030年前全面消除运营设施的伴生气燃烧；三是道达尔致力于减少甲烷排放，2017年签署了关于减少天然气价值链中甲烷排放的《甲烷指导原则》，承诺将自身运营的天然气设施甲烷排放量维持在接近于零的水平，低于商业天然气产量的0.1%。同时，在所有新项目中采用了全新设计标准，通过消除仪表气体、采用连续通风、系统性地安装封闭式火炬以及其他新技术和新方法，确保甲烷排放量接近零。

② 扩张天然气全产业链业务　天然气业务已在道达尔的整体碳中和发展战略中占据核心地位。近年来，道达尔大力扩张天然气全产业链业务，已成为全球第二大LNG运营商。预计到2025年，其全球投资组合将达到近5000万t/a，全球市场份额约为10%。道达尔突出天然气上游业务，已在卡塔尔、澳大利亚、美国、俄罗斯、尼日利亚、莫桑比克等13个国家拥有约21个LNG项目。包括积极布局天然气销售业务，开拓天然气在电力、车船等方面应用领域。

③ 投资布局新能源领域　全面发展可再生能源和低碳电力是道达尔实现净零排放的关键，其在除地热外的新能源各领域均有投资布局，并承诺将加大在可再生能源领域的投入，计划到2030年每年在可再生能源上投入30亿美元，约占年度投资预算的20%。设定了在2025年达到35GW、在2030年达到100GW可再生能源发电装机量的投资目标。在太阳能、风电、生物燃料、可再生气体等领域，道达尔集团通过直接参与、收购、合资以及自行开发等方式加速扩张，其中生物甲烷到2025年每年生产1.5TW·h，生物燃料预计到2030年生物燃料将占其燃料销售的10%～15%。

④ 加快布局电力储能业务　电力储能是未来低碳电力发展的关键环节，作为实现可再生能源战略的重要一环，道达尔不断加码电力储能领域。通过收购电池设计开发及制造商（为资产组合提供强力补充）、收购储能开发商，与铅酸蓄电池、锂离子电池等企业成立合资公司以及运营充电点等方式，加快布局电力储能全产业链业务。

⑤ 数字化支撑能源转型　道达尔继续在数字化方面进行布局，目标在2025年前，通过推进数字化进程，每年为公司实现15亿美元的价值。道达尔与科技巨头微软达成战略伙伴关系，围绕可持续发展、深化数字化转型，通过部署低碳和碳清除等技术以加快向净零排放经济过渡的人工智能解决方案相关领域，展开探索和协同创新。

道达尔致力于为微软提供绿色电力，支持微软的"无柴油运行"计划，并帮助微软数据中心提高能效，减少碳排放。同时，道达尔利用微软云平台的强大综合优势和一体化人工智能解决方案，加快集团的信息技术转型，推动数字化转型项目和道达尔数字工厂的发展。道达尔还将探索电力平台的价值，以实现业务流程自动化，降低成本。

⑥ 合作探索CCUS技术　有效解决化石能源生产使用过程中排放出来的二氧化碳是道达尔碳中和发展策略中的关键一环。道达尔每年把10%的研发经费投入二氧化碳减排和碳捕获、利用和封存，研究二氧化碳如何捕获利用或者封存等相关技术，为全球实现碳中和出一份力。

⑦ 成立碳中和投资基金　道达尔成立了碳中和投资基金，该基金主要对全球先进的清洁技术、智慧能源、储能和智能出行领域进行调研和投资，发掘一些新的清洁能源解决方案。通过每年一定强度的低碳投资，对一些清洁初创企业进行孵化支持，共同寻找能源转型所遇到的各种困难的解决方案。依靠其全球布局优势，该公司正在全球参与低碳能源化工建设。

7.1.2　国内典型石油公司

2022年，我国三大石油公司相继发布低碳（或绿色）行动方案，中国石油、中国石化、中国海油分别提出于2025年左右、2030年前、2028年实现碳达峰，均提出在2050年左右实现碳中和（或近零排放），较国家目标提前10年。三大石油公司在保障我国油气供应安全的前提下，全面加速绿色转型，为我国碳达峰、碳中和目标如期实现贡献力量。中国石油和中国海油低碳发展行动方案如下：

7.1.2.1　中国石油

中国石油积极致力于从油气供应商向综合能源服务商转型，按照"清洁替代、战略接替、绿色转型"三步走的总体部署，全力推动公司实现三大转变：一是油气业务实现稳油增气与新能源融合发展，二是炼化业务实现转型升级与新材料协同发展，三是绿色低碳产业成为公司高质量发展新动能，力争2025年左右实现"碳达峰"，2035年外供绿色零碳能源超过自身消耗的化石能源，2050年左右实现"近零"排放，为中国碳达峰、碳中和及全球应对气候变化作出积极贡献[65]。

（1）实施战略

清洁替代阶段（2021～2025年）：以生产用能清洁替代为抓手，产业化发展地热和清洁电力业务，加强氢能全产业链、CCS/CCUS等战略布局，力争到2025年新能源产能比重达到中国石油一次能源生产的7%。

战略接替阶段（2026～2035年）：积极扩大地热、清洁电力，产业化发展氢能、CCS/CCUS业务，大幅提高清洁能源生产供应能力和碳减排能力，力争2035年实现新能源、石油、天然气三分天下格局，基本实现热电氢对油气业务的战略接替。

绿色转型阶段（2036～2050年）：着重规模化发展地热、清洁电力、氢能、CCS/CCUS等新能源新业务，到2050年，力争实现热电氢能源占比50%左右，实现绿色低碳转型发展，助力全社会碳中和。

（2）行动目标

具体行动目标如表7-4所示。

表7-4　中国石油低碳发展行动目标

目标项目	2025年	2035年	2050年
国内天然气总产量占油气总产量的比例	54%	59%	67%
零碳能源占比	3%	25%	37%
低碳能源占比	54%	45%	43%
化工产品生产用油比例	24%	50%	80%
供氢商品量/万t	10	380	国内市场份额的30%以上
生物质能供应量/万t	60	生物质能形成规模	生物质能成为零碳燃料重要组成部分
油气勘探开发业务电气化率	15%	30%	50%
炼油与化工业务电气化率	15%	25%	50%
油气勘探开发业务CO_2减排量/万t	1073	2169	3591

续表

目标项目		2025年	2035年	2050年
炼油与化工业务 CO_2 减排量/万t		1402	2648	4693
形成CCS/CCUS规模/万t	CCUS埋存（内部）	370	2500	10000
	CCUS埋存（对外）	200	10000	引领产业发展

（3）实施方案

《中国石油绿色低碳发展行动计划3.0》部署了"绿色企业建设引领者""清洁低碳能源贡献者""碳循环经济先行者"三大行动及十大工程，进一步丰富了中国石油绿色低碳转型的内涵，细化了转型实施路线图。具体如表7-5所示。

表7-5　中国石油低碳发展实施方案

行动	工程	具体内容
行动1：绿色企业建设引领者行动（按照"合规发展、减污降碳、清洁替代"的原则，秉承节能为第一能源理念，构建多元化清洁能源替代体系，深入打好污染防治攻坚战，加强生态环境保护，致力于成为绿色企业建设引领者）	工程1：节能降碳工程	——实施能量系统优化。开展油气田地上地下联合优化、炼化一体化能量梯级利用，逐步淘汰落后产能 ——规模化推进清洁替代。持续提高天然气和燃料气使用比例，大力实施以风电光伏替代油气生产现场网电 ——推进能源管控建设。开展能源管控功能升级完善和能源管控单元评估诊断，推进能源与生产管理一体化发展
	工程2：甲烷减排工程	——建立甲烷监测报告与核查（MRV）体系。开展全产业链甲烷排放检测与核查，全面推广实施甲烷泄漏检测与修复（LDAR） ——实施常规火炬熄灭计划，实现伴生气经济有效回收，发展低压低气量低浓度甲烷回收技术 ——深化整体密闭流程改造。深化油气田地面工程集输系统密闭改造，建立油气田开发甲烷与VOCs协同管控机制
	生态建设工程	——开展生物多样性保护能力建设。建立完善生物多样性保护体系，把生物多样性风险评估纳入项目全生命周期管理 ——规模发展林业碳汇。实施集中造林，实现碳汇林建设与义务植树、生物多样性保护、生物质能发展相结合 ——推进油气田企业绿色矿山建设。实施绿色生态工程、绿色人文工程、绿色宜居工程和绿色创效工程"四大绿化工程"
	绿色文化工程	——深化污染防治攻坚。强化污染物与温室气体协同控排，实施环保治理设施提标改造，建设智慧环保平台 ——提高ESG（环境、社会和公司治理）绩效。持续完善公司应对气候变化行动信息，加强生物多样性和土地利用、低碳环保等方面信息披露 ——开展优秀企业公民建设行动。按照合规、公开、共建的原则，促进绿色低碳发展理念融入企业经营全过程

行动	工程	具体内容
行动2：清洁低碳能源贡献者行动（按照"融合发展、优化布局、战略接替"的原则，坚持将天然气业务作为绿色发展的战略方向，实施地热、生物质能和风光发电工程，打造氢产业链，进一步推动炼化转型低碳发展，致力于成为清洁低碳能源贡献者）	"天然气+"清洁能源发展工程	——大力提升天然气产量。实施稳油增气战略，加大勘探开发力度，推进页岩气低成本商业开发和煤层气规模效率开发 ——产业化发展光伏、风电、地热等可再生能源。开发油田矿区光伏发电和风电项目，形成地热资源高效规模开发 ——打造"天然气+"产业聚群。推进气电调峰与可再生能源发电协同开发，推动天然气零碳制氢与绿氢产业区集群建设
	"氢能+"零碳燃料升级工程	——大力发展氢能产业链。同步布局"氢能+"等零碳燃料产业链，发展氢能深加工生产链和零碳燃料供应链 ——产业布局氨、生物燃料、合成燃料等零碳燃料。打造无碳低碳制氨和氨能利用现代产业链，参与全球零碳"氢能源"储运网络构建 ——规模化发展新材料业务。以乙烯、对二甲苯（PX）为龙头，持续提高烯烃、芳烃等化工产品生产比例，超前布局二氧化碳化工利用技术
	综合能源供给体系重构工程	——系统优化产业链布局。打造"天然气+"产业集群，发展"油气热电氢"生产体系和"氢能+"供应体系，以数字化技术再造流程，发展智能物联网综合管理平台 ——产业化延伸能源终端服务。充分利用现有加油站和矿区服务终端，以智能化加油站改造为推动，规模化发展一体化供电服务，建立人-车低碳生活圈 ——构建区域性净零碳排放综合能源供应体系。以"天然气+"为基础，发展"风光气热氢"互补、"电热冷水燃"联供智能化综合能源服务网络。发展智慧型多能互补终端供热供电技术，打造区域性碳中和综合能源供应体系
行动3：碳循环经济先行者行动（按照"循环发展、零碳升级、绿色转型"的原则，推进零碳生产体系重构，实施生态设计优化和数字化赋能，持续推进电气化深度改造，布局CCS/CCUS战略接替产业，致力于成为碳循环经济先行者）	深度电气化改造工程	——持续推进上游业务的电气化改造。积极发展风电光伏，推行网电钻完井和户外作业光储一体化项目，实现油气开发多元化能源综合利用和管控深度电气化 ——不断提高下游业务的电气化水平。围绕炼化过程中的高排放和高能耗装置进行绿色电气化改造，加大绿电使用量，逐步实现乙烯裂解压缩机、丙烯压缩机等电气化 ——发展区域电力协同管控系统。利用能源互联网、大规模储能等新技术和智能化手段，实现区域内清洁能源的安全调配与高效消纳，实现矿区智能清洁供电系统升级
	CCUS产业链建设工程	——发展CCUS-EOR。发挥油田、炼化一体化业务优势，整合内部源汇匹配，形成完整产业链，建设石油石化近零示范区 ——布局CCUS区域产业中心。以提高化石能源清洁利用、工业产业链零碳升级为核心，开展CCUS区域产业中心战略规划和建设 ——研究CCUS超前技术。超前部署新一代捕集技术，发展远距离大容量二氧化碳运输封存、数据模拟、空天一体监测，参与全球DACCS（直接空气碳捕集与封存）、BECCS（生物质能、碳捕集与封存）、海洋碳汇等研究合作
	零碳生产运营再造工程	——实施生态设计优化。采用零碳/低碳生产工艺，推广使用氢、氨、生物质能等零碳/低碳燃料，发展工厂级"绿色能源岛"，打造零碳能源集中供应平台 ——发展数字化赋能。推进数据全面采集和生产过程实时感知，发展智能化油气田、数字化炼油化工、智慧化销售服务，加速构建智慧型碳生产信息管理平台，建立全生命周期绿色供应链 ——构建碳循环经济圈。统筹资源市场、清洁能源供应、环境容量及碳减排潜力，加强与煤化工、电力、新能源等行业技术耦合发展区域碳循环经济战略基地

7.1.2.2 中国海油

2022年6月29日，中国海油以"零碳愿景，赋能未来"为主题正式发布《中国海油"碳达峰、碳中和"行动方案》[66]，明确了"2028年碳达峰、2050年碳中和"的总体目标，中国海油全面开启绿色低碳转型发展新征程。

（1）实施战略

① 清洁替代阶段（2021～2030年） 通过加大油气勘探开发力度、提升节能减排能力、积极谋划并实施产业转型升级以及做好低碳、负碳技术发展的顶层设计等，实现碳排放达峰、碳强度下降、产业结构调整取得重大进展、掌握负碳技术并具备产业化发展的条件。

② 低碳跨越阶段（2031～2040年） 通过继续发挥油气安全稳定供给的主力军作用，进一步夯实低碳、负碳技术研发成果转化应用基础以及深入推进产业转型升级等，实现以油气产业转型、新能源快速发展为主要手段，控制碳排放总量有序下降，负碳技术实现商业化应用的目标。

③ 绿色发展阶段（2041～2050年） 通过持续扩大天然气产量占比，传统炼油化工业务转型升级，新能源、新产业进入快速发展阶段，能源技术服务拓展服务领域，大幅提升能源使用效率以及清洁能源使用比例，大规模使用负碳技术，公司碳排放总量呈现持续下降的趋势，推进碳排放总量持续下降并实现碳中和，公司持续高质量发展，基本构建多元化低碳能源供给体系、智慧高效能源服务体系以及规模化发展的碳封存和碳循环利用体系。

（2）行动目标

具体行动目标如表7-6所示。

表7-6 中国海油低碳发展行动目标

目标项目	2025年	2030年	2050年
国内天然气占油气总产量比例	33%		
碳减排量/万t	210	249	
能源清洁替代行动实现的减排量/万t	562	1960	
新能源投资占公司资本性支出比例	5%～10%（"十四五"）	10%～15%（"十五五"）	
公司国内能源产品产量中非化石能源产量占比			>50%

（3）实施方案

具体实施方案如表7-7所示。

表7-7　中国海油低碳发展实施方案

行动	重点工程	具体内容
行动一：稳油增气保障（扩大油气产量规模，增加国内天然气供应）	第1项：保障国家油气安全	①聚焦大中型油气田勘探，夯实国内油气储量基础；②贯彻落实"七年行动计划"，扩大海上油气产量规模；③统筹煤层气、致密气、页岩气等业务，实现非常规天然气跨越式发展
	第2项：加快国内天然气产业发展	①扩大国内天然气产量占比；②完善基础设施布局，增加LNG引进量；③加快天然气储备能力建设；④提高国内天然气保供能力；⑤做强LNG贸易体系，增强LNG获取能力；⑥开拓天然气市场，扩大国内天然气消费
行动二：能效综合提升（加强能源综合利用持续推进节能减排）	第3项：加强能源综合利用	①全面推进海上区域电力组网；②大力推广余热回收技术；③加强冷能回收利用
	第4项：推进生产过程节能增效	①加强用能管理及工艺优化；②改造更新用能设备、优化用能设备运行模式
	第5项：加强火炬气回收利用	①加强油田伴生气回收利用；②减少炼化企业火炬排放
	第6项：优化改造生产工艺流程	①优化调整终端配气工艺；②改进催化裂化生产工艺；③优化电厂运行机制
	第7项：加强数字化智能化建设	①加强数字化基础设施建设；②加快智能油田、智能工厂、智能工程建设；③开展碳数据管理平台建设
行动三：能源清洁替代（调整燃料和能源结构减少高碳能源使用）	第8项：大规模推广岸电入海	①提高海上平台岸电使用比例；②支持钻井平台反供电或岸基供电；③船舶靠港停泊时使用岸电
	第9项：调整燃料和能源结构	①推进锅炉发电气代煤；②推进船舶LNG替代燃油
	第10项：实施低碳原料替代	①推进制氢原料低碳化；②探索天然气发电低碳发展
	第11项：促进清洁电力和热力替代	①推进外购电力清洁化；②推进外购热力低碳化；③建设绿色电力供应设施
行动四：产业转型升级（逐步退出高碳业务提高低碳产品比例）	第12项：推动炼油化工产业链升级	①延伸发展炼化产业链；②逐步淘汰落后产能；③在高端化学品领域实施战略性合作或并购
	第13项：调整化肥化工产品结构	①延伸发展高价值产业；②开展二氧化碳化学利用
	第14项：发展综合能源技术服务	①打造海上油气勘探开发一体化专业服务链；②提升能源综合服务能力；③做大节能环保产业
	第15项：发展碳中和技术和产业	①培育和发展CCUS；②探索培育碳汇产业；③拓展二氧化碳利用市场
	第16项：建设零碳产业示范	①建设零碳油气田和码头；②建设零碳LNG接收站；③建设零碳加油站；④推广绿色建筑

续表

行动	重点工程	具体内容
行动五：绿色发展跨越（积极发展海上风电择优推进陆上风光）	第17项：加快发展海上风电产业	①加快浅海风电发展；②推进深远海风电产业化进程
	第18项：择优推进陆上风光产业	①择优发展陆上集中式光伏风电产业；②因地制宜集约化发展分布式光伏
	第19项：探索和培育氢能产业	①探索发展规模化制氢产业；②开展加氢综合能源示范站建设
	第20项：探索发展多能互补综合能源供应业务	积极发展多能互补供能模式
行动六：科技创新引领（加强油气技术攻关发展零碳负碳技术）	第21项：进一步加强油气产业链重大技术攻关	①加大油气勘探开发关键技术攻关力度；②大力开展海上和深水油气工程关键核心技术攻关；③持续巩固LNG产业链技术优势；④加强数字化、智能化技术开发与应用
	第22项：大力发展碳减排、碳中和技术	①加强火炬气回收技术攻关；②大力发展CCUS技术；③推进二氧化碳化学利用技术研发和应用；④积极探索发展海洋碳汇技术；⑤发展海上地热利用技术；⑥天然气水合物技术；⑦探索二氧化碳固化及置换开发
	第23项：加强新能源领域关键核心技术研发和推广应用	①大力发展深远海风电产业化技术；②积极探索发展高效制氢等相关技术；③加强规模化储能集成技术的研发与应用；④探索研究海洋能高效利用技术

7.2　天然气企业碳减排措施

7.2.1　上游减排措施

7.2.1.1　发展生物质天然气

　　生物质能被称为"零碳"能源，可为应对气候变化、保障能源安全和推动经济增长作出重要贡献。2021年9月，中共中央、国务院印发的《关于完整准确全面贯彻新发展理念做好碳达峰碳中和工作的意见》提出合理利用生物质能。2022年6月，国家发展改革委、国家能源局等部门联合印发《"十四五"可再生能源发展规划》，提出稳步推进生物质能多元化开发。

　　生物质能源依托陆生生物质为基础原料，根据当地资源和市场条件，因地制宜，通过化学转化方式可变为可再生的气、液和电。因受生物质资源的限制，生物质能项目开发不可能无限扩大，只能在一定区域内整合优质资源，采用最优的规模。所以生物质能具有属地性，项目呈零星分布，产品趋向于区域内消纳的特征。正因这个特点，生物质能项目具有开拓市场、多点布局、形成区域化、具有为后续LNG和天然气销售提前布局的优势，最终生物质能产品也可融入综合能源发展大盘，实现统一调度，成为绿色能源与化石能源的有利互补。此外，生物质能是唯一可转化成多种能源且可参与碳大循环的新能源，具有"负碳"效应，随着能源行业去碳进程逐步深入，随之而来的是与生物质和生物质能源伴生的生物炼制、生化时代，可贡献更多的绿色能源产品和碳减排指标。

　　未来，来源广泛的生物质能将持续为推进碳达峰碳中和作出贡献。《3060零碳生物质能发展潜力蓝皮书》预测，我国碳排放峰值在110亿t左右，而生物质能源化未来减碳潜力将达到20亿t，减碳潜力巨大。因此，生物质气发展空间广阔。其中国内生物质气项目可以通过集中处理畜禽粪污、农林秸秆等城乡有机废弃物，厌氧发酵产生沼气进行能源综合利用，同时生产有机肥等产品，将生物质能源转化为高值清洁能源。比如由盈和瑞环境承建的国峰清源规模化生物天然气二期项目位于江苏省淮安市，总占地约120亩（1亩=666.67m²），总投资约1.8亿元。项目采用先进的"（秸秆兼氧水解+CSTR❶两级厌氧发酵+沼液回流）/（粪污匀浆预热+CSTR厌氧发酵）+沼气生物脱硫+沼气提纯+沼渣沼液综合利用工艺"模式，进行农业废弃物的无害化处理及资源化利用。年处理农业废弃物原料约32万t，其中秸秆用量约3万t、畜禽粪便约29万t。通过微生物厌氧发酵，将农业废弃物转化为资源化产品生物天然气，年产生物天然气约654万m³，有机肥约5万t。既有效开发生物质能源，又减少废弃物带来的农村面源污染问题，改善生态环境，实现碳减排，有效带动区域内农业产业链循环，促进当地经济、社会、环境等方面和谐并进、向好发展；海外生物质气实现大规模生产，在上游产业链替代部分天然气开采量，经液化后进口至国内，形成"碳中和LNG"。

　　未来更多公司将依托优质生物质资源，积极建设生物质气产业链，充分利用生物质和天然气两种资源、国内和国外两个市场，以LNG接收站和管网为产业基础，在当前全球清洁能源发展大势下和国内天然气产业迅猛发展前景下，不断开拓新气源、培育生物质气市场，实现生物质气在贸易、管网、接收站、加注和发电等领域实现大规模应用。

7.2.1.2　气田低碳化改造

　　气田未来的发展围绕节能、减排、碳中和的梯次目标以及将气田勘探开发与新能源建设并行的思路，积极构建新能源与天然气能源多能互补、融合发展的新格局。一是实行节能技术改造，提高采气工艺系统生产效率、优化能源管控系统数字化和智能化发展体系；二是要全力发展新能源业务，主要从地热、氢能、风

❶ CSTR为连续搅拌反应器系统。

光发电等清洁能源方面，进行绿色低碳转型，把新能源作为绿色低碳发展的重要路径，推动传统供电业务与新能源业务协同发展，打造以消纳新能源为主的电力供给系统；三是要将甲烷排放治理打造成气田管理的必备能力，配备各种甲烷回收、低碳火炬和防逃逸等回收利用技术；四是充分利用CCUS技术，打造集CO_2捕集、利用与埋存功能为一体的全封闭、全埋存、零排放工业流程；五是密植碳汇林实现生态固碳，统筹气候适应性、固碳功能和生物多样性，推广碳汇林项目建设，实现减少碳排放、净化空气、保育水土等多重效益。

长庆油田目前已建成首个全流程绿色低碳智能化采气示范区[67]。该示范区集成推广节能降耗技术，以风电光伏等绿色电力为天然气勘探开发提供能源支持，配套节能技术、放空气回收和等离子火炬，实施CCUS、碳汇等项目，辅以能源管控、智能决策两大系统，形成"节能降耗-清洁替代-回收利用"新型用能模式，实施绿色低碳全产业链工程，打造低碳井场，形成高效的勘探开发体系。预计2023年规划建成分布式光伏、集中式风光互补项目等清洁能源替代项目后，将实现管理区域内的绿电全覆盖，年可发电约1.14亿kW·h；目前在示范区周边已建成100亩碳汇林，待巴拉素国有林场800亩建设计划完成后，年折碳汇量可达590t。

7.2.1.3 发展天然气+氢

虽然近年来可再生能源发展十分迅猛，但化石能源仍是保障我国能源安全和经济高速发展的"压舱石"和"稳定器"。而氢能将成为高比例可再生能源消纳、储能、融入能源体系的重要工具，是联通可再生能源和传统能源的关键枢纽，在全球能源转型中扮演着重要角色，尤其将在我国"双碳"目标下天然气产业的转型中发挥重要作用。天然气与氢气有着天然的联系，天然气的主要成分CH_4是含氢量最高的烃类。全球超过50%的氢气来自天然气制氢，在欧美这一比例更是高达90%以上。天然气和氢气都属于清洁、高效、环保的气态能源，运输、储存和使用过程不仅具有类似性，一些场景下还能混输混用、相互转化、互为补充。因此，天然气相比其他能源与氢能产业更贴近。把拥有巨量、成熟基础设施和消费群体的天然气产业与方兴未艾的氢能产业进行融合创新，能够探索出适用于未来我国碳达峰、碳中和场景下的新型能源体系新模式。能源转型过程中，天然气和氢能在不同阶段有不同的角色和定位。两者融合发展有利于发挥天然气的基础设施和消费端优势，氢能的能源枢纽、零碳和高效优势，对于我国天然气产业和氢能产业的高质量发展，降低能源转型的社会成本、推动深度脱碳，构建清洁低碳、安全高效能源体系具有重要意义。

"双碳"背景下，可再生能源电解水制氢将成为未来核心制氢方式，未来陆上气田附近实行大规模可再生能源制氢项目，通过管道输氢或随天然气进入长输管网实行掺氢运输。2022年初，中原油田增量配电网风电制氢示范项目获批复，该项目由质子膜电解水制氢（PEM）示范项目和风电开发项目组成[68]。质子膜电解水制氢（PEM）示范项目一期氢气产能为408万 m^3/年（标准状况），二期产能为5300万 m^3/年（标准状况）；风电项目规模112MW，年发电约2.9亿（kW·h），配套建设28MW/56（MW·h）储能装置，为制氢项目提供充足稳定的可再生能源电力。该项目的建设将有效盘活中原油田可利用井场等土地资源，为"郑汴洛濮氢走廊"节点城市及周边地市提供充足"绿氢"供应，打造中部地区重要的"绿氢"生产基地。中国石化正在推进在内蒙古建设大型绿氢项目的计划，将投资200亿元用于在内蒙古乌兰察布建设绿色电力和氢能综合项目。包括陆上风电制氢一体化工程和长达400km的输氢管道，将连接乌兰察布的制氢厂和北京的燕山石化，管道年可输送氢气量达10万t。

但由于陆上风电场的建造需要因地制宜，很难建立大规模基地形成规模效应，而海上风电场不占用陆地面积，可开发海域广，经济优势得以凸显。目前由于中国陆地可开发的风能资源越来越少，风电场的建立逐步从陆地向海上拓展。相较于发展较为成熟的陆上发电，海上风电具有风能资源丰富、电力波动小、不占用土地资源等优势。

海上风电制氢模式主要分为四种：一是通过海底电缆输电至岸上制氢；二是通过风机内置电解槽现场制氢，运输至岸上；三是在风场附近设立海上制氢站，统一将风场电能汇集至制氢站制氢，运输至岸上；四是在风场同时配置燃料电池和制氢装置，利用多余电能现场制氢和储氢，当电力输出特性波动较大时，利用燃料电池发电，原地将电能反输回电网以达到优化调节电力输出特性的目的。

海上风电制氢运输至岸上氢燃料电厂的方式主要有三种：一是氢气混合天然气，利用现有天然气管道输送；二是新建高压氢气输送管道，将纯氢输送到电厂满足用氢需求；三是通过外购或捕集空气中二氧化碳，将氢气和二氧化碳转化成合成天然气，形成零碳天然气，并利用现有天然气管道输送，实现零碳天然气产业链。其中，氢气混入天然气管道输送是解决氢气长距离大规模输送的重要手段。研究表明，在天然气中掺混20%的氢气，天然气汽车和加气设施改动小，发动机热效率可提高15%，经济性提高8%，污染物排放降低60%～80%。

7.2.2　中游减排措施

7.2.2.1　构建绿色LNG货源体系

"碳中和LNG"是指在天然气的上游开采、处理、液化、运输、再气化以及最终使用过程中产生的碳排放被其他形式的减碳行为完全抵消，进而实现全生命周期的净零（net-zero）排放。例如，根据壳牌官网的信息，其于2020年6月与中国海油签署的2船次"碳中和LNG"就是通过壳牌包括在中国青海和新疆支持的植树项目抵消了该船次LNG全生命周期的碳排放值。其他"碳中和LNG"供应商提供的减碳方案还包括投资和支持可再生能源发电项目、碳捕捉项目等等。虽然在行业内已经出现了"碳中和LNG"的市场实践，但是尚未形成统一的行业标准；具体而言，对于天然气产业链中各环节的排放量目前还没有获得业界公认的计量、报告、验证（MRV）方法。道达尔向中国海油交付的首船碳中和LNG是按照由非营利的独立协会管理的核证减排标准（Verified Carbon Standard，VCS）认证的减排项目。

国内LNG进口商应从资源获取、贸易角度减少碳足迹，与海外油气供应商共同促进碳中和LNG贸易，致力于统一排放量信息、减排量口径、减排量的归属与分配，并在新的长协和现货的谈判中充分考虑增加碳中和的相关内容，积极响应政策采购绿色LNG资源，为中国"双碳"目标的达成贡献力量。

7.2.2.2　发展低碳LNG接收站

LNG接收站未来朝着低碳化趋势发展，按照目前的技术，以LNG冷能发电为主，辅以冷能梯级利用、分布式能源、低碳火炬等可为其提供约四分之一的电力需求，大部分用电需求需要外购入绿色电力来满足，因此，未来LNG接收站通过采取以下措施进一步实现低碳化发展的目标。

（1）推广综合能源利用项目

结合国家"双碳"目标，接收站从整体能源利用需求出发，积极推进厂区内综合能源利用项目，包括屋顶光伏、冷能发电、水能发电、储能及辅助服务、冷能空分、热水保供优化等方案，以优化接收站能源利用方式，实现节能提效及余能利用，逐步实现低碳用能、绿色用能，根据技术成熟度逐步实施项目建设。

（2）积极加强甲烷管理，减少温室气体排放

目前甲烷减排已经成为应对气候变化和实现碳中和目标的重要命题，获得相关政府部门和业界的高度关注，中国油气行业已经成立甲烷控排联盟，在生态环境部的大力支持下开展工作，采取积极的应对措施：提高甲烷控排意识，不断完善与甲烷控排相关的内部标准、程序和流程等管理制度；通过碳盘查工作来识别甲烷排放源，并计划在站内逐步采用实测技术来提升甲烷排放监控数据的准确性，比如使用云台激光甲烷监测系统等先进技术；配置LNG罐车余压回收设备的接收站，所有入场车辆需使用站内的余压回收设备进行余压回收，这个措施不但有效减少了厂区的甲烷放散，也帮助社会面有效地减少甚至避免了余压主动放散。

7.2.2.3 建设低碳天然气加压站

在相同设计压力（12MPa）和相同外管道管径（1219mm×27.5mm）的条件下，由表7-8对比可知，单位天然气输送量的燃驱压气站能量消耗是电驱压气站的11.57倍。

表7-8　燃驱压气站和电驱压气站对比

站场类型	压缩机组	关键阀门	压力容器	空压机	发电机	锅炉	全年输量	全年消耗量	折标煤
燃驱压气站	8台	进出站阀及越站阀：9台；压缩机进出口阀：16台	收发球筒：4；旋风分离器：6；组合式过滤器：15	6台	4台	5台	440亿 m^3	16319万 m^3	217050t
电驱压气站	7台	进出站阀及越站阀：6；压缩机进出口阀：14	收发球筒：4；卧式过滤器：6；组合式过滤器：6	8台	—	2台	453.4亿 m^3	15733万 kW·h	19335t

未来在长输管道中途的加压站中，天然气燃气压缩机改为由太阳能、光伏及储能装置驱动的电力压缩机，加压站照明及生活用电也全部采用绿电提供，由此来实现零碳中和天然气压气站。

例如，广东管道9个输气站场"地热+光伏+"多能互补碳中和技术实施方案是利用浅层地热能资源，通过水/地源热泵等空调系统制冷供暖并提供生活热水实现节能减排，分布式光伏系统提供绿电，从而实现冷暖电水四联供，最终达到碳中和绿色站场的目的，并因地制宜地设计了不同的技术方案以达到能源利用最优解[69]。其中试点站场南屏分输站工程方案实施后预计空调节能率为40%～50%左右，光伏年均发电量为200万度，可降低二氧化碳排放量约2800t/a。

7.2.3　下游减排措施

7.2.3.1　发电

（1）提高机组效率

目前燃气轮机联合循环模式相较于简单循环配置下能增加约20%的效率。通过采用更高的燃烧温度和提高部件性能，可显著提升燃气轮机发电的效率。

① 热力循环　当今世界大多数燃气轮机采用简单循环运行，只有少数燃气轮机用压缩机中间冷却、再加热（顺序燃烧）或通过回热器进行内部热回收。简单循环需要更高的入口温度和更高的部件性能，每一代燃气轮机的效率都会有小幅度提升。然而提高效率需要不断完善技术，鉴于热力学和材料学的高需求，这些

效率的提高在经济性上有待商榷。需要进一步探索其在额定和非设计条件下对循环性能、燃烧器运行、冷却流量管理、涡轮机热管理以及重要的灵活性的影响。

② 气路设计 目前燃气轮机中的压气机和涡轮的气路设计已经实现了核心等熵流（远离环空的流动）的精细化水平。通过多目标优化获得的高度三维叶片现在普遍使用，产生了前所未有的空气动力学效率。进一步的内部效率提升将是适度的，尤其是在压气机中。

尽管如此，仍有些二次流动可进一步提高效率。涡轮间隙控制就是其中之一，估计有可能通过主动间隙控制系统实现0.25%的联合循环效率增益。主动间隙控制系统可用于新的燃气轮机和现有装置升级；其中一些依靠转子的轴向位移，而另一些则采取径向工作。无论采用什么方法，都面临着发动机瞬态温度分布的挑战，这些挑战受到负载变化的影响，导致更加频繁启动或停止。未来的系统需要能够进一步减少压气机端部泄漏流量，避免旋转部件和静止部件之间的物理接触。

③ 冷却系统 大约20%的压缩机流量从气路排出，用于冷却和密封发动机的（高压）热部分。其中大部分用于冷却一级涡轮叶片。在涡轮高压段内气路的根部，吸入热气也可能导致机械故障和空气动力损失。当燃气轮机的高应力部件（如转子盘）被从气路吸入的热气过热时，可能会触发机械故障。轮辋密封件通常与内部密封件一起从压缩机排出冷却/密封空气以防止流入空腔，但这也会降低燃气轮机效率。从压气机排出的空气会导致热效率减少，更重要的是气体路径中的出口和核心流之间的相互作用会产生进一步的动力损失。这些现象也受到瞬态操作的影响，因为这会改变所有相关流动的压力和温度分布，以及密封元件的公差。

因此，二级气路的改进设计、多目标拓扑优化和冷却流的主动控制是需要进一步研究的领域，以进一步提高现有和新燃气轮机的性能。

④ 底层循环 现代热回收蒸汽发生器在压力水平下产生蒸汽并结合，目前能够在技术上可行的情况下回收尽可能多的能量，受最低烟道温度限制，这会引发烟道气流中的冷凝问题。从第二定律的角度（即㶲破坏）来看，超临界高压蒸发器可以减少这种不可逆性，但相关成本可能无法通过边际性能增强（估计最先进技术的联合循环效率点需要0.5个百分点来补偿）。

多压力热回收蒸汽发生器（HRSG）在燃气轮机的低排气温度下最受关注。当从单压到多压降低时，随着温度提高，并且在热气温度（HRSG入口）大约为700℃时，两种布局之间的差异消失了。随着燃气轮机排气温度的升高，需要以较低容量系数运行的联合循环发电厂，可能有机会采用亚临界的单压再热底部循环。

（2）掺氢燃气轮机发电

三菱日立、GE、西门子等主流燃气轮机制造商都在大力发展掺氢和氢燃气轮机技术。所有化石燃料中，天然气掺氢燃烧产生的碳排放量最低，10%（体积分数）

掺氢联合循环燃气电厂的碳排放量约为同等规模燃煤电厂的40%，且能实现更低的汞、氮氧化物、硫化物、颗粒物等污染物的排放。掺氢燃气轮机还是未来氢气大宗消费的主要方式，据三菱日立测算，一个使用纯氢燃料的400MW的燃气轮机运行一年消耗的氢气量，相当于200万辆燃料电池汽车的用氢量。在未来碳减排的压力渐增和氢气成本降低的共同促进下，氢气燃气轮机发电有望在未来低碳社会中扮演重要角色。预计2060年我国氢燃料发电装机将达0.25TW，成为电源侧重要的灵活性电源之一。

但掺氢燃气轮机发电还存在一些难题需要解决。比如由于氢气和甲烷在物理特性与化学属性上的差异，掺氢后会对燃烧系统的燃料量、火焰速度、喷射势能、点火浓度、材料抗腐蚀性等产生一系列影响，带来回火、自燃、燃烧振荡等问题。

掺氨/液氨发电目前还未走向商业化。日本已进行了50kW、300kW等小型燃气轮机掺氨燃烧试验，三菱重工目前研制40MW纯氨发电机，可将氮氧化物控制在100×10^{-6}以下，拟于2025年实现商用化。气电集团可开展氨高效催化分解脱氢催化剂及现场制氢成套技术、间接"氨-氢"燃料电池技术、无碳超低NO_x"氨-氢"热机技术、氨能源综合利用技术等研究，从储、运、用各方面解决绿氢的问题。

7.2.3.2　工业

（1）多功能分布式能源站

多功能分布式能源站是一种多能互补集成优化系统，其特点是面向终端用户电、热、冷、气等多种用能需求，因地制宜、统筹开发、互补利用传统能源和新能源，优化布局建设一体化集成供能基础设施，通过天然气热电冷三联供、分布式可再生能源和能源智能微网等方式，实现多能协同供应和能源综合梯级利用。有利于提高能源供需协调能力，推动能源清洁生产和就近消纳，减少弃风、弃光、弃水限电，促进可再生能源消纳，是提高能源系统综合效率的重要抓手，对于建设清洁低碳、安全高效现代能源体系具有重要的现实意义和深远的战略意义。

① 未来政策将继续利好多功能分布式能源站发展　美国、德国、欧盟和日本分别开展了FREEDOM项目、E-Energy计划、FINSENY项目等以寻求在多能互补系统与新能源智能并网领域的突破性进展。在此背景下我国相关部门也多次出台指导意见，为多能互补产业发展指明方向。

2016年7月，国家发改委、国家能源局发布《关于推进多能互补集成优化示范工程建设的实施意见》，肯定了多能互补集成优化对于现代能源体系的意义，提出终端一体化集成功能系统、风光水火储多能互补系统两大主要任务。

2017年10月，国家电网公司发布了《关于在各省公司开展综合能源服务业务的意见》，指出开展综合能源服务业务的重要意义，并提出开展综合能源服务业务的总体要求。其中，提供多元化分布式能源服务、构建终端一体化多能互补的能源供应体系是综合能源服务业务的重点任务。

2021年2月，国家发改委、国家能源局发布《关于推进电力源网荷储一体化和多能互补发展的指导意见》，肯定了多能互补对提升电力发展质量和效益、全面推进生态文明建设、促进区域协调发展的重要意义，提出了强化电源侧灵活调节作用、优化各类电源规模配比、确保电源基地送电可持续性的多能互补实施路径。

② 天然气分布式能源仍将在多功能分布式能源站中发挥重要作用　天然气分布式能源具有运行启停灵活、环境影响小、调峰范围广、优化的电源结构、部分负荷效率高等优势，在多功能分布式能源站中承担重要角色。由于可再生能源间歇性的特征，大规模的可再生能源上网会对分布式微电网的电压稳定、可靠性和电能质量产生影响，而天然气分布式能源可以高效且经济可行地保障稳定的功率输出，为分布式可再生能源大规模并网与高效利用提供有效的解决方案。常规分布式供能系统＋可再生能源供能系统＋储能模块＋智能网络控制，就形成了多能互补、多能高效的分布式能源系统，既解决了风电、光伏等可再生能源供能的波动不稳定性，又能最大程度优化能源系统的运营成本，做到对清洁环境奉献度最大，必定是未来能源系统的发展路径。

③ 多种能源互补技术仍在不断完善发展　多功能分布式能源站这样一种多能互补集成优化系统的实现，需要依赖多能互补技术，在供能端将不同类型的能源进行有机整合，提高能源利用效率，又在用能端将电、热、冷、气等不同能源系统进行优化耦合，同时综合考虑经济性以及用户的舒适性，提供安全可靠的能源，促进能源利用最大化。在多能互补技术发展过程中，需要重点发展并解决的关键技术包括多能源的分析规划、能量管理、协调优化控制体系和储能技术。

分析规划方面，随着可对多能互补系统进行整体规划设计的商业软件的逐渐成熟，对多能流分布的计算将更加有效，多能耦合与协调的实现也更加轻松，对于指导多能互补系统的规划具有重要意义；能量管理方面，随着多能流系统能量管理研究能够更好地解决多能流耦合、多时间尺度和多管理主体的挑战，其将可以更好地通过信息流调控能量流，保障多能互补系统运行的安全、高效、稳定；协调优化控制体系方面，目前针对多能互补系统的分布式协同控制策略尚有待进一步研究，以更好地结合智能电网、非可再生能源、可再生能源、储能系统、电负荷、热负荷、气负荷等，通过合理的控制策略，使多能互补系统达到高效性、稳定性、安全性、可靠性和经济性等指标；储能技术方面，目前的储能技术都存在着不同的优缺点，需要根据经济性和容量等要求选择合适的储能方式，未来储能技术将继续发展、发电与储能协调规划及调度也将持续优化。

④ 商业模式创新有望增加市场参与主体内生动力　从创新商业模式上看，综

合能源系统需要纳入更多的新技术、新模式，提高项目的经济性。天然气分布式能源与可再生能源融合应用的场景越来越多，在不同场景下，项目商业化的政策条件和技术经济的边界条件如果能确定，则可形成一定的示范效应，有助于多功能分布式能源站的经济性提升和规模化发展。

目前，已有很多企业尝试天然气分布式能源与其他能源品种的融合发展示范项目，如增加储能设施（蓄热罐、回收的动力电池、氢燃料电池等）、与分布式光伏等多能互补、配备电动车充电桩等，多方面增强项目的负荷匹配。又如，采用电力需求侧管理、合同能源管理等方式，深度节能，增强项目收益能力。

通过创新商业模式，综合能源企业或可逐步摸索出新的收益增长点，探索出更适合多功能分布式能源站发展的路径，从而激发企业内生动力，增强企业开发信心，进一步推动整个行业的降本增效，为分布式能源发展提供源源不断的动力。

（2）智能化终端响应

在用能侧，存在地区差异化的用能需求，包括各种类型用户的用能需求结构，外部环境如能源价格、气象条件所带来的冷/热/电用能需求总量的不确定性。为了更直接地关注到终端能源用户的需求，多功能分布式综合能源站基于天然气分布式能源，为用户提供了电、热、水、气等一体化的能源解决方案，减少了能源供应过程中的损失，提高了能源利用效率，并且能够更好地实现需求侧响应。智能化终端响应是一种基于智能电网和智能负荷模型等技术，通过激励或电价机制引导终端用户改变用能的方式，包括电负荷的削减或平移以及能源类型之间的需求转化（表7-9）。

表7-9　综合能源需求响应内涵

项目	传统需求响应	综合能源需求响应
响应内容	以电为主	冷、热、电
响应主体	政府、电网、用户	政府、电网、用户、燃气公司、能源服务商等
互动对象	储能设备（电）、用电设备	能源生产设备、储能设备（冷、热、电）、供能设备
响应目标	电力优化配置（削峰填谷、电网安全稳定）	能源优化配置（消纳可再生能源、用能最优）
约束条件	电网潮流约束、用户响应约束	能源生产约束、能源转化约束、用户响应约束
响应方式	数量调节与时间调节	数量调节、时间调节、载体转换
响应策略	集中控制与分层分布相协调	分层协调为主
衍生效益	灵活电力市场	活化能源市场

实现智能化终端响应，首先，打造综合能源服务平台将成为未来趋势之一，为能源站与用户提供广阔沟通平台。综合能源服务平台围绕能效管理、需求响应和电力交易三方面内容，提供能源互联网用户服务，拓展能源消费新模式，满足

用户多样化用能需求，引导用户积极参与综合能源服务体验，促进综合能源新模式、新体系、新业态推广普及。

其次，信息技术及智能化终端设备在综合能源行业的应用也将持续推广。能源电力网络的数字化转型赋予多元用户充分掌握自身用能情况、能源市场动向及各类能源设备信息的机会与权利，能量流与信息流的深度交互有利于充分调动用户参与需求响应的积极性。此外，用户参与需求响应的需求将进一步倒逼智能自动响应终端、用户聚合的虚拟电厂等新技术与新业态的发展与进步，从而推动需求侧主动实现尖峰负荷的削减与平抑。

最后，智能化终端响应技术仍需不断完善。一方面，需要构建综合能源用能预测模型，以更好地定量化评估因价格敏感度、多样化能源转换技术、用户互动特性的不确定性带来的影响。另一方面，需要完善综合能源终端响应市场运营及效果评价技术，针对综合能源市场多主体、分散式以及产销一体化等特点，需研究面向综合能源系统的多层级市场交易架构和运营决策，如交易机制、配套政策、能源服务模式、投资模式和运营管理模式等，可包含跨区域级、区域级和用户级（含园区层、用户层和设备层）三层架构。

7.2.3.3 城市燃气

（1）采用天然气+地热供能供暖项目调研

国内已建成多个"地热+"多能互补综合供能大型示范项目，如北京城市副中心"深层/浅层地热+燃气调峰"示范工程、大兴机场"浅层地热+燃气调峰+锅炉烟气余热回收"、北京世园会"深层/浅层地热+燃气调峰"工程、合肥滨湖科学城区域能源站"地源热泵+天然气三联供"多能互补项目等。

① 北京城市副中心"地热两能+冷水机组+燃气调峰"的示范工程 北京城市副中心城市绿心起步区地源热泵供热、供冷系统是2020年重点新建能源项目（图7-1）。项目位于通州区潞城镇，采用"地源热泵+水蓄能+冷水机组+燃气调峰"的复合式清洁能源系统，供能总规模380万m^2，项目计划配置4台地源热泵机组+3台冷水调峰机组+5台燃气锅炉，13000m^3蓄能水池，室外地埋孔2900个，总占地9.7万m^2。最终形成以"浅层地热能为主，深层地热能为辅，其他清洁能源调峰"的能源供给方案，该项目建成后，将为地热+水蓄冷+燃气锅炉的供热模式起到进一步的示范推动作用。

② 渤海石油小区项目 塘沽渤海石油港区、滨海小区供暖由港区水暖分公司运行，共计40万m^2（图7-2）。最初采用废弃煤渣、油渣燃烧供暖，运行成本高于40元/m^2，空气污染严重。自2007年起对供暖进行改造，采用"地热+天然气"供暖方式，井口出水温度70℃，供暖主要依靠地热，其余由天然气调峰。港区面积

图7-1　北京城市副中心规划效果

图7-2　渤海石油地热供暖泵房

9万m²，包括1口地热井与1台燃气热泵，1个供暖季用气量25万m³；滨海小区面积30万m²，包括4口地热井与2台燃气热泵，一季用气量120万～150万m³；寒冷天气用气1.3万m³/d。供暖综合运行成本15元/m²（不含人工），与此前供暖方式相比大幅下降。

　　③北京世园会　世园会东部紧邻延庆新城，西部紧邻官厅水库，三大主体建筑总面积近30万m²，共设置能源站3座，分别为中国馆能源站、国际馆能源站、植物检疫隔离与园艺技术服务区能源站（温室能源站）。该项目采用深层地热+浅层地热+水蓄能+锅炉调峰方式供热，其中锅炉调峰比例为40%。项目共钻凿100m深换热孔2170个及2眼深层地热井（图7-3）。

图7-3　北京世园会中国馆

中国馆建筑面积12.54万m²，总冷负荷13MW，总热负荷10.5MW，配置2台制热量1323kW地源热泵机组，换热孔数为720个，深100m，2000m³蓄能水池。2口地热井，单井出水量60T/h，55℃。配置1台制热量为1170kW和1台制热量为1050kW热泵机组；2台制冷量为4570kW（1300RT①）冷水机组，4台560m³/h的冷却塔；2台2800kW（4T）燃气锅炉。

国际馆建筑面积13.6万m²，总冷负荷14.2MW，总热负荷11.4MW。配置2台制热量1323kW地源热泵机组，换热孔数为720个，深100m，2000m³蓄能水池；配3台制冷量为3516kW(1000RT)冷水机组，6台433m³/h的冷却塔；配2台3500（5T）燃气锅炉。

通过京津冀山东等华北地区多个地热供暖项目运行情况调研来看，地热出水温度对项目经济性起决定性作用。结合行业内多个项目运行的实际经验和初步测算结果，在取暖费19元/m²的条件下，单井出水温度60℃、流量50m³/h是地热供暖项目具有经济效益的基础条件。从此前对山东、天津等地热供暖项目调研来看，出水温度高于85℃时，运行综合成本可控制在10元/m²以下（表7-10）。若能勘探发现品质较好的地热资源，可以说，地热供暖产业将给企业带来可观的效益。

表7-10　华北地区地热供暖项目运行成本

项目地点	地热出水温度/℃	补热方式	运行成本/（元/m²）	当地取暖费/（元/m²）
北京立水桥	70	热泵	10～12	30
山东东营	80～90	热泵	<10	21
天津塘沽	70～75	天然气	15	25
河北邢台任县	42	热泵	15（不含人工）	19
河北邢台宁晋	80	热泵	5	19

（2）天然气+地热开发技术发展方向

① 开发技术向"取热不取水"环保型方向发展　我国水热型地热大规模开发，除去雄安新区碳酸盐岩裂隙储层回灌率接近100%外，其余地区绝大多数项目回灌率较低，造成地下水资源破坏及地表沉降等环境问题，严重制约着地热产业的发展，部分地方政府已出台较为严厉的政策严禁抽采地下水并关停大量地热水井。"取热不取水"技术是近3～5年来新兴的一种地热能开发方式，规避了上述回灌难和勘探风险这两方面问题，真正地做到了"取热不取水"。该技术主要具有以下几点优势：不抽采地下水，对地热水储层无影响；不局限于地下存在高温水层的区域，规避了寻找地热水的勘探风险，同时可节省部分前期勘探工作量；可针对

---

❶ 1RT就是1t 0℃的水在变为1t 0℃的冰时所需要的热量，1RT=3.52kW。

废弃油气井、地热井进行改造并重新利用，大幅降低了钻井投资。目前国内多地已开展研究及示范性应用，提高单位投资下的换热功率是该技术能否实现大规模商业化推广的核心。

目前理论计算与工程实测表明，单井换热全井段平均换热量为 80 ～ 140W/m，近年来我国西安及周边地区该技术实现了小规模的示范应用。以西安为例，井深 2000 ～ 2500m，井底温度 80 ～ 100℃，井内换热后至地表配合热泵提热后向用户供暖，单井可供民用建筑面积 1.0 万～ 1.5 万 m²，井口出水温度较常规浅层地源热泵显著提高，深井"取热不取水"技术的系统能效提升 30% ～ 50%。提高单位投资下的换热功率是该技术能否实现大规模商业化应用的核心。

② 向"天然气＋地热＋"多能互补供冷供热发展　地热能开发利用的效率与经济性受当地地质条件及地热资源品质的影响，同时钻井需要占用地表空间。在实际工程中，结合用户的冷热需求及当地客观条件，以中深层地热为基础热源，综合天然气、浅层地源热泵、江（海）水源、太阳能等其他能源，建立"天然气＋地热"多能互补的清洁供冷供热系统，提高能量利用率，达到节省投资、有效利用空间的目的。近年来，"地热＋"多能互补的理念获得广泛认同，国内已建成多个"地热＋天然气"综合供能大型示范项目，如北京城市副中心"深层／浅层地热＋燃气调峰"示范工程、大兴机场"浅层地热＋燃气调峰＋锅炉烟气余热回收"、安徽合肥滨湖"深层地热＋浅层地热＋燃气三联供"能源站项目等（表7-11）。

表7-11　地热＋天然气综合利用的几种方式对比

组合类型	运行成本	优势	劣势
水热型地热＋天然气	受地热资源品质影响，一般低于20元/m²	能量利用率高，技术及商业模式成熟	钻井投资高，项目效益受地热资源品质影响大
浅层地热＋天然气	一般低于25元/m²	前期投资较低，技术门槛低，可实现冷热联供，受地下资源品质制约较小	后期受当地气候、用户需求等因素影响，系统效率下降，能耗增加
天然气热电联产＋地热	成本受用气量直接影响	能量利用率高，发电余热的利用可节省钻井投资，适合分布式项目	发电机组投资较高
井下换热＋天然气	成本受井下换热效率影响	对地下水不造成破坏，真正做到"取热不取水"	井下换热效率有限，对热储层流通性与补给有一定要求

7.2.3.4　实现天然气终端能源消费与碳资产管理一体化

碳资产管理业务是一系列与碳相关的业务的统称，包括碳核查和碳耗监测、减碳方案的提供、碳交易、碳金融、碳资产管理等。在我国"碳达峰、碳中和"背景下，天然气正朝着清洁化、智慧化、去中心化、综合化方向发展，呈现出在开发、储运、消费和转化环节的优化利用趋势。因此，将碳资产管理业务融入天然气终端能源消费服务，依托低碳数字生态等技术，为用户提供用能咨询、能源管理等多元化服务，以达到供需互动、节约成本及提质增效等目标，是"双碳"目标下保障天然气多元化清洁供给体系建设的必由之路。

未来部分工业大用户，将能源与碳资产管理外包，碳业务公司将为这些用户提供减碳解决方案、碳交易与碳资产管理，从而实现"碳资产管理+终端能源"一体化管理的整体解决方案，具体可发展以下几种模式：

一是提供节能改造等服务。在该模式中，以节能效益分享或能源费用托管的方式获得利润，并整合和分析用户能耗数据，针对性地向用户提供节能建议或根据用户需求开展相关节能改造，推进客户侧电气化与能效提升，应用热泵、专用充电站、余热回收、节能减排等高效用能技术，降低客户能源成本，改善客户用能体验。

二是将节能降耗监测与减碳监测有机结合。碳监测是指通过综合观测、数值模拟、统计分析等手段，获取温室气体排放强度、环境中浓度、生态系统碳汇以及对生态系统的影响等碳源汇状况及其变化趋势信息的过程，并提供全方位温室气体监测解决方案。未来在二氧化碳等温室气体排放在线监测系统的技术辅助下，通过对温室气体排放浓度和流量的在线检测，可计算出某一时段的化石燃料碳排放量，避免该类碳核查繁杂的取样分析及计算，同时为用户判断碳减排潜力提供重要参考。

三是开发碳资产管理平台。建立能-碳关联算法，构建消费侧碳的排放计算模型，实现碳排放和碳减排量的实时计算、统计与分析等精益化管控，提升碳资产管理智能化水平；可自动生成排放报告和减排报告、履约管理、预测和交易提醒等，实现碳资产智慧交易，提升企业碳资产信息化管理能力，实现碳交易管控的数字化、智能化，降低企业履约成本，助力用户节能降碳决策。

四是代理用户参与碳市场交易。根据碳市场投资机会，通过碳资产现货、期货市场替客户进行碳资产管理并参与碳市场交易。可以创造能源企业碳资产价值，节约能源企业相关业务投入支出，其碳资产还可作为抵押，从银行获得融资，投资更多的节能项目获得节能收益和碳收益，使企业产生更多的碳配额资产盈余。

对于碳业务服务公司而言，碳收益的叠加使包括余热余压利用在内的节能服务项目收益更高；同时碳配额资产被盘活，提升了企业投资节能改造的动力。对于终端用户而言，能够建立自己的碳交易账户，切实参与到"双碳"目标实现的过程中来，并获得减碳激励。以此方式，碳业务服务公司通过构建"碳资产"的方式，积极参与碳排放权市场交易，引导社会生产活动向绿色低碳转型，将迎来更加广阔的市场发展空间。

第 **8** 章

跟踪点分析

8.1 跟踪点一：欧盟碳关税及其对
我国的影响

8.2 跟踪点二：中国碳配额发放办
法及核查、惩罚规则

8.3 跟踪点三：中国海洋碳汇现状

8.1　跟踪点一：欧盟碳关税及其对我国的影响

8.1.1　欧盟碳市场

欧盟已建立全球最大的碳排放权交易体系——欧盟碳市场（EU ETS），该体系涵盖了工业、航空、电力等部门，这些部门每年的碳排放量占欧盟碳排放总量的40%。碳市场以具有成本效益的方式减少温室气体排放，被视为碳减排的关键工具。欧盟碳市场依据"限额与交易"原则运作，通过限制碳配额总量让企业根据需求进行配额交易，配额总量逐年减少，且配额从全部免费到部分有偿拍卖并将最终达到全面拍卖。

欧盟碳市场从开始到成熟经历了四个阶段，其间经历了不断的改革。最新的碳市场改革措施包括加速减少配额总量，通过市场稳定储备机制（MSR）收回更多富余配额等，一系列改革措施推动欧盟碳市场逐渐活跃。2021年，欧盟碳市场进入第四阶段，配额总量年度降幅提高到2.2%，加上欧盟进一步提高了减排目标，碳价快速大幅上涨，仅2021年一年碳价的价格区间上涨至30～90欧元/吨，较过去7年均值上涨了近3倍。

欧盟碳市场对欧洲减少碳排放、降低能耗、改变能源消费结构产生了积极的促进作用。

8.1.2　欧盟碳关税

碳边境调节机制（carbon border adjustment mechanism，CBAM）也被称作碳边境调节税或碳关税。欧盟推行的CBAM作为欧盟碳市场的衍生政策，其主要目的是减少欧盟碳市场可能导致的"碳泄漏"问题，避免欧盟的减排政策目标在减少本地区碳排放的同时，导致其他国家碳排放增加。同时，通过碳关税措施使高碳排放的国家出口产品无法获得贸易优势，以保护欧盟本土企业。欧盟的碳关税是全球第一个针对产品碳含量而实施的碳关税。

2019年11月欧盟出台了《欧洲绿色新政》（*EU Green Deal*），提出到2050年使欧洲成为第一个气候中性大陆的愿景。之后，通过《欧洲气候法》（*European Climate Law*）将这一目标以法律形式确定下来，同时确认了到2030年温室气体净排放量比1990年至少减少55%的中期目标。在《欧洲绿色新政》法案中欧盟正式提出建立CBAM。2021年7月欧盟委员会公布了落实《欧洲绿色新政》减排目标的"Fit for 55"计划，提出了涵盖能源、工业、交通、建筑等领域的一揽子减排举措，其中包含的CBAM立法草案是关键措施，CBAM立法程序正式启动[70]。

2022年6月欧洲议会投票通过CBAM提案修正案。2022年12月，欧盟理事会和欧洲议会就欧盟碳市场改革方案达成了协议，并确定了前述CBAM正式生效时间与涵盖行业范围。

2023年4月18日CBAM在欧洲议会获得通过，4月25日CBAM法案文本在欧洲理事会获得正式批准。2023年5月16日，欧盟公布了建立碳关税的正式法令 [Regulation（EU）2023/956]，明确了碳关税的征收范围、排放量计算、申报要求、各方权责、履约规则和程序等。欧盟CBAM将从2023年10月1日起正式实施，到2025年12月31日前是过渡阶段。

8.1.3　碳关税征收范围与核算

根据欧盟公布的建立CBAM的正式法令，CBAM相关内容如下[71]：

（1）征收范围

首批纳入CBAM征收范围的产品包括水泥、电力、化肥、钢铁、铝和氢。

（2）政策过渡期

2023年10月1日～2025年12月31日是CBAM的过渡期，其间欧盟进口商需要报告进口商品的碳排放数据而无需支付税额。2026年起CBAM正式执行，CBAM覆盖行业的进口商品将开始被征收碳关税。

（3）核算边界

核算产品生产过程中产生的直接排放，特定条件下也核算产品生产过程中所使用电力的间接排放。

（4）计算方式

碳关税=（进口产品碳排放量-欧盟相关产品免费碳配额）×欧盟碳市场价格-在出口国支付的碳价格。

8.1.4　碳关税影响分析和发展趋势

（1）不同程度增加我国所涉及出口企业的"碳成本"

在CBAM覆盖行业中，2022年我国出口欧盟的钢铁、铝的出口金额均居欧盟总进口的第一名，而化肥、水泥、氢的出口量较小，没有对欧盟的电力出口。由于目前我国高炉炼钢的碳排放主要来自直接排放，铝行业碳排放主要来自间接排放，而 CBAM 在现阶段并不核算铝产品的间接排放，因此综合来看，CBAM 短期对我国影响可控，仅钢铁行业受影响较大[72]。目前我国碳市场正处于起步和发展阶段，碳价明显低于欧洲。根据上海环境能源交易所的数据，2021 年、2022 年全国碳市场成交均价分别为 42.85 元/t、55.3 元/t。公开数据显示，同期欧盟碳交易平均价格分别为 56 欧元/t、81 欧元/t。长期来看，如果 CBAM 覆盖范围延伸或者扩展到间接排放，将不可避免增加我国出口欧盟产品的"碳成本"。

（2）推动国内碳市场建设加快

为了应对国际碳市场以及碳关税等对国际贸易的影响，我国将加快国内碳市场机制建设[73,74]，提升高排放产业的碳排放成本，从而对欧盟碳关税进行有效规避，预计未来将从三个方向不断发展完善：一是扩大碳市场覆盖范围，逐步将钢铁、水泥等高碳行业纳入碳排放权交易体系；二是推动碳市场交易更加活跃，稳步提升碳价，更好地发挥碳市场的碳减排作用；三是探索发展与碳市场并行的碳税体系，补充碳市场未覆盖行业的碳排放控制。

（3）绿电等"绿色"能源市场迎来发展机会

欧盟碳关税将加快我国相关产业低碳转型，出口企业可以通过在生产中使用绿电，降低企业的间接碳排放从而降低企业的碳关税成本，预计绿电消费需求将有明显提升。当前，绿电交易在国内是企业实现绿色低碳发展的重要途径，欧盟碳关税价格的传导作用，将成为促进国内绿电开发与消纳的积极因素。钢铁等高耗能企业将同时加快绿色低碳技术创新，其他绿色低碳燃料需求增加，也将促进绿氢、生物质燃料等绿色能源市场的发展。

对欧盟的碳关税，国际上存在诸多质疑，主要集中在构成贸易壁垒等方面，认为其可能对贸易造成不必要的限制，变相成为掩盖在气候变化措施之下的绿色贸易壁垒。此外，美国也在酝酿类似的碳关税。2022 年 6 月，美国提出了关于碳关税的立法提案——《清洁竞争法案》（*Clean Competition Act*）。提案的基本逻辑是以美国产品的平均碳排放强度为基准，对碳排放量高于基准线的进口产品和美国产品征收碳税。

综上所述，对碳排放的关注已经扩展到国际贸易领域，以"碳关税"为特征的新国际贸易格局将不可避免。我们一方面应深入跟踪研究碳关税发展方向、规则设计及其直接、间接影响，通过国际低碳发展合作等方式减弱碳关税影响，另一方面应大力推动国内能源绿色低碳转型，加快国内碳市场建设，提升绿色低碳发展的核心竞争力。

8.2 跟踪点二：中国碳配额发放办法及核查、惩罚规则

碳配额，又称碳排放配额，是指重点排放企业获得的二氧化碳排放限额。碳配额是碳市场的主要交易产品。碳配额分配制度是一个国家或者地区碳市场有效运行、实现碳定价的基础政策，也是推动实现减碳目标的重要基础。

碳配额分配方式主要包括免费分配、有偿分配以及这两种方式的混合使用。碳配额分配的计算方法主要包括行业基准线法、历史排放法、历史碳强度法等方法，根据碳市场的不同特点选择相应的分配方式和分配计算方法。

8.2.1 中国碳配额分配机制

（1）我国试点碳市场的配额分配

我国碳配额以免费配额分配为主，小部分采用有偿分配的方式。在我国8个试点碳市场中，有6个试点碳市场可以通过拍卖的方式进行配额分配，但有偿分配的比例较低。以广东省为例，广东省2021年度配额分配实施方案规定实行免费和有偿发放相结合的方法，其中钢铁、石化、水泥、造纸行业的控排企业免费配额比例为96%，航空行业控排企业免费配额比例为100%，新建项目企业有偿配额比例为6%。从初始配额分配计算方法来看，试点碳市场大部分采用基准线法、历史排放法、历史碳强度法三种方法结合进行配额分配，小部分采用两种方法结合进行配额分配。

（2）全国碳市场的配额分配

2020年12月我国《碳排放交易管理办法（试行）》正式印发，适用于全国碳排放权交易及相关活动，其中包括碳排放配额分配和清缴[75]。从管理职责上来看，生态环境部负责加强对地方碳排放配额分配、温室气体排放报告与核查的监督管理。省级生态环境主管部门负责在本行政区域内组织开展碳排放配额分配和清缴、温室气体排放报告的核查等相关活动，并进行监督管理。

碳排放配额分配以免费分配为主，适时引入有偿分配。在配额分配计算上，我国已纳入全国碳市场的发电行业采取基于强度控制的行业基准值法。行业基准值法基于企业实际产品的产出量，对标行业先进碳排放水平，既体现了奖励先进、惩戒落后的原则，也兼顾了当前我国将二氧化碳排放强度列为约束性指标要求的制度安排。需要通过购买碳配额来履约的重点排放单位，还可以通过抵消机制购买价格更低的自愿减排量，目前可使用CCER抵消配额清缴，比例不超过应清缴配

额的5%，实现履约的同时进一步降低履约成本。

8.2.2　中国发电行业配额分配及管理

发电行业工艺流程相对统一，排放核算监测工作基础较好，数据质量较好，我国率先将发电行业纳入全国碳市场。《2019—2020年全国碳排放权交易配额总量设定与分配实施方案（发电行业）》规定纳入2019～2020年全国碳市场的重点排放单位为2013～2019年任一年排放达到2.6万t二氧化碳当量（综合能源消费量约1万tce）的发电企业，包括其他行业的自备电厂[76]。全国碳市场第一个履约周期共2162家重点排放单位，这些企业碳排放量约为45亿t二氧化碳，占全国二氧化碳排放量的40%[77]。之后，2021～2022年的控排企业范围延续了年排放量2.6万t二氧化碳当量这一标准。

（1）发电行业配额分配机组及分类

根据我国政策要求，在进行配额管理时，发电行业按照燃料种类及机组容量划分为四个类别：300MW等级以上常规燃煤机组；300MW等级及以下常规燃煤机组；燃煤矸石、煤泥、水煤浆等非常规燃煤机组（含燃煤循环流化床机组）；燃气机组。

（2）基准值设定与配额核算

发电行业企业的碳配额，也就是重点排放单位拥有的发电机组产生的二氧化碳排放限额，包括煤炭、天然气等化石燃料消费产生的直接二氧化碳排放和净购入电力所产生的间接二氧化碳排放。碳排放基准值是对不同类别机组所规定的单位供电（热）量的碳排放限值。

发电机组的基准值分为供电基准值和供热基准值，基准值考虑经济增长预期、实现控制温室气体排放行动目标、新冠疫情对经济社会发展的影响等因素后进行确定。《2019—2020年全国碳排放权交易配额总量设定与分配实施方案（发电行业）》《2021、2022年度全国碳排放权交易配额总量设定与分配实施方案（发电行业）》分别给出了对应年度各类发电机组的供电和供热基准值[42]，详见表8-1、表8-2。

表8-1　2019～2020年各类发电机组碳排放基准值

机组类别	机组类别范围	供电基准值/[tCO₂/(MW·h)]	供热基准值/(tCO₂/GJ)
I	300MW等级以上常规燃煤机组	0.877	0.126
II	300MW等级及以下常规燃煤机组	0.979	0.126
III	燃煤矸石、水煤浆等非常规燃煤机组（含燃煤循环流化床机组）	1.146	0.126
IV	燃气机组	0.392	0.059

表8-2　2021～2022年各类发电机组碳排放基准值

机组类别	机组类别范围	供电/[tCO₂/(MW·h)]		供热/(tCO₂/GJ)	
		2021年基准值	2022年基准值	2021年基准值	2022年基准值
Ⅰ	300MW等级以上常规燃煤机组	0.8218	0.8177	0.1111	0.1105
Ⅱ	300MW等级及以下常规燃煤机组	0.8773	0.8729		
Ⅲ	燃煤矸石、水煤浆等非常规燃煤机组（含燃煤循环流化床机组）	0.9350	0.9303		
Ⅳ	燃气机组	0.3920	0.3901	0.0560	0.0557

采用基准值法核算机组配额量的计算方法:

机组配额量＝供电基准值×实际供电量×修正系数＋供热基准值×实际供热量

其中，供电基准值、供热基准值根据实施方案中对应机组进行取值，实际供电量、供热量则根据机组核算年度的实际情况确定。

根据基准值法测算碳配额的计算方法可知，对于效率高的发电企业来说，发电机组的碳排放强度低于基准值，则企业碳配额在完成履约之后有盈余，企业可在碳市场出售盈余的碳配额获利；反之，对于效率低的发电企业来说，发电机组的碳排放强度高于基准值，企业则需要在碳市场购买额外的碳配额，以完成履约，购买碳配额相应增加了企业的经营成本。

（3）配额分配与清缴履约

① 配额预分配　履约期初，进行配额预分配，根据政策具体要求，选择相应年度生产数据，包括负荷系数、供电量、供热比、供热量等数据，供电量、供热量乘以70%作为基础，按照基准值法计算得到机组预分配的配额量。

② 配额核定　核实机组履约期当年实际生产情况，得到机组履约期当年实际生产数据，按照基准值法计算核定机组配额量。核定的最终配额量与预分配的配额量不一致的，以最终核定的配额量为准，多退少补。

③ 配额清缴履约　重点排放单位在规定期限内通过注册登记系统向省级生态环境主管部门清缴不少于经核查排放量的配额量，履行配额清缴义务，完成配额履约。

（4）核查

2021年3月生态环境部发布了《企业温室气体排放报告核查指南（试行）》[78]，明确了企业碳排放数据的报告核查要求，用于规范和指导省级生态环境主管部门组织对重点排放单位温室气体排放报告的核查工作。配额核查内容和要点包括重点排放单位和排放设施的基本情况、核算边界、核算方法、核算数据、质量保证和文件存档、数据质量控制计划及执行等。其中核算数据的核查应重点查证核实活动数据、排放因子、排放量、生产数据等四类数据的真实性、准确性、可靠性。核查流程中包括文件评审和现场核查。

2022年12月结合第一个履约周期全国碳市场实际运行情况，生态环境部修订《企业温室气体排放核查技术指南 发电设施》[79]。指南主要是为了指导核查机构对企业核算和报告发电设施相关排放数据和信息开展核查，增强排放报告核查工作的规范性、有效性。

（5）惩罚机制

根据《碳排放权交易管理办法（试行）》[75]规定，重点排放单位未按时足额清缴碳排放配额的，由其生产经营场所所在地设区的市级以上地方生态环境主管部门责令限期改正，处二万元以上三万元以下的罚款，逾期未改正的，对欠缴部分，由重点排放单位生产经营场所所在地的省级生态环境主管部门等量核减其下一年度碳排放配额。

2021年3月生态环境部对《碳排放权交易管理暂行条例（草案修改稿）》[以下简称《暂行条例（草案修改稿）》] 公开征求意见[80]，对重点排放单位的违规行为提出了更加严厉的处罚措施。《暂行条例（草案修改稿）》提出重点排放单位不清缴或者未足额清缴碳排放配额的，由地方生态环境主管部门责令改正，处十万元以上五十万元以下的罚款；逾期未改正的，由省级生态环境主管部门在分配下一年度碳排放配额时，等量核减未足额清缴部分。如实报告碳排放数据，及时足额清缴碳配额是重点排放企业的义务，从全国碳市场建设和政策趋势看，未完成履约的企业将面临更高的违规成本。

8.2.3　配额管理机制发展趋势分析及企业应对建议

2023年1月生态环境部发布《全国碳排放权交易市场第一个履约周期报告》，全国碳市场第一个履约周期从2021年1月1日到12月31日。到2021年12月31日，第一个履约周期结束，实际共纳入发电行业重点排放单位2162家。2021年7月16日，中国碳排放权交易市场正式开始线上交易，碳排放配额是全国碳市场主要交易产品。在第一个履约周期，碳市场平稳运行，市场活跃程度稳步提升。截至2021年12月31日，碳排放配额累计成交量1.79亿t，累计成交额76.61亿元。按履约量计，全国碳市场的第一个履约周期的履约完成率为99.5%，履约情况整体较好。未履约的企业比例为0.5%。

2023年7月17日，生态环境部办公厅发布《关于全国碳排放权交易市场2021、

2022年度碳排放配额清缴相关工作的通知》[81]，全国碳市场第二个履约周期仍为2年。从配额分配机制以及管理要求等方面反映出的新趋势如下。

（1）基准值下调配额分配趋紧

2021年、2022年度配额分配方案总体上延续了2019～2020年的分配框架，基于强度控制设计配额分配思路，配额分配覆盖主体范围，配额核算以及配额分配相关工作流程基本不变。第二个履约期的配额实行年度管理，2021年、2022年规定不同的基准值。相较2019～2020年的基准值，2021年、2022年基准值明显下降，且履约周期内两个年份持续下降，发电行业配额分配收紧，详见表8-3。

长期来看，我国将逐步形成配额分配的长效机制，为基准线收紧制定更加明确的指导政策，以保证碳市场发展的连续性和稳定性。

表8-3　基准值变化对照

项目	机组类别	2019～2020年基准值	2021年基准值	2021年变化	2022年基准值	2022年变化
供电基准值	300MW等级以上常规燃煤机组	0.877	0.8218	−6.29%	0.8177	−6.76%
	300MW等级及以下常规燃煤机组	0.979	0.8773	−10.39%	0.8729	−10.84%
	燃煤矸石、水煤浆等非常规燃煤机组（含燃煤循环流化床机组）	1.146	0.9350	−18.41%	0.9303	−18.82%
	燃气机组	0.392	0.3920	无变化	0.3901	−0.48%
供热基准值	300MW等级以上常规燃煤机组	0.126	0.1111	−11.83%	0.1105	−12.30%
	300MW等级及以下常规燃煤机组					
	燃煤矸石、水煤浆等非常规燃煤机组（含燃煤循环流化床机组）					
	燃气机组	0.059	0.0560	−5.08%	0.0557	−5.59%

（2）企业排放核算与报告规范性要求提高

配额管理政策要求下，企业建立并逐渐完善自身碳排放数据管理、核算与报告能力是关键性基础任务，也是企业规范履约以及有效开发碳资产，实现低成本履约的前提[82]。为规范发电行业重点排放单位碳排放核算报告核查工作，提高碳排放数据质量，2022年生态环境部修改完善《企业温室气体排放核算与报告指南　发电设施》，重点对纳入全国碳排放权交易市场配额管理的发电行业重点排放单位发电设施的温室气体排放核算和报告工作进行规范，提出细化重点排放单位碳排放数据在检测、记录、传递、保存、取样、制样、送检、存证和核算各环节的质量控制要求。加强碳排放数据体系化、标准化和信息化管理，提升数据管理的精细化、准确化和规范化水平。

（3）燃气机组面临履约压力增加的趋势

在2019～2020年的配额分配方案中，给予了燃气机组相应的鼓励政策。燃气机组在配额清缴工作中，如果经核查排放量不低于核定的免费配额量时，其配额清缴义务为已获得的全部免费配额量；当经核查排放量低于核定的免费配额量时，其配额清缴义务为经核查排放量等量的配额量。在2021～2022年的分配方案征求意见稿中，未提出对燃气机组的鼓励政策。但在正式发布的分配方案中，考虑到2021年、2022年新冠疫情影响及能源保供压力，为有效缓解发电行业履约负担，配额方案延续了上一个履约周期对燃气机组和配额缺口较大企业实施履约豁免机制。燃气机组面临一定的不确定性，之后的履约周期随时可能取消豁免机制。尽管燃气机组清洁性显著优于煤电机组，但目前来看，在配额分配机制中尚无法体现这一优势。积极呼吁在配额分配机制中给予燃气机组相应的激励政策，有助于促进我国燃气机组的建设，更好发挥燃气机组的清洁调峰优势。

发电行业控排企业经过了第一个履约期已经初步形成了排放核算和报告的能力，基本具备了按要求履约的能力。随着配额分配机制不断发展，包括基准值下降使得配额分配趋紧，燃气发电企业履约压力增加，以及企业排放核算与报告规范性要求提高，对作为碳配额机制的市场主体的企业，提出以下建议：

① 加快节能减排技术开发和应用　重点排放企业一旦形成低于排放基准值的排放水平，将在较长时期内具有行业的竞争优势，企业立足长远，加强核心工艺和关键环节的节能减排技术和设备创新，将有助于形成长期有利的市场地位。

② 提升配额履约能力　加快建立起企业排放核算与报告能力，结合对企业温室气体排放核算方法与报告的具体要求，从指标检测规范性、数据统计准确性、参数使用规范性多方面保证数据质量，避免长期借助外部服务机构，而忽略自身能力的完善，无法与节能减排空间的挖潜形成一个良性互动。

③ 积极设计和实践配额履约策略　结合本企业的碳配额盈余情况以及碳市场碳价变化，综合考虑自愿减排量等履约方式，拓展减排成本的降低渠道，实现更低的履约成本和最大化的企业碳资产收益，并实现提升企业碳资产管理水平的长期目标。

8.3　跟踪点三：中国海洋碳汇现状

8.3.1　海洋碳汇分类

海洋的面积占地球表面积的71%，有着接近陆地生物圈20倍、大气50倍的固碳能力，因此海洋在全球碳循环中扮演了相当重要的角色，对CO_2的吸收具有不可估量的潜力。海洋碳汇是基于海洋的、可行的碳中和途径。

海洋生态系统每年可捕获的"碳"约占海陆碳汇总和的55%，这部分"碳"被称为"蓝碳"。沿海湿地系统、海洋中的微型及大型海藻等植物以及贝类等动物、各类微生物，它们通过生物作用固存的碳都属于蓝碳。其中比较有开发潜力的蓝碳可分为以贝藻养殖为主的碳汇渔业、沿海湿地蓝色碳汇、微藻三大类。

8.3.1.1 碳汇渔业

所谓碳汇渔业，简单而言，即是所有不需投饵的渔业生产活动。这类生产活动都能形成生物碳汇。目前碳捕集的成本较高，利用海洋生物吸收CO_2较快的特点，将渔业作为碳汇的路径可能大有可为。

（1）大型藻类

大型藻类等海洋植物的初级生产力强，生长速度快，大约是陆地植物的30倍，这种生物特性使其有固碳潜力。全球大型藻类的净初级生产力约为15亿t碳，粗略估计每年可固存1.73亿t的碳。自然条件下，每公顷大型藻类每年可固存CO_2约1.5t，而在人工养殖条件下，单位面积大型藻类的碳汇是自然条件下的10倍，达到每公顷固存15 ~ 20t/a，固碳效率高于任何陆上森林。

我国大型海藻养殖带来的固碳效益已不容小觑。我国是藻类养殖大国，2003年海水养殖藻类产量占世界海藻养殖产量的75%以上，之后占比下降但依然高达50%。中国藻类养殖以海带、裙带菜、江蓠、紫菜、羊栖菜、麒麟菜等为主，其中海带和裙带菜占养殖总量的近三分之二。我国海水藻类养殖主要分布在山东、辽宁、浙江等黄、渤、东海沿岸。2017年海藻合计产量216万t，各种藻类中海带的总产量最高，2017年产量为148.7万t。截至2018年，我国海藻养殖面积达到14.4万公顷，合计产量234万t。根据厦门大学近海海洋环境科学国家重点实验室的研究结果显示，2015 ~ 2019年，我国大型海藻养殖每年能从海水中移除约60.58万t碳，能长期储碳34.41万t。

除了碳固存，养殖的大型海藻还具有其他的环境效益。大型海藻在固碳储碳的同时可以从周围的海水中快速获得氮和磷，每年能吸收7.06万t氮和0.85万t磷，同时释放253.32万t氧气，因此在缓解近海富营养化及低氧（海洋动物养殖造成）方面也发挥重要作用。

我国海水藻类产量近30年来年均增长率10%以上，近十年也保持着9%的增长率。未来随着藻类的碳汇作用得到重视、藻类深加工产业逐渐完善、深远海养殖能力提高、制生物柴油与生物乙醇技术完善，海藻养殖很可能仍然保持着较高的增长速度。

仅从固存CO_2成本的角度对藻类养殖进行简单分析。以海带为例，2017年中国海洋大学研究人员对山东荣成市的某片海带筏式养殖海域进行的成本收益分析显示，这片面积为102.65公顷的海域，可收获干海带800.67t，若海带仅获后封存，则无需加工，扣除加工费后的总成本为287.9万元，预估每年可封存CO_2约916t，即海带养殖过程中固存CO_2所需的成本为3145元/t。目前国内投运的CCS项目，包括油田、燃煤电厂的CCS项目或是专门的CCS项目，虽CO_2捕集成本差异较大，但基本落在600～1000元/t之间（考虑固定成本）。相比较而言，海带生产成本似乎太高。

然而如果考虑成本费用在各环节中的分布以及带来的收益，渔业碳汇实则很可能是目前经济性最好，前期投入最少的碳汇方式。

首先，藻类及其制品的销售可以带来可观的收益。除了作为食品直接销售，制碘、褐藻胶、甘露醇、琼脂、卡拉胶海藻肥等产业也已比较成熟，制岩藻多糖、膳食纤维等以药用或作为保健品的产业也蓬勃发展，销售与消纳渠道多样，带来的收入基本可以回收大部分成本。未来随着对传统藻类养殖业的监管力度加大、蓝色碳汇核算标准及交易市场的建立，碳汇藻类养殖的竞争力会明显增强。藻类还被认为是第三代生物乙醇原料，同时也被认为在生物柴油、生物质气方面潜力巨大，若实现技术突破，市场需求量将进一步增大。以上利好有望使碳汇藻类养殖行业市场规模扩张的同时带来稳定的利润。

其次，前期成本非常低，抗风险能力强。单纯的藻类养殖，其总成本集中在收获费用与加工费中。仍以海带生产为例，若仅考虑截至收获之前的总成本，即固定资产折旧、人工费、苗种费等，则每封存1t CO_2的成本仅为520元。这说明，藻类养殖的固定成本与收获前的可变成本在总成本中的占比非常小，抗风险能力较强。同时，若遭遇藻类市场极端不景气、藻类及其制品销售困难的情况，在深远海域养殖的藻类可不再进行收获，而是模仿大型海藻在自然环境中形成碳汇的方式，将其稍加破碎后即沉入海底峡谷。这种情况下，海藻养殖的CO_2封存成本依然与成本最低的CCS项目相近，估计封存1t CO_2成本在600元左右。

（2）贝类

养殖的贝类绝大多数具有滤食性，在生长过程中也会吸收海水中的有机物，起到固碳、净化海水的作用。贝壳的生长也会吸收海水中的碳酸氢根，进而促进CO_2在海水中的溶解。因此不投放含碳饵料的贝类养殖同样被认为是具有碳汇作用的。

我国贝类养殖业的规模同样位居世界第一。养殖品种以扇贝、蛤、牡蛎、贻贝等为主，沿海各省市除天津、上海外皆有分布，大致可分为环渤海、长三角、珠三角三大区域。2018年贝类养殖面积124万公顷，2017年固存CO_2能力为438.95

万t。经估算每公顷CO_2固存能力为3.6t/a。

对未来我国贝类养殖行业的碳汇能力进行预测。我国贝类产量近年来的年均增长率在4%左右，预计随着降碳效益的开发与人民生活水平的提高，在未来相当长的一段时间内，年均增长率仍将保持在较高水平。

目前的趋势是建立贝藻联合养殖的海洋牧场，进行多营养水产养殖（IMTA）以解决营养盐限制问题，既平衡可能对生态系统产生的影响，同时增加经济效益。另一方面，可以推广LNG渔船在捕捞中的使用，以减少捕捞过程中渔船的碳排放与燃烧柴油造成的污染。

8.3.1.2 沿海湿地蓝色碳汇

沿海湿地系统包括沿海的红树林、盐沼、海草床等生态系统，这三种生态系统都具有优秀的碳固存能力，尽管它们占全球海洋面积的不到2%，却封存了超过50%的海洋沉积物中的碳。

红树林全球植被面积约为1380万～1520万公顷，但在我国面积较小，且遭受人类活动的破坏，目前仅有约3.28万公顷，主要分布在我国东南沿海地区，如广东、海南、广西等地。现有的研究认为我国红树林的碳汇能力约为每公顷6.86～9.73t/a，合计每年固存CO_2约为22万～32万t。

盐沼全球植被面积约为220万～4000万公顷，我国的面积约为12万～34万公顷，广泛分布在我国滨海沼泽、潮间带和河口三角洲区域。碳汇能力约为每公顷8.65吨/年，合计每年固存CO_2约为104万～294万t。

海草床全球植被面积约为1770万～6000万公顷，但我国的面积目前仅为0.876万公顷，碳汇能力约为每公顷3.67～6.46t/a，合计每年固存CO_2约为3.2万～5.7万t。

沿海湿地系统面积及碳汇能力见表8-4。

表8-4　沿海湿地系统面积及碳汇能力

项目	湿地系统		
	红树林	盐沼	海草床
全球面积/万公顷	1380～1520	220～4000	1770～6000
我国面积/万公顷	3.28	12～34	0.876
每公顷碳汇能力/（t/a）	6.86～9.73	8.65	3.67～6.46
年固碳总量/万t	22～32	104～294	3.2～5.7

沿海湿地生态系统的固碳作用早已得到普遍认可，也易于进行定量评价。由于在我国的面积比较有限，每年的总固碳量约为130万～308万t，因此还没有像

陆上森林一样形成碳汇的核算标准以及碳市场。

即便如此，我国沿海湿地生态系统的碳汇潜力也不容忽视。一是沿海生态系统可以在土壤中长期存储大量的CO_2，甚至可达六千年之久，形成十数米的碳矿床，这种能力是陆上森林所不具备的，因此国外有研究成果认为，在较长的时间尺度内，红树林的固碳效率是陆上森林的50倍以上；二是沿海湿地生态系统若被破坏，其土壤中封存的碳将会释放出来，而我国就有相当数量的沿海湿地遭到破坏，由碳汇转变成了碳源（退化为水域的情况下，每公顷CO_2释放速率约为7.4t/a），对它们修复可防止土壤中碳的释放。综上，若在建立修复沿海湿地系统的碳汇核算标准时明确将防止土壤中碳的释放这一部分碳减排效益也考虑进来，则沿海生态系统单位面积的碳汇量将大于陆上碳汇量。

沿海湿地系统可修复面积及参与修复可增加的碳汇见表8-5。

表8-5　沿海湿地系统可修复面积及参与修复可增加的碳汇

湿地系统	每公顷碳汇量/（t CO_2/a）	保守估计可修复面积/万公顷	新增碳汇量/（万t/a）	海油参与比例/%	参与后总碳汇量/（万t/a）
红树林	8～16.3	3.5	28～57	20	35.3～41.08
盐沼	8.7	12	104.4	20	
海草床	4.4	10	44	20	

以上三种生态系统的可修复面积保守估计分别为3.5万公顷、12万公顷、10万公顷，若修复则每年至少可增加碳汇176.5万～205.4万t。

参与沿海湿地生态系统的修复与生态工程（人工造林、促进自然更新、调控、移植）相较于种植陆上速生林而言，短期内碳汇能力并不逊色，长期内碳汇能力、环境收益更佳。

8.3.1.3　微藻

微藻是含有叶绿素a并能进行光合作用的微生物的总称。微藻等浮游生物虽然其形态微小，却是一种有效的长期碳汇。微藻具体的固碳能力取决于使用哪个物种，以及所使用的光生物反应器（PBR）。有研究表明，在开放环境下，单位面积碳固存的速率比养殖的大型藻类高7.5倍，比野生大型藻类高75倍，每公顷高达112.8t/a。

除了具有碳减排能力，微藻也可食用、药用或作为保健品、化妆品的原料，并广泛用作化工、轻工业、医药工业的有机中间体，具有一定的经济效益。同时微藻由于含油量较高，也被认为是第三代生物燃料，可用于生产生物柴油。

能源公司十年前已开展使用微藻生产生物柴油的尝试。埃克森美孚2009年与

SIG合作探索微藻产业，并于2017年取得一定进展，并持续加注，计划于2025年日产油1万桶。当然，其近年来也逐渐注意到其强大的固碳能力，进行了BECCS的尝试。中国石化新能源研究所所长荣峻峰带领团队自2010年开始便介入微藻生物领域，2015年与中国科学院合作建立藻种库，2019年"微藻用于氮氧化物和二氧化碳减排的集成与创新"项目获中国石化前瞻性基础性研究科学奖一等奖，当时中国石化微藻的采收、油脂提取技术也已实现突破，2020年开始在三个分公司开展工业示范试验。意大利埃尼公司2020年11月宣布通过人工LED灯辅助微藻培养的方式进行CO_2生物固定。该技术具有固定效率高、简单、模块化、紧凑、全天候运行的特点，据称该占地1公顷的工厂可每年生产500t生物质，捕集1000t CO_2。

除了在封闭水域（光合反应器法）、人造水渠与管道（封闭环路系统法、固化反应器法）中使用微藻进行固碳，还可以考虑在河口和陆架区进行隐性微生物固碳。但这种方法可能不便于对其碳汇作用进行核算。

8.3.2　海洋碳汇相关政策

（1）国家层面

"双碳"目标提出之前，海洋碳汇的制度建设已出现在国家级政策体系中，主要围绕机制、试点、标准的建立提出指导性意见。2020年"双碳"目标提出后，海洋碳汇开始作为衔接海洋生态保护修复和应对与适应气候变化的关键环节，在国家总体布局中获得更为清晰的定位。2020年发布的《关于完整准确全面贯彻新发展理念做好碳达峰碳中和工作的意见》《2030年前碳达峰行动方案》与2021年发布的《关于建立健全海洋生态预警监测体系的通知》都提出了评估海洋碳汇碳储量与成效监测的要求。

（2）地方层面

2011年山东发布《山东半岛蓝色经济区发展规划》，率先提出省级海洋碳汇发展规划。2016年12月，山东威海市蓝色经济研究院与中国水产科学院黄海水产研究所合作共建国家海洋碳汇研发基地暨海洋碳资源交易，并于2021年4月，发布了全国首个蓝碳经济发展计划《威海市蓝碳经济发展行动方案（2021—2025年）》。

2021年4月，广东湛江红树林造林项目通过核证碳标准开发和管理组织的评审，成为我国开发的首个蓝碳交易项目。

2021年5月，浙江省发布《浙江省应对气候变化"十四五"规划》，提出结合海湾治理与沙滩修复，提升海洋碳汇能力，将海洋碳汇方法学开发、试点推进、信息化平台建设作为重点工程。

2021年9月，天津市颁布《天津市碳达峰碳中和促进条例》，提出加强海洋生态保护，有效发挥海洋固碳作用，采取科学合理的措施增强海洋碳汇能力。

2022年7月，广东省生态环境厅发布《广东省应对气候变化"十四五"专项规划》提出提升海洋碳汇能力、鼓励海洋碳汇自愿减排项目、支持金融机构参与海洋碳汇补偿激励机制。

2022年7月，海南省自然资源和规划厅出台《海南省海洋生态系统碳汇试点工作方案（2022—2024年）》要求以试点项目为切入点对海洋生态系统碳汇资源进行调查、评估、保护和修复，以更好地开展海洋生态系统碳汇的巩固提升、模式创新、价值实现。

8.3.3　碳汇交易与绿色金融

在海洋碳汇交易方面，2020年6月，厦门大学成立了福建省海洋碳汇重点实验室；2021年7月，厦门产权交易中心设立了全国首个海洋碳汇交易平台，牵头开发了全国首个红树林海洋碳汇方法学，并在之后的2021年9月成交了福建首宗海洋渔业碳汇交易15000t；2022年9月成功完成国家级海洋牧场示范区蓝碳交易85829.4t，并跨区域助力浙江省完成首宗蓝碳交易10000t。

在海洋碳汇绿色金融方面，厦门产权交易中心在厦门市金融局等多部门的支持下，在国内率先开展绿色融资企业认证，补贴符合条件的企业，并以财政资金奖励鼓励投资机构对以上企业投资，同时配套"蓝碳基金""绿票通"等其他优先支持的政策，鼓励碳金融产品的开发与使用，有助于海洋碳汇金融产品的落地。

参考文献

[1] 清华大学气候变化与可持续发展研究院. 中国长期低碳发展战略与转型路径研究综合报告[R/OL]. (2017-07-11)[2023-10-11]. https://www.efchina.org/Reports-zh/report-lceg-20210711-zh.

[2] 散煤治理研究课题组. 中国散煤综合治理研究报告2020[R]. http://www.nrdc.cn/Public/uploads/2022-03-17/6232d66217c6f.pdf.

[3] 管清友, 伍艳艳, 许博男. 中国减碳之路的选择: 碳交易还是碳税? [J]. 中国经济评论, 2021(5): 16-17.

[4] 王科, 李思阳. 中国碳市场回顾与展望（2022）[J]. 北京理工大学学报: 社会科学版, 2022, 24(02): 33-42. DOI:10.15918/j.jbitss1009-3370.2022.0271.

[5] 杨洁. 国际碳交易市场发展现状对我国的启示[J]. 中国经贸导刊, 2021(16): 24-26.

[6] 李科锋. 国家油气管网公司成立带来天然气市场体系的变化与机遇[J]. 天然气技术与经济, 2019, 13(6): 1-6. DOI:10.3969/j.issn.2095-1132.2019.06.001.

[7] 中国石油经济技术研究院. 2060年世界与中国能源展望[R]. 北京: 中国石油天然气集团有限公司, 2022.

[8] IEA. World Energy Outlook 2021[R]. Paris: IEA, 2021. https://www.iea.org/reports/world-energy-outlook-2021, License: CC BY 4.0.

[9] 黄辉, 刘明明, 王建良. "双碳"目标下中国天然气发展定位与政策建议[J]. 城市燃气, 2023(6): 29-34.

[10] Wood Mackenzie. Global gas market long-term outlook -Asia gas and LNG -H1 2019[R], WoodMackenzie, 2019.

[11] 普华永道. 碳资产白皮书[EB/OL].（2021-09-26）[2023-03-07]. https://zhuanlan.zhihu.com/p/415831559.

[12] International Panel on Climate Change. 2006 IPCC Guidelines for National Greenhouse Gas Inventories[EB/OL]. (2007-04)[2023-03-05]. https://www.ipcc-nggip.iges.or.jp/public/2006gl/vol2.html.

[13] International Panel on Climate Change. 2019 Refinement to the 2006 IPCC Guidelines for National Greenhouse Gas Inventories[EB/OL].（2020-05-12）[2022-03-05]. https://www.ipcc-nggip.iges.or.jp/public/2019rf/index.html.

[14] WBCSD, World Resources Institute & China Clean Development Mechanism Fund. Greenhouse Gas Protocol[Z]. Economic Science Press, 2011.

[15] Greenhouse gases — Part 1: Specification with guidance at the organization level for quantification and reporting of greenhouse gas emissions and removals.[S]. ISO 14064-1: 2018.

[16] 蒋旭东，王丹，杨庆．碳排放核算方法学[M].北京：中国社会科学出版社，2021: 44-50.

[17] 王剑琼，薛丽梅，张国庆，等．不同方法测量大气二氧化碳浓度的特征分析[J]．青海环境，2015, 25(2): 75-78.

[18] 吴长江，雷莉萍，曾招城．不同卫星反演的大气CO_2浓度差异时空特征分析[J].中国科学院大学学报，2019, 36(3):331-337.

[19] 重庆能源大数据中心．天然气供需分析及走势预测月报[R]．重庆：重庆石油天然气交易中心，2022：01.

[20] GOV.UK. Greenhouse gas reporting: conversion factors 2022 [EB/OL].（2022-06-22）[2023-03-03]. https://www.gov.uk/government/publications/greenhouse-gas-reporting-conversion-factors-2022.

[21] American Petroleum Institute. Compendium of GHG Emissions Methodologies for the Natural Gas and Oil Industry[EB/OL].（2021-11-21）[2023-3-03]. https://www.api.org/ ～ /media/Files/Policy/ESG/GHG/2021-API-GHG-Compendium-110921.pdf.

[22] United States Environmental Protection Agency. Climate Change Indicators: Greenhouse Gases[EB/OL].（2021-04）[2023-03-03]. https://www.epa.gov/climate-indicators/greenhouse-gases.

[23] Australian Government Clean Energy Regulator. National Greenhouse and Energy Reporting Data[EB/OL].（2023-02-28）[2023-03-03].https://www.cleanenergyregulator.gov.au/NGER/National%20greenhouse%20and%20energy%20reporting%20data.

[24] Krtková E, Saarikivi R, Müllerová M. Approximated EU greenhouse gas inventory Proxy GHG emission estimates for 2019[C].European Union:European Topic Centre on Climate change mitigation and energy,2020.

[25] 翁艺斌，刘双星，李兴春，等．中、欧企业层面温室气体排放核算对比研究[J]．油气与新能源，2021, 180(4): 22-25. DOI:10.3969/j.issn.2097-0021.2021.03.005.

[26] Government of Canada. Regulations respecting reduction in the release of methane and certain volatile organic compounds (upstream oil and gas sector) [EB/OL]. (2018-04-04)[2023-03-03]. https://laws-lois.justice.gc.ca/eng/regulations/SOR-2018-66/.

[27] Clark T, Hynes R, Mariotti P. Greenhouse Gas Emissions Study of Australian CSG to LNG[R]. Sydney: WorleyParsons　Services Pty Ltd, 2011:03.

[28] 谭越，郑辉，吴炜．浅析标准化工作对企业发展战略的支撑作用[J]．石油工业技术监督，2022, 38(05): 8-11. DOI:10.20029/j.issn.1004-1346.2022.05.003.

[29] 王玉元，杨志嘉．服务低碳发展的碳计量典型场景及路径[J]．油气储运，2023, 42(1): 24-31. DOI: 10.6047/j.issn.1000-8241.2023.01.004.

[30] 碳阻迹科技有限公司．中国电网排放因子研究报告[R/OL]. (2022-09-01) [2023-01-16]. https://carbonstop.net/reports.

[31] Study Team. Implications of Decarbonisation and Carbon Neutrality on the ASEAN LNG Market

Now and the Future[J]A Flexible LNG Market and Promotion of Investment.ERIA Research Project Report FY2021 No. 15, Jakarta: ERIA, pp.43-53.

[32] Camilla Hodgson, Laura Noonan. Cost of neutralising carbon emissions soars as demand escalates[N]. Financial Times (2022-01-06)[2022-02-15].

[33] Antonella Rita Ferrara, Ludovica Giua. Indirect cost compensation under the EU ETS: A firm-level analysis[J]. Energy Policy, 2022, 165: 112989.

[34] 钱治家, 朱力洋, 熊波, 等. 推动LNG在交通领域高质量发展的策略——以成渝地区双城经济圈为例[J]. 天然气工业, 2021, 332(06): 104-110. DOI: 10.3787/j.issn.1000-0976.2021. 06.012.

[35] 吕建中, 王祖纲, 郝宏娜, 等. 天然气汽车渐成交通清洁化现实选择[J]. 中国石油企业, 2019(9): 14-17.

[36] 张希良, 黄晓丹, 张达, 等. 碳中和目标下的能源经济转型路径与政策研究[J]. 管理世界, 2022, 38(01): 35-66.

[37] GIIGNL. LNG carbon offsetting: fleeting trend or sustainable practice? LNG Insight[J/OL]. 2020. https://giignl.org/wp-content/uploads/2021/07/giignl_lng_carbon_offsetting_061820.pdf.

[38] JERA. JERA Global Markets Pte. Ltd. First Carbon-Neutral LNG Delivery into India[EB/OL] (2019-06-27)[2023-01-20]. https://www.jeragm.com/press-release/jera-global-markets-pte-ltd-first-carbon-neutral-lng-delivery-india.

[39] 张车伟, 蔡翼飞. 人口与劳动绿皮书: 中国人口与劳动问题报告No.22迈向现代化的中国城镇化[M]. 北京: 社会科学文献出版社, 2021.

[40] 史宇峰, 何润民. 天然气工业用户用气特征研究[M]. 北京: 石油工业出版社, 2013.

[41] 电力规划设计总院. 中国电力发展报告2022[M]. 北京: 人民日报出版社, 2022.

[42] 生态环境部. 2021、2022年度全国碳排放权交易配额总量设定与分配实施方案(发电行业)[EB/OL]. (2023-03-13)[2023-08-08] https://www.mee.gov.cn/xxgk2018/xxgk/xxgk03/202303/t20230315_1019707. html.

[43] 汪蝶. CO_2液化、输送与储存技术研究[D]. 荆州: 长江大学, 2017.

[44] 张贤, 李凯, 马乔, 等. 碳中和目标下CCUS技术发展定位与展望[J]. 中国人口、资源与环境, 2021, 31(9): 29-33.

[45] Global CCS Institute.Global Status of CCS Report 2021[R]. Global CCS Institute, 2021.

[46] IEA. CCUS in clean energy transitions [R]. Paris: IEA, 2020.

[47] 刘亮. 到2050年全球CCUS项目产能增长8倍才能满足净零排放要求[N]. 中国石油报, 2022-05-17(005). DOI:10.28716/n.cnki.nshyo. 2022.001167.

[48] 李阳. CCUS的关键利用[J]. 中国石油石化, 2018(23): 17-19.

[49] 蔡博峰, 李琦, 张贤. 中国二氧化碳捕集利用与封存(CCUS)年度报告(2021)——中国CCUS路径研究[R]. 生态环境部环境规划院, 中国科学院武汉岩土力学研究所, 中国21世纪议程管理中心, 2021: 01.

[50] McCoY S T, Rubin E S. An Engineering-economic model of Pipeline Transport of Application to Carbon Capture and Storage[J]. International Journal of Greenhouse Gas Control, 2008, 2(2): 219-229.

[51] Haugen H A, Eldrup N, Bernstone C, et al.Options for Transporting CO_2 from Coal Fired Power Plants Case Denmark[J]. Energy Procedia, 2009, 1(1): 1665-1672.

[52] 苏欣, 张琳, 李岳. 国内外地下储气库现状及发展趋势 [J]. 天然气与石油, 2007, 25(4): 1-4.

[53] 李俊, 张双蕾, 李亮, 等. 二氧化碳储存技术 [J]. 天然气与石油, 2011, 29(2): 15-17.

[54] 常世彦, 郑丁乾, 付萌. 2℃ /1.5℃温控目标下生物质能结合碳捕集与封存技术（BECCS）[J]. 全球能源互联网, 2019, 2(3): 277-287.

[55] 陈创, 贾贺, 李英楠. 生物质能 - 碳捕集与封存技术：实现绿色负排放 [C]. 第十届全国能源与热工学术年会, 2019.

[56] 孙裕彤, 吴晓燕, 陈方. 生物质能 - 碳捕集与封存（BECCS）技术发展态势分析 [J]. 科学观察, 2022, 17(2) : 21-32.

[57] 樊静丽, 李佳, 晏水平, 等. 我国生物质能 - 碳捕集与封存技术应用潜力分析 [J]. 热力发电, 2021, 50(1): 7-17.

[58] 国家发展和改革委员会, 等. 关于促进生物天然气产业化发展的指导意见 [R/OL]. (2019-12-04) [2020-06-25]. http://www.ndrc.gov.cn/xxgk/zcfb/ghxwj/201912/t20191219_1213770.html.

[59] 彭一苇. "聪明医院" 自动节能5%到10% [N]. 湖北日报, 2021-01-13（008）.

[60] 中机国能智慧能源有限公司. "立新方能破旧" ——台升实业天然气分布式多能互补能源站一期成功进入试运营阶段[EB/OL]. [2017-12-15](2023-08-08). https://mp.weixin.qq.com/s?__biz=MzI4MTM4MTAwNg==&mid=2247484563&idx=1&sn=75a74004c4b59a6689cf5e49fb89e1dd&chksm=ebab5572dcdcdc649a736ca7eb2c1c7683a1c8fddc4e960d4344a5b1da0f683c2115534666b3&mpshare=1&scene=1&srcid=0113OpExIy9Xi8hkS4LCFmPu&sharer_sharetime=1673573294718&sharer_shareid=aa39a1672570d9bbc0742ff5bb59efc8#rd.

[61] 台州湾新区.应对变革, 主动布局新能源 | 多能互补示范项目落户台州湾新区 [EB/OL]. [2021-06-30](2023-08-08).https://mp.weixin.qq.com/s?__biz=MzIyMzQ1MTA0OQ==&mid=2247502480&idx=5&sn=37737375513c29b2c181b9702275a310&chksm=e81c8856df6b0140bbf6a8f234141f20d12d8b606405742b1eab31c5b36e98db1354a70cc64c&mpshare=1&scene=1&srcid=0110Q3bN75GhAmg1K5yuWyWI&sharer_sharetime=1673513097596&sharer_shareid=aa39a1672570d9bbc0742ff5bb59efc8#rd.

[62] World Resources Institute & China Clean Development Mechanism Fund.Greenhouse gas protocol[M]. Beijing: Economic Science Press, 2011: 3-6.

[63] bp. bp Annual Report and Form [EB/OL].（2022-02-20）[2023-04-11].https://www.bp.com/content/dam/bp/business-sites/en/global/corporate/pdfs/investors/bp-net-zero-progress-update-2023-911.pdf.

[64] bp. bp战略实施进展更新 [EB/OL].（2022-02-20）[2023-04-11]. https://www.bp.com.cn/content/

dam/bp/country-sites/zh_cn/china/home/news/2022/pdf/%E6%88%98%E7%95%A5%E5%AE%9E%E6%96%BD%E8%BF%9B%E5%B1%95%E6%9B%B4%E6%96%B0.pdf.

[65] 中国石油报 . 中国石油绿色低碳发展行动计划 3.0 [EB/OL].（2022-06-29）[2023-04-12]. https://mp.weixin.qq.com/s/s6S8fV-HqLPyE78abkdl0A.

[66] 碳客 Lab. 中国海油"碳达峰、碳中和"行动方案（2022-06-29）[2023-04-12]. https://mp.weixin.qq.com/s/9ZqGdsXT2qiWIzmYtdkQtQ.

[67] 中国石油报 . 采气"白领"上岗记｜长庆油田建成首个全流程绿色低碳智能化采气示范区 [EB/OL].（2022-11-04）[2023-05-07]. https://baijiahao.baidu.com/s?id=1748558884765085683&wfr=spider&for=pc.

[68] 能源界网 . 老油田新发展！中国石化这个新能源大项目，在中原油田开工 [EB/OL].（2023-04-29）[2023-05-07]. https://baijiahao.baidu.com/s?id=1764380800607183407&wfr=spider&for=pc.

[69] 珠海特区报 . 广东管道首个输气站场"碳中和"项目完工 年均发电量近 17 万度 [EB/OL].（2023-05-19）[2023-05-27]. https://www.zhuhai.gov.cn/xw/xwzx/zhyw/content/post_3530545.html.

[70] 郭敏平 . IIGF 观点|欧盟碳边境调节机制的来龙去脉：立法背景、博弈过程和未来走向 [EB/OL]. (2022-07-12) [2023-08-08]. http://iigf.cufe.edu.cn/info/1012/5530.htm.

[71] European Union. REGULATION (EU) 2023/956 OF THE EUROPEAN PARLIAMENT AND OF THE COUNCIL of 10 May 2023 establishing a carbon border adjustment mechanism[EB/OL]. (2023-05-10) [2023-08-08].https://eur-lex.europa.eu/legal-content/EN/TXT/HTML/?uri=CELEX:32023R0956#d1e1676-52-1.

[72] 庞军，常原华 . 欧盟碳边境调节机制对我国的影响及应对策略 [J]. 可持续发展经济导刊，2023(1):32-35.

[73] 项目综合报告编写组 .《中国长期低碳发展战略与转型路径研究》综合报告 [J]. 中国人口·资源与环境，2020, 30(11): 1-25.

[74] 李守皓，庞东明，曹渝 . 应对欧盟碳边境管理机制的对策 [EB/OL]. (2022-04-12)[2023-08-08].https://www.cssn.cn/skgz/bwyc/202208/t20220803_5467470.shtml.

[75] 生态环境部 . 碳排放权交易管理办法（试行）[EB/OL].(2021-01-05)[2023-08-08].https://www.mee.gov.cn/xxgk2018/xxgk/xxgk02/202101/t20210105_816131.html.

[76] 生态环境部 . 2019—2020 年全国碳排放权交易配额总量设定与分配实施方案（发电行业）[EB/OL].(2020-11-20)[2023-08-08].https://www.mee.gov.cn/xxgk2018/xxgk/xxgk03/202012/t20201230_815546.html.

[77] 生态环境部 . 全国碳排放权交易市场第一个履约周期报告 [EB/OL].(2023-01-01)[2023-08-08].https://www.mee.gov.cn/ywgz/ydqhbh/wsqtkz/202301/t20230101_1009228.shtml.

[78] 生态环境部 . 企业温室气体排放报告核查指南（试行）[EB/OL]. (2021-03-29)[2023-08-08].https://www.mee.gov.cn/xxgk2018/xxgk/xxgk06/202103/t20210329_826480.html.

[79] 生态环境部. 企业温室气体排放核查技术指南 发电设施 [EB/OL]. (2022-12-21)[2023-08-08]. https://www.mee.gov.cn/xxgk2018/xxgk/xxgk06/202212/t20221221_1008430.html.

[80] 生态环境部. 碳排放权交易管理暂行条例（草案修改稿）[EB/OL].(2021-03-30)[2023-08-08]. https://www.mee.gov.cn/xxgk2018/xxgk/xxgk06/202103/t20210330_826642.html.

[81] 生态环境部. 关于全国碳排放权交易市场2021、2022年度碳排放配额清缴相关工作的通知 [EB/OL].(2023-07-17)[2023-08-08].https://www.mee.gov.cn/xxgk2018/xxgk/xxgk06/202307/t20230717_1036370.html.

[82] 中国电力企业联合会.发电企业在全国碳市场运行情况调研报告 [EB/OL]. (2022-11-14)[2023-08-08].https://cec.org.cn/detail/index.html?3-315497.